【基金项目】

厦门大学双一流建设项目"人文与艺术学科群"资助

福建省"历史唯物主义与中国历史上社会经济发展模式的实证研究与理论分析创新团队"资助

吴越之迹：

江南地区早期国家形态变迁

付 琳 ◎ 著

国家一级出版社
全国百佳图书出版单位

图书在版编目(CIP)数据

吴越之迹:江南地区早期国家形态变迁/付琳著.—厦门:厦门大学出版社,2020.3(2021.8重印)
(中国社会经济史新探索丛书)
ISBN 978-7-5615-7748-6

Ⅰ.①吴… Ⅱ.①付… Ⅲ.①国家形式—研究—中国—古代 Ⅳ.①D619.2

中国版本图书馆 CIP 数据核字(2020)第 033038 号

出 版 人	郑文礼
责任编辑	薛鹏志
封面设计	蒋卓群
技术编辑	朱　楷

出版发行 厦门大学出版社

社　　　址	厦门市软件园二期望海路 39 号
邮政编码	361008
总　　机	0592-2181111　0592-2181406(传真)
营销中心	0592-2184458　0592-2181365
网　　址	http://www.xmupress.com
邮　　箱	xmup@xmupress.com
印　　刷	厦门兴立通印刷设计有限公司

开本　720 mm×1 000 mm　1/16
印张　17.5
插页　2
字数　300 千字
版次　2020 年 3 月第 1 版
印次　2021 年 8 月第 2 次印刷
定价　70.00 元

本书如有印装质量问题请直接寄承印厂调换

厦门大学出版社
微信二维码

厦门大学出版社
微博二维码

序

吴越文化研究是中国古代区域文化史研究中起步较早的学术领域，如果自 1930 年代中期吴越史地研究会成立开始算起，至少已经走过了 80 多年的历程。其间，几代学者躬耕不辍，新人后学砥砺前行，论著汗牛充栋，成果难以总计，影响有目共睹。付琳的《吴越之迹：江南地区早期国家形态变迁》（以下简称《吴越之迹》）则是年轻一代学者呈送给我们的最新研究成果。在新著付梓印发之际，他专程来沪，嘱我写序，诚恳意切，莫敢不诺。先读为快之后，写下几点心得，权当补白。

记得早在 1980 年代，我与付琳博士的导师王立新等同学，先后进入吉林大学张忠培先生门下读新石器时代考古专业方向的硕士研究生。我意想不到的是，张先生定义研究内涵时，要求我们研学新石器时代考古学的同时，不仅要把眼光前伸到文化和文明起源之前的旧石器时代，特别是更要后延到我国统一多民族国家历史形成的秦汉时代。他认为这样贯通起来，溯流追源，明辨谱系，才能真正学好新石器时代考古学。

毋庸赘言，张先生的要求乃跳出新石器时代来治新石器时代考古学的研学之道，这与其说是一种研究范畴，莫如说是一种研究范式，着眼的是以考古学复原历史之境。换言之，如果想要提高自身的研究能力，特别是具备认识和接纳材料中存在的复杂而深远之联系的能力，时序要长、视野要广、思路要宽、手段要新，方能产生新的视角、新的思维方式并取得新的成果。他不仅这样要求我们,自己也是知行合一、身体力行。他于1980年写《客省庄文化及其相关诸问题》即已涉凡史前、早商和先周关系问题,到2014年发表《渭河流域在中国文化与文明历史演进中的地位》演讲,历数史前、夏商、周秦、汉唐国史源流兼涉其在全球文明中的位置与价值。几十年里,一以贯之,长耕不辍,立足于中国考古学之道的理论和实践,追寻贯通性复原并以之阐释中国文化、文明、国家的历史演进之路。

不能不说,在追随忠培师的学术历程中,我这一代中能像张先生那样以上下求索研究见长的学人着实不多。譬如我毕业后在上海做长江下游考古,始终还是囿于史前,着力最多的无非良渚文化,偶有涉及吴越话题,不过是孤篇散章,浅尝辄止。对吴越历史做系统研究虽然心向往之,却力有不逮,只能寄望于同道了。所以,在初读了付琳的《吴越之迹》后,不免欣慰,掩卷窃思:这不但是他作为忠培师再传弟子的一本师承之作,还是吴越文化研究史上的一部创新之作。

从复原吴越历史角度治吴越文化,以往基本上是"一段自表"的研究局面,即研究的主要是吴越所处东周或周代为主的吴越历史。举凡前些年我读过的吴越研究名著,如董楚平先生的《吴越文化新探》,张敏、毛颖先生的《长江下游的徐舒与吴越》,以及曹锦炎先生的《吴越历史与考古论丛》等,前者是史学角度为擎的研究大作,次者是考古学视角的科研成果,后者则是以出土文献与传世文献互证的古史校考结集。尽管三著中都不乏对夏商甚或史前考古学成果和文献资料的引征和分析,也力求更多地吸收考古遗迹、遗物乃至出土文献信息,但仍是以吴越所属的周代研究为主,这在书名上即可见之。应当讲,这类吴越历史研究专著以及难以一一列举的数以百计的文论,一起推动着吴越历史研究历经80多年走到如今的境界。

即将面世的《吴越之迹》既是在这样学术层累上的赓续之作,又较之以往倾力整合了史前和夏商两个时段的发现和研究成果,把吴越历史研究整体前伸到夏商乃至史前时代,践行了史前、夏商西周和东周"三段同表"的研究志趣。在构建时空框架、梳理文化谱系、辨析文明源流、解读吴越兴衰、复原国家形态、总结历史进程诸方面,都进

行了有益的尝试。如此这般来做吴越之地断代史、文明史乃至早期国家形态变迁等既含传统问题,又见当代课题的复原工作,着实是一个值得推崇的治学取向,体现出年轻考古学者治吴越历史的全新视角。

长期以来,从考古学角度治吴越历史者,凡有两种学术底色:或做前段考古出身,即以新石器时代考古为主业;或做后段考古出身,即以夏商周考古为圭臬。《吴越之迹》试图以吴越之地为吴越历史演变路径的核心,并做长程式、过程性的动态而非静态历史考察,进而揭示江南历史文化的典型特质、渊源流向及其演变规律。这既需要学术勇气,也需要专业底气,还需要前段考古之功,更需要后段考古之力。据我所知,相对于史前考古来说,付琳的学术以治商周考古为根底。但从《吴越之迹》中不难看出,他为了做好吴越研究,对吴越之地的史前考古成果进行了集成式的收集、整理和研究,就我长期做长江下游新石器时代考古的所见看来,他做到了全面扎实,客观评价,问学见道。特别对近年甚至2019年的成果引征,几乎可以说是做到了全覆盖,其着力的程度绝不亚于做他擅长的商周考古。正是通过这番用力,他才能把史前与商周两大时段做贯穿式的通体考察,并开启了一种吴越通史体例的研究范式。我想,这正是《吴越之迹》的守正创新之处,即在追求"透物见事、透事见人、透人见史、透史见道"的考古学重建中,提出了复原吴越历史的新纲要,创建了研究吴越文化的新体系,并向张忠培先生交出了一份师承有传的新答卷。

众所周知,张忠培先生长期关注、教研、指导包括环太湖地区的长江流域考古学及其所能复原的历史研究,涵盖了上至新石器时代早期的上山文化,下至新石器时代中晚期的马家浜、崧泽、良渚文化,包括主持召开命名钱山漾文化、广富林文化的学术会议等。2011年于浙江嘉兴召开的中国考古学会第十四次年会开幕式上,他以"文化、文明、吴越考古学的思考"为题致辞,从中可以看出,"文化、文明、吴越"三个术语所代表的正是他对中国统一多民族国家形成之前,吴越之地上发生的三大历史发展阶段的关注与思考。他在这一地区基本建立起了早期文化和文明演变历程的基础上,提出了进一步开展吴越历史文化乃至百越文化研究的新动议:"将吴越研究作为环太湖为中心的长江下游地区今后一个时期的考古重心,不仅是出于对吴越考古现状的考虑,还因为吴越在东周时期的地位和作用,以及吴越吸纳华夏文化、参与华夏文化和为秦汉统一中国及汉民族的形成所做出的历史贡献。同时,百越与吴越相关,研究百越的意义,同于吴越。"

初读《吴越之迹》之际,再忆忠培师当年论断,非但倍感此间学术传承的魅力之深,于我而言更有另一番鞭策在身。因为在2016年年底,我忝列百越民族史研究会会长,前任会长吴春明先生几番推荐,我概以不事百越研究为由推托再三。而当我斗胆通禀于忠培师时,他却出我意料地表示了赞同,其学术寄许,自不待言。遗憾的是学生上任未及问道,先生翌年已去天堂,呜呼哀哉!

而今,再传弟子付琳交出了这份吴越作业,我却还困顿于百越之畔。惟有不忘师嘱,砥砺前行,并希冀付琳也将百越研究纳入今后新研之中,继先生后尘,与同道一起,共同推进文化、文明、吴越、百越、江南文化融入华夏文明、共建中华文明的历史进程研究。以此共勉,藉以为序。

高蒙河

2019年12月2日夜于上海虹桥

目　录

导　言 ·· 1

第一章　"扬州"与"江南" ·· 3
第一节　"扬州"与"吴越" ·· 3
一、研究所涉的时空范围 ··· 4
二、使用相关概念的说明 ··· 7
第二节　考古学中的"东南区"与"江南" ································ 10
一、多元一体中的"东南区"与"江南" ································ 10
二、"江南"先秦文化的谱系认识 ·· 13
三、江南地区早期文明形态的发现 ······································ 18
第三节　环境与资源视野下的"江南"古文化景观 ···················· 21
一、良渚文化时期 ·· 22
二、良渚文化末期至马桥文化时期 ····································· 27
三、马桥文化时期以后 ·· 30

第二章　江南地区文明进程的文化史背景 ······························ 34
第一节　良渚文化重要遗存的初步编年 ································ 35
一、良渚文化的分期方案 ··· 36
二、重要遗存的编年位置 ··· 41
三、"良渚文化晚期后段遗存"的性质 ································ 45

第二节 钱山漾类型与广富林类型的特征 …… 48
- 一、钱山漾类型的特征与年代 …… 48
- 二、广富林类型的特征与年代 …… 51

第三节 马桥文化的界定与年代 …… 56
- 一、马桥文化的特征与年代 …… 56
- 二、晚商期遗存的辨识与分类 …… 59

第四节 周代吴、于越、楚文化的分布 …… 68
- 一、吴文化的特征与分布 …… 69
- 二、于越文化的特征与分布 …… 73
- 三、楚文化的东进与特点 …… 76

第五节 诸文化类型的谱系关系 …… 79

第三章 社会复杂化与国家化进程的考古学分析 …… 83

第一节 宏观聚落形态的变迁 …… 84
- 一、良渚文化的宏观聚落形态 …… 84
- 二、龙山时代至商代的宏观聚落形态 …… 94
- 三、两周时期的宏观聚落形态 …… 98

第二节 中心性聚落的比较 …… 101
- 一、良渚古城 …… 102
- 二、木渎古城 …… 106
- 三、小 结 …… 109

第三节 墓葬显现的社会结构 …… 111
- 一、良渚文化墓葬与墓地显示出的社会结构 …… 111
- 二、吴、越文化墓葬与墓地显示出的社会结构 …… 117
- 三、小 结 …… 146

第四节 相关遗存认知层面的分析 …… 148
- 一、祭坛与祭台 …… 148
- 二、神人与动物 …… 156
- 三、小 结 …… 168

第四章 东亚陆海边疆发展与变革中的"江南" …… 170

第一节 中原地区的文明进程与差序格局的形成 …… 171

　　一、中原文化的辐射与吸收 …………………………………… 171
　　二、逐鹿中原的龙山时代 ……………………………………… 177
　　三、华夏中国与四方万国的差序格局 ………………………… 182
　第二节　东部区系早期国家的文化发展与互动 ………………… 189
　　一、海岱地区与"江南" ……………………………………… 189
　　二、两湖地区与"江南" ……………………………………… 196
　　三、辽西地区的文化演进与交流 ……………………………… 205
　第三节　陆海边疆中的"吴越文明" ……………………………… 212
　　一、原生型的良渚文明与次生型的吴越文明 ………………… 212
　　二、江南地区早期国家形态变迁的原因 ……………………… 224
　　三、比较视域中的"吴越文明" ……………………………… 228

结　语：从文化中窥探文明 ………………………………………… 234
　　一、江南地区稻作农业积淀催发早期文明 …………………… 234
　　二、从良渚到吴越是"扬州"内化为"华夏"的重要历程 … 235

附表一　环太湖地区东周时期遗址概况统计表 …………………… 237
附表二　良渚文化墓葬出土玉琮情况统计表 ……………………… 244
参考文献 ……………………………………………………………… 247
后　记 ………………………………………………………………… 269

导　言

　　2019年7月6日，在阿塞拜疆举行的世界文化遗产大会上，我国的良渚古城遗址入选世界文化遗产名录。这处史前遗址的成功申遗，极大鼓舞了中国考古人。在激动与兴奋之余，良渚古城遗址对于中国人、华人和全人类历史研究的价值与意义应当如何全面阐释，仍是留待考古学家继续探索的问题。

　　通过与不少考古圈外朋友交流，我猜测中国民众最为关心的，还是良渚古城这处新石器时代晚期遗址的重要考古发现，为何可以成为"中华文明五千年的实证"？其实早在20世纪90年代，中国的考古学家对于作为考古学文化而言的良渚文化的社会发展阶段问题，已经有过热烈而深刻的讨论，也有学者明确论说过良渚文化的社会形态已进入国家文明阶段。

　　那这支早期文明又与不断发展变化中的中华文明具有怎样的历史关联？仅仅是因为目前所发现的良渚文化遗址均位于现今中国国境之内，便将之归为中华文明的重要源头么？这一问题并非是本书研究想要解答的，也不是我学力能够回答的。不过，那些对于考古学不甚熟知的朋友们，若揣着这一问题翻阅我的这部小书，或许会为您的相关思考，提供些认识基础。此书第一章便主要是对研究所涉时空背景的交代和相关概念的界定。

　　中国考古学已经走过了近百年的发展历程，也根据我国古代遗存的实际情况，总结摸索出了不少成功的经验和方法。在苏秉琦先生"区系类型理论"指导下，江南地区和全国的考古工作者不断发现、梳理、构建，又不断修正、补充这一文化区内先秦时期考古学文化的发展序列和谱系关系。本书第二章正是对这一区域从良渚文化到周代吴、越文化的发展进程和文化格

1

局做出一个初步梳理。

当前考古学提取有效信息的能力已有了长足进步,具有卓识的考古学家也在不断扩充发展考古学文化研究的理论。地质年表式的和生物谱系树式的研究,也不再是考古学文化研究理论体系中的全部。实际上,在面对一些与社会史、经济史、认知史相关的考古遗存时,大家也早就自觉不自觉地去丰富探索类似问题的手段和工具。每位有良知的考古学家都不忍让人类与祖先的历史,悄然从自己指尖滑落。本书第三章主要利用对这些新资料的梳理和解读,尝试从几个角度做些与江南地区早期族群社会发展相关的讨论。

江南地区史前和早期历史时期的族群,长期活动于东亚大陆的陆海边疆。这一区位在严文明先生对于中国史前文化格局"重瓣花朵"的理论模式中,属于第一重的"花瓣"。虽说是第一重"花瓣",但在距今2300年及更早的时期,无疑还是华夏边缘。通过本书第四章所做初步的跨越文化区的比较研究,可以发现正是这些所谓"边缘"文化的互动,才不断促使华夏中心形成。

应当有学者会对本书将跨越3000年的时段作为研究的时间范畴,持保留态度。我认为不单同一区域史前和早期历史时期的社会发展有高潮和低谷,跨区域文化交流和族群互动的浪潮也是急缓相间的。我想无论是研究华夏九州的形成机制,还是探讨中华文明的发展模式,都不是观察短短3000年历史可以解决的。本书选择对江南地区从良渚文化到吴、越文化的发展历程作长时段考察,正因为她们是本区早期文明的起点和终结,非此不能全面探讨本区早期文明形态的发展变迁问题。

最后,从对考古学文化组成部分的遗存的研究入手,经过三到四个中间环节,到达对社会史问题做出推论,有很多困难的地方是我在现阶段内无法克服的。不过,我坚信对于考古人而言,尝试从考古学文化中窥探古代文明,应当可行且须不断实践。

第一章

"扬州"与"江南"

淮海惟扬州:彭蠡既豬,阳鸟攸居;三江既入,震泽底定。篠簜既敷,厥草惟夭,厥木惟乔。厥土惟涂泥。厥田惟下下,厥赋下上错。厥贡惟金三品,瑶琨篠簜,齿革羽毛惟木。岛夷卉服。厥篚织贝。厥包橘柚锡贡。沿于江海,达于淮泗。①

——《尚书·禹贡》

第一节

"扬州"与"吴越"

《尚书·禹贡》具体成文年代多有争议,古传为夏书,经近世学者研究,又有成文于西周、春秋、战国等不同观点。《禹贡》中的"九州"概念,为大家所关注,对其何时形成,更是歧见纷出。宋代出土的叔夷镈铭文有"虩虩成唐(汤),有严在帝所,尃受天命,翦伐夏后,败厥灵师。伊小臣唯辅,咸有九

---

① (清)阮元校刻:《尚书正义》,《十三经注疏》,北京:中华书局,1980年,第148、149页。

州,处禹之都"①,可知"九州"概念至迟在晚周既有。日本学者渡边信一郎认为"九州"被观念化应当是在春秋时期②。考古学家邵望平在其《〈禹贡〉"九州"的考古学研究》一文中,将"九州"成文推定在商至周初,并从考古学的角度论说了"九州"区划与各区风土,可在较大程度上反映龙山时代至商代的实际情况③。

"九州"中的"扬州"作为一个非常重要的人文地理概念,与本书研究所涉时空范围内的族群历史有很大关系。南宋时有雕版墨印《禹贡九州山川之图》(图1-1)④,是宋人考论《禹贡》山川的成果。顾颉刚先生指出"扬"、"越"双声同义,扬州即为越地,有一定道理。刘起釪先生认为扬州之境包括淮水以南的今江苏、安徽两省南境,江西、浙江、福建三省全境,及粤东一角和岛夷所居的海上大小岛屿,如台湾、澎湖等⑤。这一认识可能已超越了"九州"概念初成时华夏所识"扬州"的地理区域,却基本上是本书所讨论有关吴、越及其先民活动的主要空间范畴⑥。

一、研究所涉的时空范围

本书所研究的江南地区早期国家,与上古时期华夏周边的其他"国家"一样,通常会有相对固定的中心,但边界却多不甚明朗。这些早期国家一般由亲族组织发展而来,疆域有时随族群势力的扩张、削弱或迁徙而发生变化。其历史大多缺乏汉文史籍的详细记载,难以了解确切的积年与世系。

---

① 中国社会科学院考古研究所:《殷周金文集成释文》,香港:香港中文大学出版社,2001年,第252页。

② [日]渡边信一郎:《中国第一次古代帝国的形成——以龙山文化时期到汉代的聚落形态研究为视角》,《中国史研究》2013年第4期,第5~29页。

③ 邵望平:《〈禹贡〉"九州"的考古学研究》,《九州学刊》1987年第2卷第1、2期。后收入苏秉琦主编:《考古学文化论集》(二),北京:文物出版社,1989年,第11~30页。邵望平先生限于当时的考古资料,将良渚文化视为龙山文化圈内的一支考古学文化,目前已知良渚文化绝对年代实际早于山东(典型)龙山文化。

④ 朱鉴秋、陈佳荣、钱江、谭广濂编著:《中外交通古地图集》,上海:中西书局,2017年,第31页。

⑤ 顾颉刚、刘起釪:《尚书校释译论》,北京:中华书局,2005年,第625页。

⑥ 详参本书第二章。

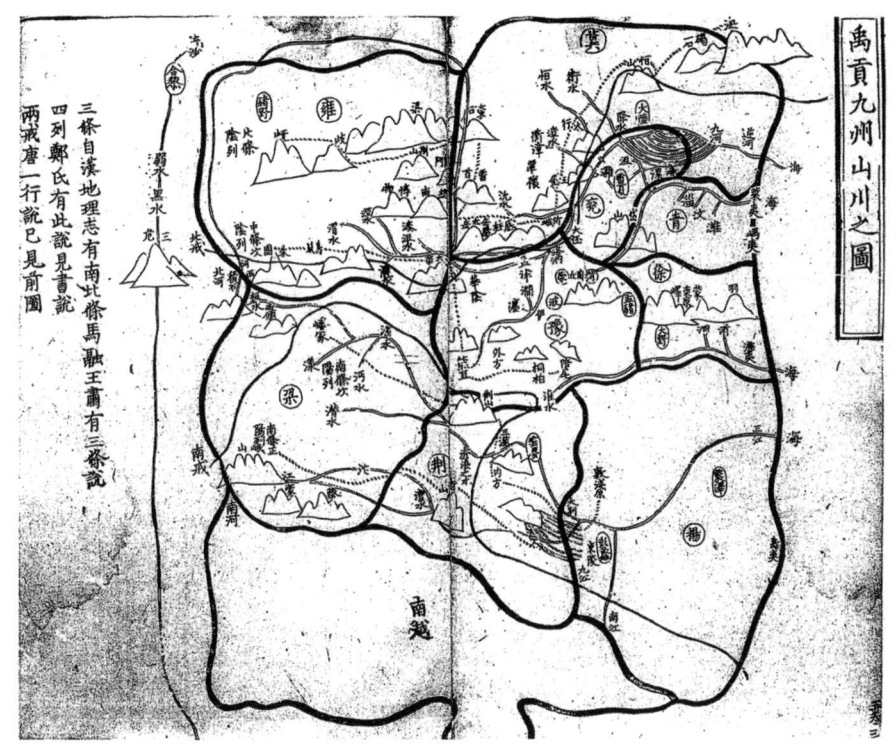

图 1-1 南宋刻本《禹贡九州山川之图》

资料来源：南宋唐仲友《帝王经世图谱》卷五，书现藏于中国国家图书馆，引自《中外交通古地图集》图13。

虽然考古学文化可以在多大程度上反映出其所代表人群背后的政体情况仍难以确定，但在缺乏可靠文字史料的情况下，考古学文化研究所提供的由同一人们共同体所创造文化遗存的时空范围，无疑是可资利用的研究上古时期华夏边缘地区早期国家形态问题的重要史料。通过对考古学文化研究的充分解读，或可大致勾勒出人群背后早期国家政体所处的时空位置、形态特征和变迁过程。

新石器时代晚期的良渚文化和周代的吴、越文化是先秦时期江南地区考古学文化发展的两次高峰，也基本上是本区土著社群建立早期国家文明的起点与终点。从新石器时代晚期至周代，其文化发展的重心主要围绕在以太湖为中心的湖网平原地区。这一区域北临长江，南抵天目山地和钱塘江，西依茅山及宜溧山地，东达东海，面积约3.65万平方千米。区内的自然地貌为平原、湖沼与河网相交织，仅见少量孤丘（图1-2），属于湿润的亚热带季风气候区。

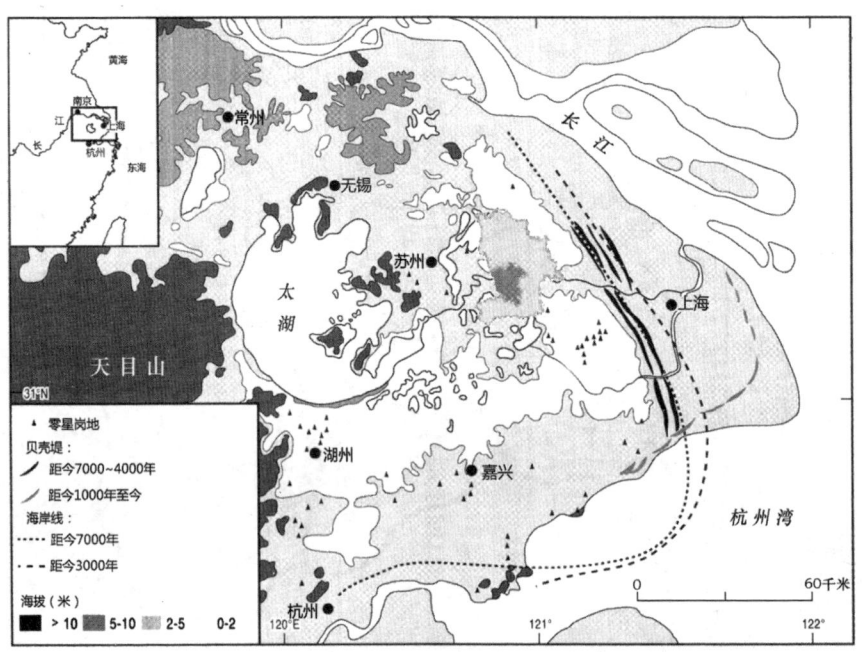

图 1-2　环太湖地区的地势与地貌

资料来源：改自《赵陵山》图一。

在环太湖地区西部和北部，长江下游两岸的宁镇地区与江淮地区的古文化，与本区的文化类型发展具有密切关系。宁镇地区与江淮地区亦是环太湖地区与北方沟通的重要中介。考古学上的宁镇区以宁镇山脉为主体，东至茅山山脉，西抵九华山脉，南至黄山、天目山山脉，北临长江并延伸至对岸的蜀岗丘陵一带①。区内低山、丘陵、岗地密布，河流、湖泊交错，自西而东主要有漳河、青弋江、水阳江、姑孰溪、郎川河、秦淮河等河流北流注入长江，湖泊亦较多。江淮地区位于淮河与长江之间，地势西南高而东北低，西部是大别山区，东部则岗丘连绵，是江水与淮水的分水岭，南北两侧地势低平，河流、湖沼密布。

在环太湖地区以南，钱塘江南岸宁绍地区的古文化长期与环太湖地区

---

　　① 张敏：《宁镇地区青铜文化研究》，《长江流域青铜文化研究》，北京：科学出版社，2002 年，第 248、249 页。

的同期文化存在密切交流。在东西向狭长的宁绍平原南部,龙门山、会稽山、天台山之间的河谷地带,则是沟通山区与平原、内陆与海洋的重要孔道(图1-3)。闽、浙、赣三省邻境的山区丘陵、河谷盆地和沿海平原地带,在不同的历史阶段内通过这些陆路孔道、内水水系及沿海通道,与北部的环太湖地区发生文化及族群上的交流。

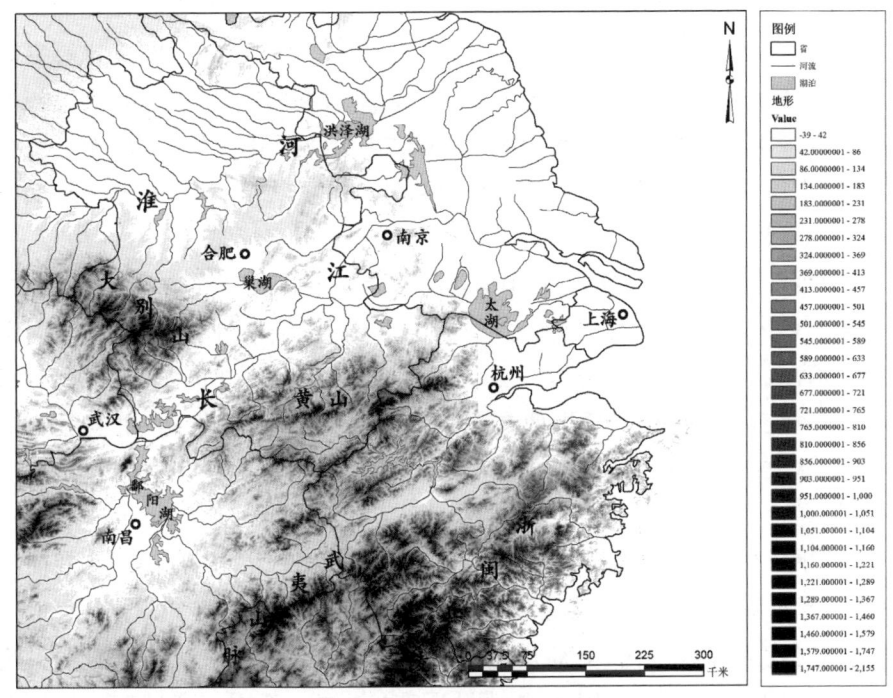

图1-3　江南地区总体地势与地貌

在上述区域内所发现的约公元前四千纪后半至公元前221年前后的考古材料,是本书会经常使用到的与江南地区早期国家形态研究相关的主体资料。此外,本书研究中有涉及跨区域比较的内容,主要会包括中原地区、海岱地区、两湖地区和辽西地区的相关资料,其地理范围界定容后介绍。

二、使用相关概念的说明

本书中所见"文化"一词,均为"考古学文化"的简称。考古学文化是考古学研究中的专门术语,是指考古发现中可供人们观察到的属于同一时代、分布于共同地区,并且具有共同特征的一群遗存①。本书中所使用的"文明"一词,则专指社会形态发展的某一阶段,完全可以用"国家"一词来替代。对于古代社会形态问题的研究,属于考古学文化研究理论体系中的社会史复原部分。已有很多前贤运用考古学文化研究的方法,尝试探索文明(国家)起源和文明(国家)形态问题。

本书研究的"早期国家",是指秦汉帝国出现之前,在现今中国版图上存在过的社会组织已达到一定复杂化程度的政治实体。对这一概念进行界定的关键,在于对社会复杂化程度的确定。先秦时期的"国",非今日之民族国家。《战国策·赵策三》中"且古者,四海之内分为万国。城虽大,无过三百丈者。人虽众,无过三千家者"②的记载,便大致描绘出了一个先秦时期以城为中心,控制面积与人口数量均很有限的早期国家形态。

值得注意的是,这些"早期国家"的社会复杂化程度也并不完全一致。《吕氏春秋·用民篇》载:"当禹之时,天下万国。至于汤而三千余国",同书《观世篇》载:"周之所封四百余,服国八百余"③,战国之时,七雄灭国无数,至秦国一统,方成帝国。但即便在秦汉帝国时期,周边仍有一些相对独立的小国。从文献记载可以清楚看到,形成与发展过程中的中华文明在早期历史时期是由"华夏中国—四方万国"互动体系共同构成的。

苏秉琦先生对于中国古代的国家形态有"古国—方国—帝国"三部曲之论④。严文明先生进一步将之修订为"古国—王国—帝国",认为中原地区的龙山时代为古国时代,夏商周是王国时代,秦行郡县制和高度的中央集权,终开启帝国时代⑤。国内史学界还有"邦国—王国—帝国"三阶段⑥、

---

① 中国大百科全书总编辑委员会《考古学》编辑委员会、中国大百科全书出版社编辑部:《中国大百科全书·考古学》,北京:中国大百科全书出版社,1986年,第253页。

② 何建章:《战国策注释》,北京:中华书局,1990年,第709页。

③ 许维遹:《吕氏春秋集释》,北京:中华书局,2009年,第523、400页。

④ 苏秉琦:《迎接中国考古学的新世纪》,《华人·龙的传人·中国人——考古寻根记》,沈阳:辽宁大学出版社,1994年,第236~251页。

⑤ 严文明:《黄河流域文明的发祥与发展》,《华夏考古》1997年第1期,第49~54页。

⑥ 王震中:《邦国、王国与帝国:先秦国家形态的演进》,《河南大学学报》2003年第4期,第28~32页。

"邦国—方国—王国—帝国"四阶段①等观点。但基本上,大家都承认在秦汉帝国形成之前,今日中国版图内存在多个早期国家共存的局面,且至迟自商代起,在这些共存的早期国家之间,社会复杂化程度的差别有时很大。

有一组来自西方人类学家的概念,也对社会组织与早期国家形态研究产生过较大影响。厄尔曼·塞维斯(Elman R. Service)认为人类社会政治组织的发展历经了"游群、部落、酋邦和国家"四个阶段②。在"国家"之前,普遍存在一个"酋邦"阶段。厄尔(Earle T.K)将酋邦定义为"一个控制有数千人口的地域……在政治经济上存在某种程度的等级分化的政治组织"③。通常认为,酋邦具有一个集权的决策中心,不过决策集团的统治功能是对外的,其内部却不存在行政专业分工④。当然,对于区分酋邦和国家的具体界限,不同学者的标准也多有差别,以至有模糊边界的趋势。艾伦·约翰逊(Allen Johnson)和厄尔把人类社会分成三类:家庭层次的群体、本地群体(包括大人物集体)与区域政治体(酋邦与国家)⑤。

林沄先生对我国考古学界有关中国国家起源问题的研究实践及不同观点做了较为公允的评判。他指出考古遗存本身的片段性、残存性,考古工作的片面性,重要遗存年代和文化属性的确认,以及不同自然环境和文化传统中文明的物化表现差异,都会影响学者通过考古所见物质文化分析其背后社会发展水平的准确程度。他认为《尚书·尧典》这部在我国流传最久的关于国家起源的文献中,有一些问题是值得注意的,如其提示的"敬授民时"、

---

① 袁建平:《中国早期国家时期的邦国与方国》,《历史研究》2013年第1期,第37~53页。

② Elman R. Service. *Primitive Social Organization: An Evolutionary Perspective*. New York: Random House, 1971; Elman R. Service. *Origins of the State and Civilization: The Process of Cultural Evolution*. New York: W.W. Norton, 1975.

③ Earle T.K. *The Evolution of Chiefdom, Chiefdoms: Power, Economy, and Ideology*. Cambridge: Cambridge University Press, p.1, 1991.

④ Whight H. T. Recent Reseacch on the Origin of the State. *Annual Review of Anthropology*. 1977(6): 379-397.

⑤ Johnson, A. and Earle, T. *The Evolution of Human Societies*. Stanford: Stanford University Press, 2000.

"治水"、"平章百姓"均对研究中国早期国家的形成机制颇有助益①。不难发现,以上这些活动恰恰会促成或展现出超越单纯血缘关系的人群集团形成。

本书认为,在脱离了单纯依靠血缘且基本平等的部落社会之后,由于资源限制与人口增长的矛盾,大部分社群均会走向内部纵向的社会分层加剧和外部横向的社群联合或对立。虽然具体的模式和途径有所不同,但相同的是在趋势上,在一定区域内的社群联盟之中,均会出现长期凌驾于诸社群首领之上的具有强制性的公权力。无论是基于对内保障生计还是应对外部压力,只有这种跨社群的强制性公权力出现,才会使得社会复杂化程度出现质的飞越。有了这样的认识基础,则对于所研究的早期政治实体,不论称之"复杂酋邦"、"古国"、"方国"、"早期王国",抑或是本书所用的"早期国家",都是可以接受的。

第二节

考古学中的"东南区"与"江南"

自考古学传入中国以来,以考古学研究为本位,构建中国远古和上古时期的历史,已经取得不少突破性的认识。特别是在重构文化多样性的理论指导下,江南地区先秦考古的发现与研究成果颇为丰硕。

一、多元一体中的"东南区"与"江南"

近代考古学传入中国以来,学者对于中国文明起源的研究,经历了20世纪20年代的"中国文化西来说"、20世纪30—40年代的"东西二元对立说"、20世纪50—70年代的"中原地区一元说"和20世纪80年代以来的"满

---

① 林沄:《中国考古学中"古国""方国""王国"的理论与方法问题》,《中原文化研究》2016年第2期,第5~12页。

天星斗"或"多元说"①。现阶段主流的观点是严文明先生所提出的中国文明起源的"重瓣花朵"理论②,即"多元一体说"。赵辉先生进一步将之阐述为"以中原为中心的历史趋势的形成"③。目前来看,约自龙山时代晚期开始直到北宋,华夏国家的主脉一直居于中原地区确为不争的事实。值得注意的是,在龙山时代晚期之前,东亚境内则存在着一个"满天星斗"的阶段。

实际上对于古文化进行分区的观点,在中国学者根据对区域考古资料的不断比较、研究和总结中,很早即被发现并提出。1937年以来,林惠祥先生便通过对我国福建、台湾等东南沿海,和东南亚考古学及民族学资料的调查与研究,相继提出了"武平式"、"亚洲东南海洋地带"等区域新石器文化概念。并在这些研究的基础上,从文化区的角度认识东亚史前文化,突破一统文化的思维模式,于1958年的遗著中首次提出了我国新石器文化体系中的"东南区"概念④。这与后来苏秉琦先生所提倡的区系类型思想是一致的,故而林惠祥先生也是这一思想方法的重要奠基者⑤。

1981年,苏秉琦先生在《关于考古学文化的区系类型问题》一文中,正式将全中国范围内的古文化分成六大区、十余个小区,并在小区下梳理诸考古学文化的源流、分期、分类与断代,形成了一套对全国范围古文化的型式学研究。六个大区即:陕豫晋邻境地区、山东及邻省一部分地区、湖北和邻近地区、长江下游地区、以鄱阳湖—珠江三角洲为中轴的南方地区、以长城地带为重心的北方地区⑥。后又在表述上进一步修订为:以燕山南北长城

---

① 陈星灿:《从一元到多元:中国文明起源研究的心路历程》,《中原文物》2002年第2期,第6~9页。

② 严文明:《中国史前文化的统一性与多样性》,《文物》1987年第3期,第38~50页。

③ 赵辉:《以中原为中心的历史趋势的形成》,《文物》2000年第1期,第41~47页;《中国的史前基础——再论以中原为中心的历史趋势》,《文物》2006年第8期,第50~54页。

④ 林惠祥:《中国东南区新石器文化特征之一:有段石锛》,《考古学报》1958年第3期,第1~23页。

⑤ 吴春明:《林惠祥教授的考古学术遗产》,《南方文物》2018年第4期,第255~258页。

⑥ 苏秉琦、殷玮璋:《关于考古学文化的区系类型问题》,《文物》1981年第5期,第10~17页。

地带为重心的北方;以山东为中心的东方;以关中(陕西)、晋南、豫西为中心的中原;以环太湖为中心的东南部;以环洞庭湖与四川盆地为中心的西南部;以鄱阳湖—珠江三角洲一线为中轴的南方①。

受到近代考古学田野方法的启迪,探索江南地区远古和上古文化的实践发端很早。1936年,卫聚贤先生组创"吴越史地研究会",当年便在杭州古荡遗址进行了试掘,并发现南京栖霞山遗址,调查常州淹城遗址、踏查金山戚家墩。同年12月开始,西湖博物馆的施昕更先生三次在余杭良渚进行试掘,1938年出版《良渚》发掘报告。陈星灿先生认为这是"第一次准确无误地向学术界展示了长江下游的史前文化"②。此外,慎微之先生调查湖州钱山漾遗址,并在1937年发表的《湖州钱山漾石器之发现与中国文化之起源》一文中指出"吾人若能大规模发掘,定能获得大量石器以及化石,可使吾人了解原始南方人之生活习惯及生产方式等"③,亦为江南地区考古工作的重要先驱之一。

1949年以来,江南地区的考古工作长期得到夏鼐、安志敏等学者的关注、重视与指导。1959年由夏鼐先生正式提出"良渚文化"的命名④。20世纪70年代后期,夏鼐先生指出南京北阴阳营下层墓葬似乎代表一种独立的考古学文化⑤,安志敏先生进一步指出这类遗存似可代表江淮之间的文化类型,提议命名为北阴阳营文化⑥。以上均对江南地区先秦考古学文化研究有巨大促进作用。与此同时,相关省市的考古工作者通过大量的考古调查、发掘与基础研究,已初步建立江南地区先秦时期考古学文化发展的大致

---

① 苏秉琦:《中国文明起源新探》,沈阳:辽宁人民出版社,2009年,第29~30页。
② 陈星灿:《中国史前考古学史》,北京:生活·读书·新知三联书店,1997年,第150页。
③ 慎微之:《湖州钱山漾石器之发现与中国文化之起源》,《吴越文化论丛》,镇江:江苏研究社,1937年,第227页。
④ 夏鼐:《长江流域考古问题——1959年12月26日在长办文物考古队队长会议上的发言》,《考古》1960年第2期,第1~3页。
⑤ 夏鼐:《碳-14测定年代和中国史前考古学》,《考古》1977年第4期,第217~232页。
⑥ 安志敏:《略论三十年来我国的新石器时代考古》,《考古》1979年第5期,第393~403页。

序列,并力求不断完善文化谱系研究。这为探讨东南地区早期族群关系和国家化进程提供了重要基础。至20世纪90年代初,江、浙、沪三省市的学者根据既有的考古发现与研究,均明确指出良渚文化的社会组织程度已跨入早期国家阶段①。

二、"江南"先秦文化的谱系认识

位处长江下游以南的江南地区,凭借其与黄河中下游更为接近的区位和地貌上平原较多的优势,在新石器时代晚期至青铜时代的东南区印纹陶文化圈中,发育出相对稳定且较为发达的稻作农业文化。1984年苏秉琦先生提议将太湖流域从东南沿海独立出来探讨其文化谱系与文明发展问题②。1999年吴春明先生把江南湖网平原地带,作为其对东南地区印纹陶文化总谱系构建中的龙头地带③。

江南地区先秦时期的考古学文化序列,通常又在环太湖地区、宁绍地区、宁镇地区等更为细致的文化分区下加以构建。目前,环太湖地区自新石器时代中晚期以来的古文化发展序列建立相对成熟④,已确立起马家浜文化、崧泽文化、良渚文化、钱山漾类型、广富林类型、马桥文化、越文化等颇具特色的地域文化类型,在中国早期文化"多元一体"的格局中占据颇为重要的地位。宁绍平原地区发现有起自万年前后的上山文化、跨湖桥文化、河姆渡文化,展现出本地新石器时代早中期稻作农业的发生与持续发展。河姆

---

① 南京博物院:《近十年来江苏考古的新成果》,《文物考古工作十年 1979—1989》,北京:文物出版社,1990年,第101～115页;浙江省文物考古研究所:《浙江省近十年的考古工作》,《文物考古工作十年 1979—1989》,北京:文物出版社,1990年,第116～126页;黄宣佩:《福泉山遗址发现的文明迹象》,《考古》1993年第2期,第144～149、166页。

② 苏秉琦:《太湖流域考古问题——1984年11月17日在太湖流域古动物古人类文化学术座谈会上的讲话》,《东南文化》1987年第1期,第22～25页。

③ 吴春明:《中国东南土著民族历史与文化的考古学观察》,厦门:厦门大学出版社,1999年,第63～68页。

④ 本区早于马家浜文化的新石器时代遗存线索仍较薄弱,据介绍只在浙江余杭火叉兜遗址发现有跨湖桥文化的遗存,参陈明辉:《良渚时代的中国与世界》,杭州:浙江大学出版社,2019年,第226页。

渡文化结束之后,这里的古文化面貌逐渐趋同于钱塘江以北环太湖地区的文化类型,同时不断对更南的闽浙赣三省邻境的山地文化,及沿海丘陵以至近海岛屿文化传递影响。

学界普遍认同良渚文化是由崧泽文化发展演变而来,其间还有一段边界不甚明显的过渡期,也是二者具有密切亲缘关系的证据。秦岭女士指出马家浜文化晚期到崧泽文化早期,自长江中下游之交的郑家坳类型至江淮西部的薛家岗文化,到宁镇地区的北阴阳营文化再到崧泽文化之间交流密切,存在一个文化互动圈[①]。赵辉先生提议将与环太湖地区崧泽文化面貌很相似的宁镇及江淮地区的北阴阳营文化、龙虬庄遗存、凌家滩遗存和薛家岗文化的一部分,合并称之为"崧泽文化群"[②]。这些认识的提出,无疑为如何解读从崧泽文化到良渚文化之间社会形态的跨越式发展,提供了更为广阔的时空背景。

因良渚文化承继崧泽文化,结合两支文化已有的众多测年数据分析,将良渚文化的年代上限定在约距今 5300 年前后,已基本成为学界的共识。有关良渚文化的年代下限问题,以往则存在着距今约 4500 年[③]和距今约 4000 年[④]的重大分歧。近年来,随着钱山漾类型和广富林类型遗存的发现及辨识,连同一系列新的相关测年成果得到承认,此前良渚文化与马桥文化之间的年代缺环得到了很大程度的弥补。目前来看,良渚文化存续年代约为距今 5300—4300 年[⑤];钱山漾、广富林、马桥三支文化类型前后接续或存短暂

[①] 秦岭:《长江下游的史前聚落演变与早期文明》,《聚落演变与早期文明》,北京:文物出版社,2015 年,第 269~270 页。

[②] 赵辉:《从"崧泽风格"到"良渚模式"》,《权力与信仰:良渚遗址群考古特展》,北京:文物出版社,2015 年,第 103 页。

[③] 栾丰实:《论大汶口文化和崧泽、良渚文化的关系》,《中国考古学会第九次年会论文集》,北京:文物出版社,1997 年,第 62~81 页。

[④] 中国社会科学院考古研究所:《中国考古学·新石器时代卷》,北京:中国社会科学出版社,2010 年,第 679 页。

[⑤] 参见北京大学:《国家科技支撑计划项目"中华文明探源工程(二)"——3500BC—1500BC 中国文明形成与早期发展阶段的考古学文化谱系年代研究》,中国考古网,2011 年 11 月 24 日。参照 http://www.kaogu.cn/cn/zhongdaketi/2013/1025/31394.html。

并行,钱山漾类型年代上限约处距今4400年①,马桥文化年代下限约处距今3300年②。此外,吴、越及其先民文化的产生,如以土墩墓在环太湖地区出现为标志,可将其年代上限定在商代晚期③;其消亡时间则可以越国的灭亡及于越文化在本区的衰退为重要参照,年代约在距今2300年前后④。

考古学家对于相关文化类型分期与年代问题的探讨成果颇多。有关良渚文化分期问题较具代表性的意见主要有:陈国庆的三期论⑤;杨晶的四期论⑥;黄宣佩的五期论⑦;栾丰实的四期五段论⑧;芮国耀的六期十段论⑨;

---

① 浙江省文物考古研究所、湖州市博物馆:《钱山漾:第三、四次发掘报告》,北京:文物出版社,2014年,第453页。

② 本书作者认为《马桥》报告中对于马桥文化年代下限的认识偏晚,故而主要采用钱山漾遗址中马桥文化遗存的测年数据,参见浙江省文物考古研究所、湖州市博物馆:《钱山漾:第三、四次发掘报告》,北京:文物出版社,2014年,第462页;上海市文物管理委员会:《马桥:1993—1997年发掘报告》,上海:上海书画出版社,2002年,第300页。详参本书第二章相关论述。

③ 杨楠:《商周时期江南地区土墩遗存的分区研究》,《考古学报》1999年第1期,第23～72页。

④ 文献中有公元前333年楚威王大败越国,杀越王无疆,尽取故吴地至浙江,和楚怀王二十三年(公元前306年)楚亡越并设江东郡等记载。经李学勤先生考证,"楚威王败越和后来楚怀王亡越,两事并不矛盾",威王败越、无疆被杀之后,越国实际已经丧失了作为诸侯国在当时政局中的作用,至楚怀王时只是进一步加强对越地的控制,并在江东设郡而已。参李学勤:《关于楚灭越的年代》,《江汉论坛》1985年第7期,第56～58页。

⑤ 陈国庆:《良渚文化分期及相关问题》,《东南文化》1989年第6期,第78～83、120页。

⑥ 杨晶:《论良渚文化分期》,《东南文化》1991年第6期,第121～129页。

⑦ 黄宣佩:《论良渚文化的分期》,《上海博物馆集刊》第六期,上海:上海古籍出版社,1992年,第370～388页。

⑧ 栾丰实:《良渚文化的分期与分区》,《东方文明之光——良渚文化发现60周年纪念文集》,海口:海南国际新闻出版中心,1996年,第271～279页。其早期的四期五段分期方案见于,栾丰实:《良渚文化的分期与年代》,《中原文物》1992年第3期,第79～87页。

⑨ 芮国耀:《良渚文化时空论》,《文明的曙光——良渚文化》,杭州:浙江人民出版社,1996年,第130～142页。

张弛针对良渚大墓的三期论①；林华东的三期六段论②；李新伟的五期论③；宋建的四期六段论④；以及朔知(吴卫红)的三期七段论⑤。对于良渚文化发展阶段的划分，可谓见仁见智。

相比之下，由于钱山漾类型、广富林类型和马桥文化的资料相对薄弱，三者存续的年代亦远较良渚文化短，分期未见大的争议，多可参照相关典型遗址发掘报告中的分期意见。对以土墩遗存为代表的吴、越及其先民文化进行分期，以往邹厚本⑥、刘建国⑦、陈元甫⑧、杨楠⑨诸家以及本书作者⑩均有论及，分期意见正渐趋一致。

需要说明的是，鉴于本书研究的着眼点和目标比较特殊，作者在研究中会选择最能代表聚落发展变化的临界点，参考并采纳对上述文化类型所做较为宏观的分期意见。

在对江南地区先秦时期文化谱系问题的研究中，有很多学者关心良渚文化去向哪里，其主要的后继者是谁。目前看来仍无定论。以往两种可能的猜测是：良渚文化消亡以后人群向海岱地区北迁并逐渐消融于中原文化

---

① 张弛:《良渚文化大墓试析》,《考古学研究》(三),北京:科学出版社,1997年,第57~67页。

② 林华东:《良渚文化研究》,杭州:浙江教育出版社,1998年,第92~96、133~196页。

③ 李新伟:《良渚文化的分期研究》,《考古学集刊》12,北京:中国大百科全书出版社,1999年,第223~254页。

④ 宋建:《论良渚文明的兴衰过程》,《良渚文化研究——纪念良渚文化发现六十周年国际学术讨论会文集》,北京:科学出版社,1999年,第86~103页。

⑤ 朔知:《良渚文化的初步分析》,《考古学报》2000年第4期,第421~450页。

⑥ 邹厚本:《江苏南部土墩墓》,《文物资料丛刊》6,北京:文物出版社,1982年,第66~72页。

⑦ 刘建国:《论土墩墓分期》,《东南文化》1989年第4、5合期,第96~115页。

⑧ 陈元甫:《论浙江地区土墩墓分期》,《纪念浙江省文物考古研究所建所二十周年论文集1979~1999》,杭州:西泠印社,1999年,第123~136页。

⑨ 杨楠:《商周时期江南地区土墩遗存的分区研究》,《考古学报》1999年第1期,第23~72页。

⑩ 付琳:《江南地区周代墓葬的分期分区及相关问题》,《考古学报》2019年第3期,第327~358页。

之中；或是向浙西南金衢盆地及进一步向岭南地区迁徙并消融于沿途的当地文化之中。在钱山漾类型与广富林类型被发现与辨识以前，大家虽然知道良渚文化与马桥文化之间存在较大的年代缺环，但也只能把马桥文化作为良渚文化在环太湖地区的后继者进行讨论，而以此为基础所得之论断随着本地区龙山期文化类型的发现与辨识，被认为好比是在不坚实的舞台上跳舞①。

在环太湖地区内年代上基本承接良渚文化的钱山漾类型②与稍晚之广富林类型的文化面貌同良渚文化判然有别，并显示出不同程度的来自于中原地区龙山期文化和闽浙赣邻境地区山地文化的因素。马桥文化除了受到同期中原地区二里头文化及海岱地区岳石文化的影响外，也可明确分辨出来自于武夷山脉两侧闽浙赣邻境地区马岭类型（含肩头弄类型）的文化因素。多数学者认为马桥文化是后来于越文化的直接源头③。但不容忽视的是，使用竖穴土坑墓的马桥文化和使用土墩墓的于越文化之间显然存在一定差别。

杨楠先生指出最早的土墩墓出现在夏商之际的黄山—天台山以南区④。以往浙西南所见江山肩头弄⑤和闽北浦城管九村⑥的发现，为继续探索土墩墓的发源地指出了明确的方向。不过，于越文化在环太湖地区的直接源头，更需在文化面貌并不单纯的本区晚商期遗存中寻找。吴文化的源头一般认为是宁镇地区的湖熟文化，但如何解读在其形成过程中西周文化起到的重大作用，因涉及对"太伯奔吴"事件真伪的考证而诉讼纷纭。本书作者已有论文梳理出吴文化自西周晚期开始一步步向环太湖地区挺进并与

---

① 张忠培：《解惑与求真——在"环太湖地区新石器时代末期文化暨广富林遗存学术研讨会"的讲话》，《南方文物》2006年第4期，第6～8页。

② 仅就绝对年代数据范围分析，不排除钱山漾类型与良渚文化在局部区域存在短暂并行的情况。

③ 陈元甫：《土墩墓与吴越文化》，《东南文化》1992年第6期，第11～21页。

④ 杨楠：《商周时期江南地区土墩遗存的分区研究》，《考古学报》1999年第1期，第23～72页。

⑤ 牟永抗、毛兆廷：《江山县南区古遗址、墓葬调查试掘》，《浙江省文物考古所学刊》，北京：文物出版社，1981年，第57～84页。

⑥ 福建博物院、福建闽越王城博物馆：《福建浦城县管九村土墩墓群》，《考古》2007年第7期，第28～37页。

于越文化相持,以及进一步相互影响的过程①。

宁镇地区新石器时代晚期至商周之际的文化序列大致为北阴阳营文化、点将台文化和湖熟文化,不仅表现出与环太湖地区的联系,更因地缘优势与江淮地区存在密切交流。长江北岸江淮地区东部,新石器时代至商周时期的文化发展序列,尚有待更多考古工作加以明确。20世纪50年代命名的青莲岗文化因缺乏典型遗址,整体的文化面貌与特征不甚明朗,而渐渐不被使用。但从文化区位而言,这一区域古文化的重要性是不言而喻的。可以确定的是,良渚文化与大汶口文化的交流中介主要在这一区域,在江苏新沂花厅北区墓地中所谓"良渚文化"与"大汶口文化"因素的两合现象,曾得到很多学者关注②。龙山文化晚期至二里头文化阶段,豫东地区的王油坊文化和海岱地区的岳石文化也均以江淮地区为中介对宁镇地区的点将台文化产生过重要影响。

史载吴、越两国的疆域在不同时期都曾跨越长江。从考古学文化面貌来看,长江北岸蜀冈丘陵地带江苏浦口、六合、仪征等地确有湖熟文化遗址和吴国墓葬的分布,但尚缺乏更北向的考古发现。此外,史料中言明句践灭吴后曾一度徙都琅琊,不过相关考古线索亦非常薄弱。《吴越春秋·句践伐吴外传》载句践迁都琅琊"从琅琊起观台,周七里,以望东海,死士八千人,戈船三百艘"③。这显示出琅琊很有可能只是一处短暂的陪都或曰政治、军事据点。

三、江南地区早期文明形态的发现

对于本地新石器时代晚期的良渚文化是否已经跨入国家文明的门槛,曾存在不同看法。以苏秉琦为代表的学者,认为良渚文化代表的人们共同体的政治组织形式和社会统合一体化水平已经超出了古国的范畴,进入了

---

① 付琳:《江南地区周代墓葬的分期分区及相关问题》,《考古学报》2019年第3期,第327~358页。

② 可参南京博物院:《花厅——新石器时代墓地发掘报告》,北京:文物出版社,2003年,附录三~附录六。

③ (汉)赵晔:《吴越春秋》,南京:江苏古籍出版社,1999年,第175、176页。

比较高级的区域性方国阶段①。而以安志敏为代表的学者,则认为良渚文化的部分因素可能成为此后中国古代文明的组成部分,但其自身却难以肯定已进入了文明时代②。

2007年以来,良渚遗址群内面积达300万平方米的良渚古城城圈③以及与防洪有关的水坝系统④被发现并逐渐得到学者确认。现仅有少数学者对良渚古城城墙性质及时代持不同观点⑤。如此大规模的公共性建设行为,如非国家所具有的公权力似不能为。最近,赵辉先生从多个角度论述良渚文化的政治组织形式已经属于早期国家阶段⑥,很有说服力。大家更为关心的是,良渚早期国家的政体形态。张忠培先生通过对良渚文化墓地的级别和内涵分析,指出良渚文化社会政权的性质是神王之国,即政教合一的国家⑦。近似的观点,也被长期关注于良渚玉器研究的学者通过分析而获得⑧。

良渚文化以后的钱山漾类型、广富林类型、马桥文化以至吴、越族群早期的文化,从考古发现展示出的文明程度上,似乎都难以同良渚文化相匹敌。学者也普遍承认这种倒退或停滞现象的存在。直到春秋中晚期,先后

---

① 苏秉琦:《中国文明起源新探》,沈阳:辽宁人民出版社,2009年,第123～127页;张忠培:《良渚文化的年代和其所处的社会阶段——五千年前中国进入文明的一个例证》,《文物》1995年第5期,第47～58页。

② 安志敏:《良渚文化及其文明诸因素的剖析——纪念良渚文化发现六十周年》,《考古》1997年第9期,第77～81、83页。

③ 浙江省文物考古研究所:《杭州市余杭区良渚古城遗址2006—2007年的发掘》,《考古》2008年第7期,第3～10页。

④ 浙江省文物考古研究所:《杭州市良渚古城外围水利系统的考古调查》,《考古》2015年第1期,第3～13页。

⑤ 林华东:《再论良渚文化"古城"的性质与年代》,《秦汉以前古杭州》,杭州:杭州出版社,2011年,第181～207页。

⑥ 赵辉:《良渚的国家形态》,《中国文化遗产》2017年第3期,第22～28页。

⑦ 张忠培:《良渚文化墓地与其表述的文明社会》,《考古学报》2012年第4期,第401～422页。

⑧ 方向明:《环太湖流域新石器时代晚期区域政体模式的探讨》,《东方博物》第五十六辑,北京:中国书店,2015年,第1～11页;方向明:《维系良渚社会稳定的唯一标示——良渚玉器神像的起源和含义》,《中国文物报》2017年11月3日第5版。

交替占有环太湖地区的吴、越两国,才凭借着超强的军事实力和组织动员力,积极参与到中原地区的争霸活动中,并相继成为号令东方诸侯的一时霸主,带动区内社群加速华夏化。江南地区在秦汉时期方真正融入楚汉文化圈内。

学者在探讨国家起源与文明形态的研究中,会涉及对不同区系文化演进与文明进程的比较。类似研究经常运用墓葬资料,特别是使用大墓资料对国家政权和文明起源方式与模式进行讨论。李伯谦先生通过比较红山文化、良渚文化和仰韶文化大墓随葬玉器的情况,指出红山文化古国是以神权为主的神权国家,良渚文化古国是神权、军权、王权相结合的以神权为主的神权国家,仰韶文化古国是军权、王权相结合的王权国家,并进一步认为神权高于一切是红山文化和良渚文化最终走向消亡的根本原因,而崇尚王权、发展王权则是仰韶文化和其后继者得以发展和绵延的根本原因①。张弛先生从葬仪角度对辽西地区、黄河中下游地区和长江中下游地区的史前大墓进行了细致比较与研究,认为从石家河文化与良渚文化开始,长江中下游地区的葬制出现了革新,可能表明社会模式或政权形式的重要变化②。

当今中国考古学研究课题的纵深已经很大,但对于同一文化区内考古学文化所展现的社会结构进行长时段的比较研究,以及跨文化区域的长时段比较研究仍略嫌薄弱。基于考古材料对有关经济史、社会史与认知史进行纵向和横向的比较研究,对于深化认识不同文化区系为中华文明构建所做贡献或可提供重要参考。

---

① 李伯谦:《中国古代文明演进的两种模式——红山、良渚、仰韶大墓随葬玉器观察随想》,《文物》2009年第3期,第47~56页。

② 相关论文参见张弛:《社会权力的起源:中国史前葬仪中的社会与观念》,北京:文物出版社,2015年。

第三节

环境与资源视野下的"江南"古文化景观

西方聚落考古学的理论源头之一是文化生态学。聚落是指考古学家根据时间和空间界线界定的"稳定态"下,在野外可以观察到的全部考古资料构成的考古单位①。对自然环境和生态系统的关注,是聚落考古学与以年代学为主要研究对象的传统考古学最根本的区别之一②。在史前时代晚期至历史时代早期,江南地区先民的生产生活对于气候和海平面等环境因素的影响还十分有限,气候变化、海陆变迁对于本区的自然景观和人群社会所带来的影响似占绝对的主导地位。不过,现有资料显示出一些古文化先民的生产生活作业,的确会对遗址内部及周边的地形地貌、地表植被和水文景观造成一定程度的改变,对他们的生存环境产生深刻的反作用。本节拟利用环境考古及相关研究的成果,主要从环境、资源角度考察相关古文化景观,初步梳理新石器时代晚期至秦统一以前,本地区内与先民活动息息相关的自然环境的种种变迁及其与当时聚落人群构建文化景观的互动关系。

必须指出的是,聚落考古所面临的如何解决遗存"共时性"的问题③,对基于考古遗址所获年代与文化属性认识而给出的"环境考古"信息,同样会造成巨大困扰。在遗存年代与文化性质未得到充分研究确认之前,"环境考古"研究给出结论的"真实性",需要不断重新审视。若不加梳理与辨析,各项研究成果之间甚至会呈现出天然的矛盾。此外,相关环境考古发现及研究的不平衡性,也对历时性考察带来较大困难。特别是在面对东周吴、越文化发展的高潮期时,对当时环境、资源、生业与景观的推论只能更多地在文字史料中找寻线索。

---

① 张光直:《考古学——关于其若干基本概念和理论的再思考》,沈阳:辽宁教育出版社,2002年,第47页。
② 方辉主编:《聚落与环境考古学理论与实践》,济南:山东大学出版社,2007年,前言。
③ 严文明:《聚落考古与史前社会研究》,《文物》1997年第6期,第27~35页。

一、良渚文化时期

江南地区尤其是环太湖平原现代气候颇为优越,但从自然环境的敏感度而言,却是我国最不稳定的生态系统之一①。相关资料显示,大致在公元前3000年左右,随着海面下降、地下水位降低,现今东太湖及其以东的诸多湖泊在当时为洼地沼泽②,地貌和气候条件适宜定居和发展农业。据朱诚等学者统计,良渚文化遗址在太湖东部和西部海拔0~2米的低洼平原地区数量较马家浜文化和崧泽文化时期显著增加,良渚文化先民向低湿平原的扩张趋势十分明显③。值得注意的是,这种遗址分布区域扩张的前提是,本区东部冈身的不断发育隔绝了区内与海洋的联系,使本区逐渐发育为淡水湖沼环境。

约在公元前3000年(或前3400年)之后,在较低海拔的东太湖地区 Pinus 花粉数量突然增加,有学者推测这是因为随着环太湖地区陆地面积扩大,先民在低海拔地区的定居生活和农耕活动强度大幅提高,森林植被遭受破坏,故而 Pinus 作为先锋树种乘虚而入。与此同时,Cardamine 和 Miciolepia 两属植物在东太湖地区迅速发展,它们很可能是森林被大量破坏后得以蔓延的植物,且这两属植物中有些种多可食用,应也是它们获得大发展的原因之一④。必须指出的是,在缺少对温度变化因素进行全面考量的前提下,这还只是依靠部分民族志资料而得出的一种推论。若据许靖华先生的研究,公元前3400年至前2900年、前2900年至前2200年分别属于全

---

① 冉圣宏、唐国平、薛纪渝:《全球变化对我国脆弱生态区经济开发的影响》,《资源科学》2001年第23卷第3期,第24~28页;刘志岩、孙林、高蒙河:《长江河口海岸考古地理三题》,《浙江省文物考古研究所学刊》第八辑,北京:科学出版社,2006年,第208~216页。

② 申洪源、朱诚、贾玉连:《太湖流域地貌与环境变迁对新石器文化传承的影响》,《地理科学》2004年第24卷第5期,第580~585页。

③ 朱诚、郑朝贵、马春梅等:《对长江三角洲和宁绍平原一万年来高海面问题的新认识》,《科学通报》2003年第48卷第23期,第2428~2438页。

④ 许雪珉、William Y. B. Chang、刘金陵:《11000年以来太湖地区的植被与气候变化》,《古生物学报》1996年第35卷第2期,第175~186页。

球性气候的小冰期和小气候最适期①,则对上述情况发生原因的推测,应当是有道理的。

据高蒙河先生统计,到距今4800年以后长江下游地区进入有史以来人类活动的最高峰值期②。王宁远先生通过分析从崧泽文化阶段至良渚文化阶段,聚落遗址自西苕溪河谷地带向东部平原地区的迁移,以及可能首创于河谷地带的石犁向平原地带的扩散等现象,指出本阶段人口的激增要求改良农具并增加可耕地面积③。在浙江临平茅山良渚文化的小型村落遗址,调查发现总面积达5600平方米(约合85亩)的稻田遗迹④。在江苏昆山朱墓村遗址也发现多块属于良渚文化聚落的小规模古稻田遗迹⑤。在浙江余杭莫角山 H11 中发现被烧毁的约 26000 斤稻谷⑥,以及新近在莫角山高台以南"池中寺"地点发现南北两片总体量约6000立方米,估算约39万斤的碳化稻米堆积⑦,均是这一阶段史前稻作农业在环太湖地区繁荣发展的明证。加之在良渚文化中大量精细的石质农具的发现,显示出江南地区始自上山文化阶段的稻作活动,自马家浜文化时期初步成形,至良渚文化时期已经非常成熟。稻作农业技术体系相对复杂和精确的特点,无疑对良渚文化

---

① 许靖华:《太阳、气候、饥荒与民族大迁移》,《中国科学》1998年第28卷第4期,第366~384页。

② 高蒙河:《长江下游考古地理》,上海:复旦大学出版社,2005年,第73页。

③ 王宁远:《从村居到王城》,杭州:杭州出版社,2013年,第27~30页。

④ 丁品、郑云飞、陈旭高、仲召兵、王宁远:《浙江余杭临平茅山遗址》,《中国文物报》2010年3月12日第4版。

⑤ 苏州市考古研究所、昆山市文物管理所:《江苏昆山朱墓村遗址发掘简报》,《东南文化》2014年第2期,第39~56页;邱振威、丁金龙、蒋洪恩、胡耀武:《江苏昆山朱墓村良渚文化水田植物遗存分析》,《东南文化》2014年第2期,第57~67页。值得注意的是,在对这处遗址展开的植物考古学研究中,还发现了一定数量的可能属于良渚文化时期的中草药,参 Zhenwei Qiu, Xue Shang, David Kay Ferguson, Hongen Jiang. Archaeobotanical analysis of diverse plant food resouces and palaevoegetation at the Zhumucun site, a late Neolithic settlement of the Liangzhu Culture in east China. *Quaternary International*, 2016.426: 75-85.

⑥ 刘斌、王宁远、陈明辉:《良渚古城——新发现与探索》,《权力与信仰——良渚遗址群考古特展》,北京:文物出版社,2015年,第69~70页。

⑦ 浙江省文物考古研究所:《良渚王国》,北京:文物出版社,2019年,第152页。

先民的社会分工、社会结构和遗址景观均具有深刻的影响。

另据江苏苏州龙南、上海闵行马桥等遗址良渚文化堆积单位出土的动物考古学资料显示,这一时期畜养猪作为肉食来源的比例已经超过了狩猎鹿科等野生动物作为肉食来源的比例①。对浙江余杭良渚古城外卞家山遗址出土大量猪骨死亡年龄分布的研究显示出,良渚文化先民已经有选择性地高度利用畜养猪作为肉食来源②。在良渚古城内钟家岗河道出土大量动物遗存,已鉴定出如方形环棱螺、鲨鱼、鲤鱼、草鱼、鲶鱼、乌鳢、鳖、龟、环颈雉、鼠、狗、虎、野猪、家猪、麂、水鹿、梅花鹿、水牛等。其中猪在哺乳动物骨骼中所占比例最大,且相当一部分应为家猪③。有可能的推测是,钟家港河道内出土的部分野生动物,可能和城内显贵丰富的食谱有关,并不能直接说明狩猎作为生计来源的比例。值得注意的是,在良渚文化的陶器中有比较确凿的泥塑大象之形象④,显示当时本区的气温应高于今日。

从已有发现分析,当时会捕捞一些水产品作为肉食来源的补充,如在卞家山遗址良渚文化先民倾倒的生活垃圾中也鉴定出 9 种水生的蚌、蚬、螺类软体动物⑤。另经检测上海松江广富林遗址良渚文化墓葬出土人骨骨骼中的锌含量处于一个相当高的水平,而锌含量水平的高低与蛋白类食物摄入量的大小具有明显关联,故而推断富含蛋白质的各类水产品是当时良渚文

---

① 袁靖:《论中国新石器时代居民获取肉食资源的方式》,《考古学报》1999 年第 1 期,第 1~22 页。

② 浙江省文物考古研究所:《卞家山》,北京:文物出版社,2014 年,第 426、427 页。

③ 浙江省文物考古研究所:《良渚王国》,北京:文物出版社,2019 年,第 155 页。

④ 浙江省文物考古研究所:《卞家山》,北京:文物出版社,2014 年,彩版二一三(6)。

⑤ 浙江省文物考古研究所:《卞家山》,北京:文物出版社,2014 年,第 433~437 页。

化先民的一类重要食物来源①。不过,如钟家港河道内出土的鲨鱼骨骼,有可能为居于中心聚落的显贵所享用,尚不能说明良渚文化先民对于海洋的开发利用程度。恰恰相反,很多线索指明良渚文化的分布区虽东滨大海,但该文化中的海洋性因素颇为有限,这应与其文化及生业传统有关。

　　有学者指出在本阶段中杭州湾南岸的宁绍地区因姚江改道,湖沼水体面积缩小等原因,使当地原有河姆渡文化因无法适应环境变迁而开始衰落,终被南下的良渚文化所取代②。实际上,伴随着人口的迅速增长,对于土地的需求使得良渚文化向外扩张已成大势所趋。不过,宁绍平原始终处于良渚文化的外围区域,保有一定的地域特色。良渚社群对于该地的控制,或许与对特殊资源的取材有一定关系。浙江宁波市大榭岛榭北盆地内的大榭遗址中发现良渚文化晚期和钱山漾类型阶段,与生产海盐相关的盐灶群和大量形制单一的夹粗砂圜底陶缸和平底陶盆③,不但为我国东南地区史前时代海盐的规模化生产找到了明确的考古证据④,更提示我们需要思考环太湖平原地区良渚文化先民食盐来源的类型与途径。

　　玉器是良渚文化先民精神与社会生活的重要载体,更同良渚文化社群的政治组织形式存在密切关联。良渚文化对于玉矿资源的需求量十分巨大,不单超出了本区先行的崧泽文化,亦超出同期东方其他具有"尚玉"传统的考古学文化。学者通过对苏南地区马家浜文化至良渚文化玉器用料的鉴定和研究,认为本区所用软玉的显微结构明显不同于已知的新疆软玉、四川

---

①　张全超、汪洋、翟杨:《上海松江区广富林遗址良渚时期人骨微量元素的初步研究》,《东南文化》2010年第1期,第31~36页。此外,在良渚文化遗物中见有网坠等渔捞工具,而渔捞工具在本区较早之马家浜文化和崧泽文化、较晚之于越文化中也都比较常见,渔捞应为本区土著先民长期沿袭的一种生计传统。在良渚文化陶器的刻画符号上,除见有猪、狗、羊、鹿等畜养和野生的陆地动物,亦见有鱼、龟、鳄等水生动物之形象,参见良渚博物院:《良渚文化刻画符号》,上海:上海人民出版社,2015年。
②　蔡保全:《杭州湾两岸新石器时代文化与环境》,《厦门大学学报(哲学社会科学版)》2001年第3期,第126~133页。
③　雷少、梅术文:《浙江宁波大榭遗址》,《大众考古》2018年第2期,第12、13页。
④　付琳、唐凯纯:《东南地区早期海洋性聚落中的特殊类型》,《中国港口》2019年增刊第1期,第99~106页。

汶川软玉和辽宁宽甸软玉,就地取材的可能性最高①。2002年浙江省文物考古研究所在余杭良渚遗址群内塘山遗址(金村段)发现一处良渚文化晚期的制玉作坊②,说明良渚遗址群倚靠的天目山脉中至少有个别山体应当蕴藏着良渚文化急需的玉矿资源,并为当地社群开采和加工。

《大清一统志·杭州府》中记载天目山古称"浮玉山",指示山中产玉。地质学家也曾指出天目山有生成玉矿的地质条件③。以往,学者还多有关注位于宁镇丘陵地区的江苏溧阳小梅岭软玉矿藏,此前考古工作者在其附近的句容丁沙地遗址④发现有年代相当于良渚文化晚期的玉器加工作坊,该遗址的陶器面貌显示出其可能同太湖北部地区的良渚文化社群存在密切交流。而通过学者对太湖东南部地区浙江平湖庄桥坟遗址出土良渚文化玉器与溧阳软玉的比较可知,二者化学成分不同,庄桥坟遗址所出玉器当另有矿源⑤。这种现象一方面说明了良渚文化内部诸社群对于玉矿资源追求的触角不仅限于单一矿源,另一方面亦显示出当时对于玉矿资源和玉器加工的掌控,是良渚文化各个社群权力与实力的重要体现。

最近在良渚古城内莫角山东坡钟家港中段河道西边缘最早堆积内发现三根木构件。其中最长者长9.5米,主干宽18～30厘米、厚18厘米,正面加工平整,凿有39个未透方形卯孔,尖端加工有一方形榫头。余下两根长度分别为3.2米和2米。在莫角山西坡南部还发现有建筑使用的竹编脚手片和木构箱笼类遗迹⑥。以上不仅显示出良渚文化的木工水平,也指示出

---

① 闻广:《苏南新石器时代玉器的考古地质学研究》,《文物》1986年第10期,第42～49页。

② 王明达、方向明、徐新民、方忠华:《塘山遗址发现良渚文化制玉作坊》,《中国文物报》2002年9月20日第1版。

③ 方向明:《控制中的高端手工业——良渚文化琢玉工艺》,《权力与信仰——良渚遗址群考古特展》,北京:文物出版社,2015年,第75页。

④ 南京博物院考古研究所:《江苏句容丁沙地遗址第二次发掘简报》,《文物》2001年第5期,第22～36页。

⑤ 李晶、高洁、童欣然、皮白灵、杨明星:《江苏溧阳软玉与良渚文化庄桥坟遗址出土软玉的特征对比研究》,《宝石和宝石学杂志》2010年第12卷第3期,第19～25,33页。

⑥ 浙江省文物考古研究所:《良渚王国》,北京:文物出版社,2019年,第42～51页。

良渚文化社群用于各类建筑的木材取用量应不容小觑,对附近的山地林区有持续开发。

综上,可以认为良渚文化时期是本区先民与区域环境充分互动的阶段。因海平面下降,以及扩大耕地面积的需要,良渚文化先民在海拔更低的区域定居,本阶段相对适宜的生存条件也促使人口数量继续高速增长。为满足人口的食物需求,人群必须开辟沼泽平原,进一步加强对于种植农业的依靠,同时增加畜养家猪等动物作为更为稳定的肉食来源。这对于区域原本的自然景观造成了较大改变,位于低地的墩台遗址之数量在良渚文化时期大幅度增加。在构筑墩台的同时,亦规划人工水道与天然河港相连通,对自然地貌和地表水系有创造性的改造利用①,亦对此后本区农业聚落的布局形态产生深远影响。一些中心性聚落如良渚古城及城内建筑的修筑,即依靠对林木、水利资源的充分利用。

二、良渚文化末期至马桥文化时期

江南地区相关孢粉研究结果表明,良渚文化末期的气候暖湿程度曾有几次波动。从余杭良渚遗址群内本阶段的孢粉情况分析,此时气候凉而干燥,环境恶劣,森林植被不佳,低等的蕨类植物繁盛,这种环境对于稻作农业的开展较为不利。本阶段所见树种主要有栎属、胡桃属等落叶阔叶树种,青冈栎、栲属等落叶常绿树种已经绝迹。陆生草本植物较前期减少很多,湿生或水生草本植物也很少。低等蕨类植物很繁盛,主要有海金沙属、凤尾蕨属等,环纹藻数量很多,表明气候环境不好②。上海松江广富林遗址的孢粉分析也显示出,良渚文化晚期以后栎树林几近消失,水生植物减少,而蒿、藜增加,很可能是由于水域面积减少、区域气候干冷所致③。

不过,现有考古资料至少显示出,本区史前先民在应对恶劣的气候条件时并非不堪一击。从对浙江湖州钱山漾遗址出土动植物遗存的分析来看,

---

① 王宁远:《从村居到王城》,杭州:杭州出版社,2013年,第25页。
② 金幸生、杜天明、丁明、吴维棠:《余杭良渚遗址群古环境研究》,《良渚遗址群》,北京:文物出版社,2005年,第327~344页。
③ 李春海、陈杰、王伟铭:《上海松江广富林遗址的孢粉记录》,《广富林:考古发掘与学术研究论集》,上海:上海古籍出版社,2014年,第290~298页。

在公元前 2400 年至前 2000 年之间,至少在杭嘉湖平原北侧局部区域内的小环境尚非十分恶劣。钱山漾遗址主要呈现冲积平原的湿地景观,平原自然植被以水生和喜湿性植物为主,木本植物种群很少,湿地生物多样性极为丰富。山地森林呈现具有亚热带常绿森林植被带的特征。在遗址地区内,森林植被、湿地植被和人工植被相互交错,经鉴定人工栽培植物除稻米外,还有葫芦、甜瓜、桃、梅、杏、柿、菱角、芡实等,野生动物包括水牛、麋鹿一类大型偶蹄类动物,也有鱼、鼋等水生动物,家养动物则包括猪、狗两种①。值得注意的是,作为肉食来源,野生水牛及鹿科所占比例远超家猪所占比例。此外,在余杭临平茅山遗址也发现有属于广富林类型时期的稻田,以及牛耕迹象②。

钱山漾遗址大致呈南北向条状分布,现存面积约 7 万平方米。该遗址经过四次考古发掘,其中第一、二次考古发掘区位于遗址北部,第三、四次发掘区位于遗址南部。虽整体揭露面积有限,但均未见良渚文化堆积或遗存分布,说明其可能是一处新开辟的聚落。在钱山漾遗址中现已明确发现属于钱山漾类型、广富林类型的居址以及与马桥文化先民居住活动有关的大量灰坑,稻米在这三期堆积中均有发现,显示出该遗址是一处为上述三种文化类型先民延续使用约千年的聚落,说明遗址环境可以满足先民基本的生存及生业需求。

钱山漾遗址所见钱山漾类型、广富林类型和马桥文化小型聚落的布局形态和房址结构,与余杭庙前遗址所见良渚文化时期小型聚落的形态相比,并无显著差异。可知,即便在气候较为恶劣的条件下,本区小型聚落日常的生产、生活仍旧延续,稻作农业的传统也并未中断,局部区域仍旧适宜先民居住活动。当然,总体较差的大环境背景,还是会对本区"良渚文化晚期后段遗存"、钱山漾类型和广富林类型先民的生计造成一定影响。

学者大多承认在公元前 2000 年前后,急剧的降温事件与洪水等自然灾

---

① 浙江省文物考古研究所、湖州市博物馆:《钱山漾:第三、四次发掘报告》,北京:文物出版社,2014 年,第 448~451 页。
② 丁品、郑云飞、陈旭高、仲召兵、王宁远:《浙江余杭临平茅山遗址》,《中国文物报》2010 年 3 月 12 日第 4 版。

害的频发,对于当时黄河下游和长江下游等地的史前文化产生过较大影响①。据介绍约从良渚文化晚期后段开始,古城城墙以及新建外郭之上均开始有人居住,部分城墙损毁,河流因缺乏疏浚而淤塞,且常被倾倒垃圾。从良渚到临平大致1000多平方千米的区域,在良渚文化的堆积之上,普遍存在厚度超过1米的洪泛层②,或可作为这一阶段良渚古城及附近环境恶化,且有遭受洪水侵害的证据。需要指出的是,目前还不能确定在特定区域内降温事件与降水量变化之间的关系,但良渚古城及附近遗址所见的洪泛层,更可能是夏季山洪造成的。此外,江南地区本阶段遗址数量的锐减,也能够反映出环境变迁对于本区人口总量的深刻影响。

有学者推测玉矿资源的枯竭,很可能也是导致良渚文化走向衰亡的一个重要因素。良渚文化晚期高等级玉器用料发生的重要变化,已显示出玉矿来源的不稳定性并预示出玉料来源的危机③。虽然目前还没有直接性的证据,但仅就良渚文化盛行的带有宗教含义的大量神秘玉器器形与纹饰,在钱山漾类型、广富林类型中迅速衰落之趋势,以及广富林类型所见玉、石琮质地与形制的相对粗陋情况来看,有可能当时区内已为土著社群所掌控的玉矿资源,在良渚文化时期确实被过度地开发了,当社会组织在面临较差的外部环境时,也难以集中力量寻找新的玉矿去维系和保障以宗教为核心的社会秩序。

本书作者认为突发而持续的天灾很可能会促使过分依赖外部供给的中心性聚落加速消亡,并动摇当时社会组织结构顶层的统治基础,但对于普通人群的物质文化而言,则很难说是致命的终结。本区在良渚文化消亡以后的龙山时代所显现出文明发展程度的停滞甚或倒退,更多的是因为原有高度复杂之社会组织的崩溃和以神权为本的精英文化的丧失。在良渚文化社会组织走向崩溃的过程中,本区环境与气候的变化以及自然灾害有可能是一剂重要的催化剂。

---

① 王青:《距今4000年前后的环境变迁与社会发展》,《东方文明之光——良渚文化发现60周年纪念文集》,海口:海南国际新闻出版中心,1996年,第291~299页。

② 浙江省文物考古研究所:《良渚古城综合研究报告》,北京:文物出版社,2019年,第305页。

③ 方向明:《控制中的高端手工业——良渚文化琢玉工艺》,《权力与信仰——良渚遗址群考古特展》,北京:文物出版社,2015年,第73~99页。

有关本区马桥文化的环境考古资料尚比较薄弱,在此只能依据部分遗址所提供的有限资料,对当时的古环境及先民的生业情况做简要分析。据张芸等学者对上海闵行马桥遗址剖面所做的采样分析与研究,可知在距今3900—3250年间,马桥地区存在洪水泛滥和海侵过程①。吴建民先生通过对本阶段遗址分布的分析,也倾向于认为马桥文化时期局部区域曾遭受海侵影响②。从对马桥遗址所得马桥文化时期植物孢粉资料的分析来看,马桥文化前、后期之间气温存在先上升再下降的波动,呈现出由暖转凉的趋势,稻作农业虽然延续,但规模十分有限,而海侵、海退以及淡水水域的分布变化,直接导致马桥先民居址及活动区的不断迁徙③。从对出土动物遗存的分析显示,在马桥文化中猪、狗数量所占的比例较良渚文化阶段明显减少,而鹿科动物所占比例显著增加,说明马桥文化先民的肉食来源主要依靠狩猎野生动物,而畜养家畜只占辅助地位。

江苏昆山绰墩遗址的相关资料也显示出在马桥文化前期该遗址内的常绿阔叶林繁茂,温度上升,降水丰沛,池塘沼泽面积增加,而到马桥文化后期遗址周边地区趋于变干,水域面积减少,植被向稀树草甸演变,最终变得不适宜先民居住④。

三、马桥文化时期以后

对于本区商周时期遗存开展的环境考古研究十分有限。马桥遗址东周地层出土的孢粉资料显示当时的气候温暖湿润,比现今温度高2℃～3℃,

---

① 张芸、朱诚、史威:《上海马桥地区全新世中晚期气候变化、海面变化和古洪水》,《海洋科学》2002年第26卷第1期,第54～58页。

② 吴建民:《江苏新石器时代遗址分布与环境演变》,《环境考古研究》第二辑,北京:科学出版社,2000年,第104～110页。

③ 上海市文物管理委员会:《马桥:1993—1997年发掘报告》,上海:上海书画出版社,2002年,第343页;李珍、封卫青、杨振京:《上海马桥遗址孢粉组合及先人活动环境分析》,《同济大学学报(人文·社会科学版)》,1996年第7卷第2期,第69～75页。

④ 苏州市考古研究所:《昆山绰墩遗址》,北京:文物出版社,2011年,第364页。

遗址附近山地覆盖着常绿阔叶林和一定数量的落叶树①,说明至迟到东周时期本区环境已整体偏好,适宜先民生产、生活。最近通过对浙江桐乡董家桥遗址东周时期遗迹采集土样的浮选,共发现水稻和粟两类农作物②,其中以水稻为主,占全部农作物的96.3%,占全部炭化植物种子的46.4%,说明东周时期本区仍以传统的稻作农业为主,而本次发现的少量粟类旱地作物也显示出区内农业有向多元化发展的趋势。

通过对桐乡董家桥遗址出土东周时期动物骨骼的鉴定,可知其中家猪所占比例最高,为28.1%;其次为麋鹿,占15.6%;牛和马的骨骼也较多,分别为9.4%和7.3%。通过与该遗址崧泽文化晚期—良渚文化时期出土动物种属比例的对比,发现东周时期鹿类骨骼在动物遗存中所占的比例更低,而猪、牛、马等驯化动物所占的比例更高③。以上资料基本显示出本阶段江南地区的生业模式,以较此前更为发达的农业和畜牧业为主。

早期文献中有很多线索提示吴、越两国的稻作农业水平很高,且国家鼓励耕织与畜牧。《吴越春秋·句践阴谋外传》记载有越国向吴国"请籴"粮食一次万石,越国丰收后,亦可一次还粮万石④。从陶纺轮作为东周时期越国贵族墓随葬品组合中颇为固定的器物来看⑤,亦可反映出国家层面鼓励纺织的政策。此外,因保存环境特殊,春秋中期至战国中期的江西贵溪仙岩与水岩崖葬随葬品中,见有大量木质纺织器具⑥,从共出陶瓷器组合与器形来

---

① 李珍、封卫青、杨振京:《上海马桥遗址孢粉组合及先人活动环境分析》,《同济大学学报(人文·社会科学版)》,1996年第7卷第2期,第69~75页。

② 宫玮、游晓蕾、胡继根、陈雪香:《浙江桐乡董家桥遗址2011年度浮选植物遗存分析》,《浙江省文物考古研究所学刊》第十辑,北京:文物出版社,2015年,第159~164页。

③ 王华、游晓蕾、田正标、胡继根:《浙江桐乡董家桥遗址动物遗存初步分析》,《浙江省文物考古研究所学刊》第十辑,北京:文物出版社,2015年,第165~170页。

④ (汉)赵晔:《吴越春秋》,南京:江苏古籍出版社,1999年,第147页。

⑤ 据笔者初步统计,在战国早中期的越国墓葬中有超过四分之一的墓葬明确随葬纺轮,且高规格墓葬中几乎均有用纺轮随葬的现象,这时纺轮已不应作为指示性别的随葬品,用纺轮随葬有可能映射出当时越国的国策,参见付琳:《土墩墓祭祀遗存考辨》,《东南文化》2015年第3期,第68~76页。

⑥ 江西省历史博物馆、贵溪县文化馆:《江西贵溪崖墓发掘简报》,《文物》1980年第11期,第1~25页。

看,其与越国墓葬关系密切。总之,江南地区发达的农业及相关副业,是吴越文明在东周时期高度繁荣发展的重要基础与保障。

《考工记》云"吴粤之金锡,此材之美也"。吴国自西周晚期即通过占领的方式控制皖南沿江丘陵地区的铜矿资源,据学者研究安徽南陵牯牛山城址很可能是一处西周时期吴国经营本地铜矿开采和冶炼的管理中心①。近几年来,在江苏镇江孙家村发现了成规模的铜器铸造遗址,外存土垣与环壕,产品类型以兵器和工具为主②,也显示出吴国在国家层面对于重要战略资源的掌控。长江中游地区之外,特别是东南沿海一带先秦时期铜锡矿藏的线索尚不明确,不过以往考古工作者在江苏昆山盛庄发现过东周时期的冶铸遗址③,加之考古所见越国以及干越、早期瓯越和闽越等群体的青铜兵器冶铸技艺均十分高超,可以认为江南地区越族支系均掌控有相对稳定的铜、锡金属矿源或取得途径④。青铜技术和青铜资源的流入,不单支持了吴、越两国强劲的军事活动,同样促使江南越族其他支系社会复杂化加剧。

江南丘陵以至东南沿海一带,拥有较为富集并相对易于开采的高岭土资源,且很早即被开发利用⑤。这一方面使得印纹硬陶器和原始瓷器成为这一区域三代时期土著文化类型中颇为重要的内涵组成部分,另一方面也为我们观察类似遗物生产和流通的模式提供了可资利用的资料,无疑是考察区域内及跨区域社群交流的重要线索。此外,对于缺乏铜矿资源或缺少稳定铜料来源的社群,使用特殊的印纹硬陶器形和原始瓷器形作为礼器,也是一种常见的现象。

---

① 毛颖、张敏:《长江下游的徐舒与吴越》,武汉:湖北教育出版社,2005年,第134页。

② 南京博物院、镇江博物馆:《江苏镇江孙家村遗址2015—2016年发掘简报》,《考古》2018年第6期,第14~37页。

③ 国家文物局主编:《中国文物地图集(江苏分册)》(下),北京:中国地图出版社,2008年,第459页。

④ 张敏先生提出吴越两国之间存在"资源互动",即越国向吴国输出印纹硬陶器和原始瓷器,以换取铸造青铜器的主要原料冰铜锭,可备一说。详参张敏:《陶冶吴越——简论两周时期吴越的生业形态》,《东南文化》2019年第3期,第89~96页。

⑤ 张敏:《陶冶吴越——简论两周时期吴越的生业形态》,《东南文化》2019年第3期,第89~96页。

据早期文献显示,当时对于森林的砍伐与破坏较为严重,围堤筑塘、开辟农田、兴修宫室、营建大墓和造船等活动均需大量木材。最近公布的浙江绍兴香山大墓的发掘资料显示,该墓为一"人"字顶木椁墓,应与绍兴印山大墓木椁形制相仿,香山大墓木椁长约47.6米,底板宽4.85~5.15米,椁室复原高度在5米左右。从保存较好的部分来看,所用枋木长4.85~4.9米,厚约0.53米,宽约0.55米。在紧邻墓葬的北边还发现有细加工建墓用材的木料加工场。香山大墓所用木料具有明确的选择性,树种为柏树、红豆杉、香樟、麻栎和甜槠①。印山大墓独木棺选用杉木,木椁使用锥木,积炭取材栎木②。《越绝书·越绝外传记地传》:"木客大冢者,句践父允常冢也。初徙琅琊,使楼船卒二千八百人伐松柏以为桴,故曰木客。去县十五里。一曰句践伐善材,文刻献于吴,故曰木客"③,《吴越春秋·句践阴谋外传》:"吴王好起宫室……越王乃使木工三千余人,入山伐木"④,均展现出吴、越两国林木用量之巨。

最后值得一提的是,对江南地区先民活动造成影响的主要自然灾害类型,除前述干旱、洪涝、海侵以外,可能还有台风困扰。据相关统计,在1949年至1990年间,江浙地区共有28个登陆台风发生,登陆地点大多集中于浙江沿海地区⑤。《越绝书·越绝外传纪策考》载:"昔者,吴王夫差兴师伐越,败兵就李。大风发狂,日夜不止。车败马失,骑士堕死。大船陵居,小船没水"⑥,应即为一次台风登陆的真实写照。

---

① 浙江省文物考古研究所、绍兴市文物考古研究所、绍兴市柯桥区文化发展中心、嵊州市文物管理处:《绍兴越墓》,北京:文物出版社,2016年,第18、20、199页。
② 浙江省文物考古研究所、绍兴县文物保护管理局:《印山越王陵》,北京:文物出版社,2002年,第72~76页。
③ 李步嘉:《越绝书校释》,北京:中华书局,2013年,第226、227页。
④ (汉)赵晔:《吴越春秋》,南京:江苏古籍出版社,1999年,第140页。
⑤ 李曾中、贾秀娥、邵俊年:《对江浙登陆台风的研究》,《气象》1993年第19卷第6期,第8~11页。
⑥ 李步嘉:《越绝书校释》,北京:中华书局,2013年,第152页。

第二章

江南地区文明进程的文化史背景

> 吴伐越,堕会稽,获骨焉,节专车。吴子使来好聘,且问之仲尼……仲尼曰:"丘闻之:昔禹致群神于会稽之山,防风后至,禹杀而戮之,其骨节专车。此为大矣。"客曰:"敢问谁守为神?"仲尼曰:"山川之灵,足以纪纲天下者,其守为神;社稷之守者为公侯。皆属于王者。"客曰:"防风何守也?"仲尼曰:"汪芒氏之君也,守封、嵎之山者也,为漆姓。在虞、夏、商为汪芒氏,于周为长狄,今为大人。"①
>
> ——《国语·鲁语下》

中国先秦时期的古史传说,在漫长的历史时期经过文人史家穿凿、加工,形成了自身的体系和特点。上引文献即围绕会稽一地,讲述了"吴伐越"和"禹诛防风"两个事件,且均略带神话色彩。值得注意的是,事件中的时间、地点、人物均相对明确,但可信性也因此大打折扣。与此相比,考古学所能提供的文化史背景,是考古学家根据对实物资料及其出土情境和层位关系的排比、分析,梳理并归纳的文化发展序列和亲缘谱系关系,与古史传说的取向恰恰相反,只能给出对较长时段、宏观区域和群体性情况的推断,但这对于历史研究也有其独到和不可替代的价值。

我们知道,虽然时间的流逝是持续而均匀的,但文化在时间中的变化却

---

① 徐元诰:《国语集解》(修订本),北京:中华书局,2002年,第202、203页。

不是匀速的,有效的考古学分期是要把那些急速变化的部分作为分界线①。这是对考古学文化进行分类和分期研究的根本目标,即可资于史前史和早期历史研究的文化分期与编年。文化谱系研究则侧重于通过文化因素分析,去探讨不同文化类型之间的源流与交流关系,即针对不同考古学文化类型之间的亲疏远近问题进行分析。本章将主要对考古工作开展较为充分的环太湖地区相关时段内诸种文化类型的发展演进、文化格局与谱系关系进行研讨,为进一步探讨相关社会史问题提供必要的基础。

第一节

良渚文化重要遗存的初步编年

良渚文化遗址在江南地区有着广泛分布,根据郭明建先生所做统计,已知的遗址数量近 550 处②,也有学者估计实际的遗址数目当不下千处③。从已发现的遗址分布情况来看,又以太湖南部的杭州—湖州东部地区、太湖东南的嘉兴地区、太湖东部的苏沪地区和太湖北部的常州—无锡地区较为密集。太湖西部宜兴—湖州西部地区的山地河谷地带,发现良渚文化遗址数量有限,一方面田野考古工作开展不如前几个地区充分,另一方面很可能是本来的遗址数量也不如平原地区密集。宁镇地区的北阴阳营文化结束以后,发现部分良渚文化遗存,但亦非良渚文化的主要分布区。长江北岸见有典型的良渚文化遗存,如在江苏兴化、东台交界的蒋庄遗址发掘了属于良渚

---

① Gordon R. Willey and Philip Phillips. *Method and Theory in American Archaeology*, Chicago: University of Chicago Press, 1958: 15-16. 转引自张光直:《考古学——关于其若干基本概念和理论的再思考》,沈阳:辽宁教育出版社,2002年,第29页。

② 郭明建:《良渚文化宏观聚落研究》,《考古学报》2014 年第 1 期,第 1~32 页。

③ 陆建方:《良渚文化墓葬研究》,《东方文明之光——良渚文化发现60周年纪念文集》,海口:海南国际新闻出版中心,1996年,第177页。

文化的大型聚落和墓地,确证良渚文化的分布范围向北已跨过长江①。此前,在江苏海安青墩和阜宁陆庄也出土过良渚文化玉琮。此外,在杭州湾南岸的宁绍平原、舟山群岛和钱塘江中上游的河谷地带也发现不少良渚文化遗址②。

一、良渚文化的分期方案

首先需简要总结一下良渚文化遗物的总体特征。

良渚文化陶器以泥质灰陶、夹砂红陶、夹砂褐陶为主,泥质黑皮陶颇具特色,多为轮制,素面者多,流行器表磨光,常见装饰凹弦纹、凸棱及镂孔者,中晚期出现在器表作繁缛的刻画纹图案。圈足器和实三足器发达,带流器也较流行。器形以鼎、豆、盘、双鼻壶、罐和大口缸为大宗,也见鼎式甗、尊、簋、宽把杯、匜、贯耳壶、过滤器和三足盉等(图 2-1),晚期出现少量袋足鬶。值得注意的是,良渚文化分布区内部在陶器组合上尚存一定的区域性差异,如在以良渚遗址群为中心的杭州—湖州东部地区内,双鼻壶这类良渚文化的典型陶器不如其他地区发达,而以过滤器为其特色;在苏沪地区,平底或矮圈足的匜则更为流行。在良渚文化晚期,局部地区还出现了以刻纹的鼎、豆、双鼻壶、宽把杯、匜等成组的磨光黑陶器用于随葬的现象,这些陶器应有别于普通人的日用器③。

良渚文化的玉器种类繁多,按功能可分为法器、标志身份的装束品和一

---

① 南京博物院:《江苏兴化、东台市蒋庄遗址良渚文化遗存》,《考古》2016 年第 7 期,第 19~31 页。
② 较为重要的遗址有浙江奉化名山后、桐庐小青龙等,参见名山后遗址考古队:《奉化名山后遗址第一期发掘的主要收获》,《浙江省文物考古研究所学刊(1980—1990)》,北京:科学出版社,1993 年,第 119~123 页;浙江省文物考古研究所、宁波市博物馆、奉化市文物保护委员会办公室:《奉化名山后新石器时代遗址》,《中国考古学年鉴 1992》,北京:文物出版社,1994 年,第 206 页;浙江省文物考古研究所、桐庐博物馆:《小青龙》,北京:文物出版社,2017 年。
③ 其流行的中心或在苏沪地区,参赵晔:《内敛与华丽:良渚陶器》,杭州:浙江大学出版社,2019 年,第 194、195 页。

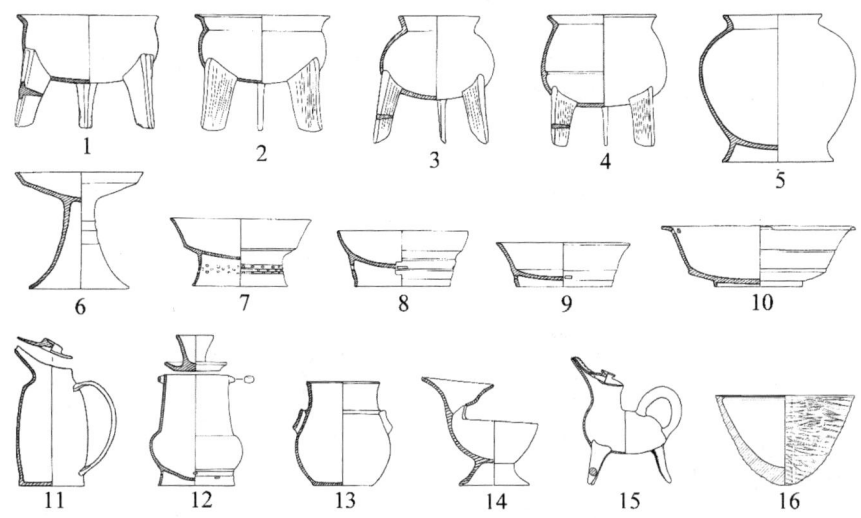

1.M45:1 2.M22:8 3.M7:11 4.M46:11 5.M5:3 6.M45:5 7.M7:10 8.M22:6 9.M45:15 10.M46:13 11.M62:3 12.M5:4 13.H2:15 14.M3:7 15.M207:96 16.M207:88(1～3.鼎 4.鼎式甗 5.罐 6、7.豆 8～10.盘 11.宽把杯 12.双鼻壶 13.贯耳壶 14.过滤器 15.三足盉 16.大口缸;1～12.出自卞家山 13、14.出自庙前 15、16.出自吴家场)

图 2-1 良渚文化典型陶器

般装饰品三类①,前两类代表身份等级,可称作"礼器"②。玉器器形以琮、琮式管(小琮)、璧、钺、冠状器、锥形器、三叉形器、圆牌、柱形器、璜、镯、环、坠、珠、管等为主(图2-2),部分器形在一些大墓里常以一定组合共出,有学

---

① 刘斌:《关于良渚玉器分类与定名的几点认识》,《文明的曙光——良渚文化》,杭州:浙江人民出版社,1996年,第226~239页。在刘斌先生最新的论著中,对他此前的分类表述做了一定调整,将良渚文化玉器区分为功能性法器、功能与身份标志的装束品、一般装饰与礼仪性用具三大类,详参刘斌:《法器与王权:良渚文化玉器》,杭州:浙江大学出版社,2019年,第三章第四节。

② 本书所讲的"礼器",是广义的概念,即可以指示身份、地位、等级的器物,非一般性的生活用品。故而这里有礼器,却未必已形成相对严格且固定的礼制。且其实际功能用途,也可能仅是宗教性的,而非社会性的。

者称之"成组玉礼器"①。神人兽面纹及其各种变体或简化形式是玉礼器上的重要图案,其他纹饰如龙首纹、鸟纹、祭坛形纹,应当也具有一定的宗教含义。小件玉饰(珠、管、片饰)组合的装饰品较为普遍。石器以耘田器、犁、斜柄刀、斧、钺、锛、镞、刀、砺石等较为常见。另存在为数不少的骨器、象牙器、漆器和木器。部分漆器外表嵌玉,并饰彩绘,亦为礼器。

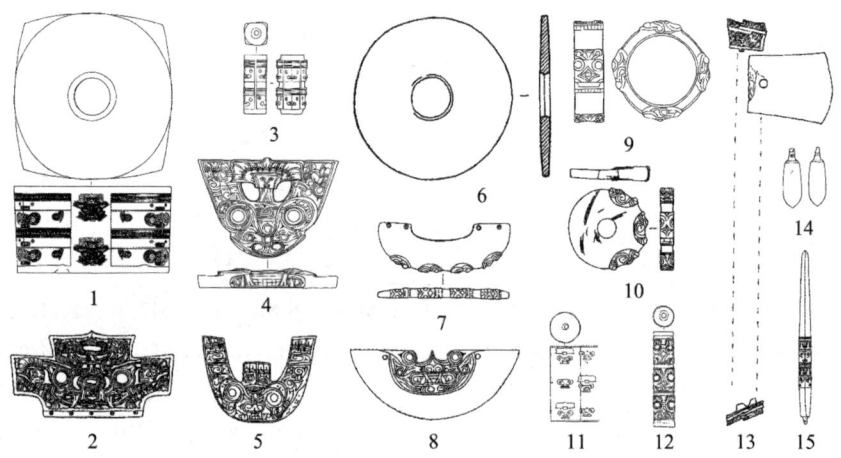

1.琮(反山 M12:98) 2.冠状器(反山 M16:4) 3.琮式管(瑶山 M7:46) 4.牌饰(瑶山 M10:20) 5.三叉形器(瑶山 M3:3) 6.璧(寺墩 M1:1) 7.玉璜(瑶山 M11:94) 8.玉璜(瑶山 M4:34) 9.镯形器(瑶山 M1:30) 10.圆牌(瑶山 M11:59) 11.柱形器(反山 M12:87) 12.长管(瑶山 M10:21) 13.钺、瑁、镦(瑶山 M7:32、31、33) 14.坠(瑶山 M2:26) 15.锥形器(反山 M20:73)

图 2-2　良渚文化典型玉器与纹饰

综上可知,良渚文化遗物器类、器形异常丰富,且高等级遗物兼有玉、石、漆、木、陶、骨、象牙等材质。在文化来源上除直接继承本地崧泽文化的因素外,一些因素特别是玉器,在渊源上与凌家滩遗存有一定关联。良渚文化在同期的对外交流方面,多表现为向外部施加影响,赣鄱地区的樊城堆文化、珠江上游的石峡文化、闽浙赣邻境山区的好川文化、牛鼻山文化、南山类

---

① 方向明先生认为良渚文化创造成组玉礼器,并以此来保障社会组织结构的稳定运转,参方向明:《土筑金字塔:良渚反山王陵》,杭州:浙江大学出版社,2019年,第 217 页。

遗存,以及东南沿海的昙石山文化中都有不同程度接受良渚文化因素,珠江口至广东沿海亦零星出土过良渚式的玉琮①。良渚文化遗物中少见同期外来的文化因素,只有部分遗物显示出其应与大汶口文化存在交流互动。

第一章中已介绍到曾有多位学者尝试过对良渚文化进行整体分期,却始终没能得出较为统一的意见。有学者指出不单前述的区域性差别成为对良渚文化进行统一分期的障碍,而且如鼎、豆等在整个良渚文化分布区内均流行的典型陶器,在不同小区内常见的器形及其变化的速率或多或少亦具差别②。不过,在学界针对良渚文化分期问题的长期探索与讨论中,大家还是对一些良渚文化典型遗物的演变规律达成了初步共识。

陶器方面,鼎、豆和双鼻壶的演变规律较为清晰③。陶鼎腹部渐浅,鼎足从鱼鳍形,沿着外侧逐渐加宽的发展轨迹,演变为横截面呈"T"字形的形态。陶豆豆把从较粗矮,逐渐发展为细高的竹节形。双鼻壶的鼓腹逐渐变扁,颈部逐渐加长(图 2-3)。

---

① 据刘斌先生统计研究,在良渚文化的玉琮上均施刻有神人兽面纹或其简化变体,参刘斌:《法器与王权:良渚文化玉器》,杭州:浙江大学出版社,2019 年,第 154 页。这是本书所称"良渚式玉琮"与其他玉琮之间最为重要的区别所在。在良渚文化分布区以外,也有少量良渚式玉琮已被发现,不过这些良渚式玉琮多为在当地仿制的,如广东封开禄美村石琮、海丰田墘镇三舵 2 件玉琮和广州黄埔区甘草岭玉琮等,参黄建秋:《良渚文化分布区以外的史前玉琮研究》,《史前考古学方法与实践》,北京:生活·读书·新知三联书店,2014 年,第 158～177 页;广州市文物考古研究院:《广州黄埔甘草岭遗址发现良渚文化玉琮》,《中国文物报》2018 年 6 月 1 日第 8 版。

② 浙江省文物考古研究所、桐乡市文物管理委员会:《新地里》,北京:文物出版社,2006 年,第 596 页。

③ 在陶器排比较为细致的分期方案中,不难总结出鼎、豆、双鼻壶等器类的总体演变规律。参见栾丰实:《良渚文化的分期与分区》,《东方文明之光——良渚文化发现 60 周年纪念文集》,海口:海南国际新闻出版中心,1996 年,第 271～279 页;朔知:《良渚文化的初步分析》,《考古学报》2000 年第 4 期,第 421～450 页。

玉器方面，琮和冠状器①是具有一定分期意义的器形。多数论者同意玉琮的演变规律为：横截面由圆，而弧角方形，而近方正型；神人兽面纹由繁而简；射面大致呈环形者节数有增加、器体有变高的趋势②。冠状器的演变趋势主要为：上下两端的宽度差距越来越明显；两条侧边由斜直渐弧曲；两下角内收部分逐渐明显；器体高度渐大③（图2-3）。需要说明的是，蕴含精神因素和宗教观念的玉器特别是重要礼器，其变化速率很可能不同于日常生活用器，且可能存在延续使用的情况，以之作为分期断代的标准，更加要结合遗物组合的共出情况进行综合考量。

上海青浦福泉山良渚文化墓地的发掘及报告的出版④，为学者提供了一处延续时间较长，并存在叠压、打破关系的重要分期资料。本书作者同意张忠培先生将福泉山良渚文化墓地第一、二期墓合并为第一期；第三期墓作为第二期；第四、五期墓合并为第三期的意见⑤，并认为这三期墓地基本与良渚文化早、中、晚三期相对应。据此，本书选用论者较常使用的良渚文化

---

① 也见称"冠状饰"和"玉梳背"的。1999年在浙江海盐周家浜遗址发现一例由玉冠状器与象牙梳齿镶嵌组合的现象，参见蒋卫东、李林：《海盐周家浜遗址抢救发掘获硕果》，《中国文物报》1999年11月17日第1版。故有学者径称之为"玉梳背"，参见杨晶：《良渚文化玉质梳背饰及其相关问题研究》，《文物》2002年第11期，第56～64页。后在桐乡姚家山M3中也发现了玉冠状器与象牙梳齿的镶嵌组合，证明了其使用方式，参见王宁远：《2004—2005浙江桐乡姚家山》，《良渚考古八十年》，北京：文物出版社，2016年，第156～162页。然而，笔者更赞同邓淑蘋的观点，即梳齿只不过是为了使人更安稳地顶着冠状器的附件，对该器用途及定名的确认仍需谨慎，参见邓淑蘋：《远古的通神密码——介字形冠》，（台北）《故宫文物月刊》总第286期，2007年1月，第86页。

② [日]中村慎一：《中国新石器时代的玉琮》，《东京大学文学部考古学研究室研究纪要》第8号，1989年12月，第43～65页；刘斌：《良渚文化玉琮初探》，《文物》1990年第2期，第30～37页。

③ 刘斌：《良渚文化的冠状饰与耘田器》，《文物》1997年第7期，第20～27页；杨晶：《良渚文化玉质梳背饰及其相关问题研究》，《文物》2002年第11期，第56～64页。

④ 上海市文物管理委员会：《福泉山——新石器时代遗址发掘报告》，北京：文物出版社，2000年。

⑤ 张忠培：《良渚文化墓地与其表述的文明社会》，《考古学报》2012年第4期，第401～422页。

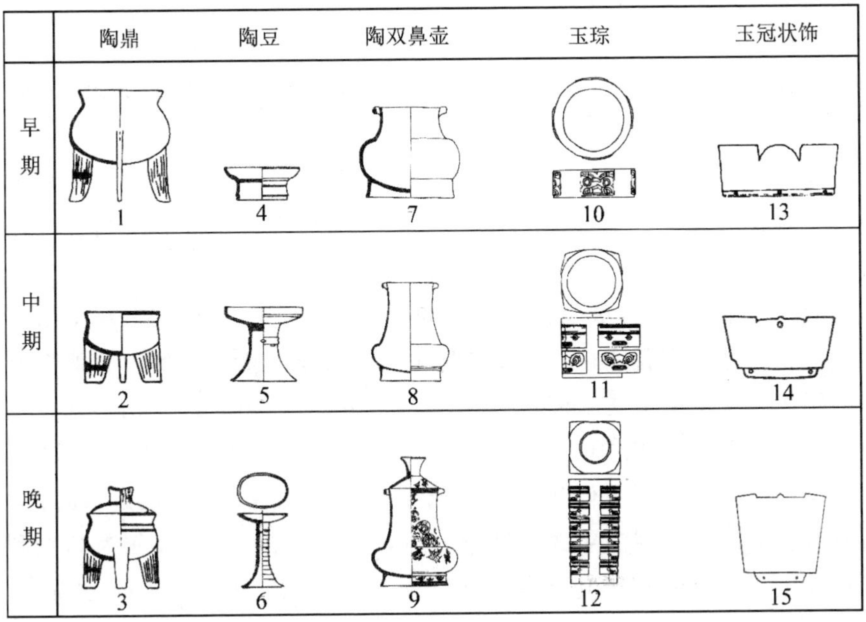

	陶鼎	陶豆	陶双鼻壶	玉琮	玉冠状饰
早期	1	4	7	10	13
中期	2	5	8	11	14
晚期	3	6	9	12	15

1. M126:7 2. M132:52 3. M136:10 4. M120:9 5. M132:56 6. M67:45 7. M120:2 8. M94:7 9. M74:166 10. M4:02 11. M12:05 12. M3:36 13. M4:3 14. M60:54 15. M101:39（1～9、14、15.福泉山 10、13.张陵山 11.瑶山 12.寺墩）

图 2-3 良渚文化典型遗物分期图

三期划分方案，这一方案的划分精度虽然稍显粗疏，但据之所得有关良渚文化发展进程的认识将更加稳妥。

对于良渚文化各期绝对年代范围的推定，大致可以参考朱乃诚先生的意见①，即良渚文化早期年代约处公元前3300年至前3000年，中期约处公元前3000年至前2700年，晚期约处公元前2700年至前2300年。

二、重要遗存的编年位置

不难理解，对于考古学而言，能够给出最小的年代刻度和最准确的年代

---

① 参见朱乃诚访谈，《良渚文化实证中华五千年文明》，《中国社会科学报》2015年10月16日第6版。

定位的精确测年是永恒的追求①。相对稳妥的良渚文化分期方案,虽然有利于准确把握良渚文化产生、发展和衰落的变化轨迹,然而对于一些有关良渚文化社会形态尤其是权力形态问题的探讨与解读,仍然寄希望于对相关重要遗存编年位置的细致判断。

此前大多数学者均认为良渚遗址群内瑶山、反山和汇观山三处墓地的年代均属良渚文化中期,但对于这三处在良渚遗址群中等级最高的墓地之间具体的年代关系问题,还是引起了部分学者关注②。翟杨先生认为三处墓地沿用时间均不长,虽起止时间不同(其中瑶山开始最早、汇观山结束最晚),但三者存在短暂并行③。方向明先生认为瑶山墓地和反山墓地部分墓葬的年代属于良渚文化早期,在瑶山墓地使用的主要阶段,反山也开始了墓地埋设④。此外,反山墓地中尚存在属于良渚文化晚期的残墓。

余杭良渚古城的主体年代大致属于良渚文化晚期⑤。最近,通过对良渚古城遗址的一系列测年数据进行分析,了解到古城西北部作为其水利系统重要组成部分的坝体建造年代大致处于公元前2950年至前2800年之间,古城中心莫角山土台使用的年代大约集中在公元前3000年至前2840年之间⑥,均属于良渚文化中期,其规划与营建应当进入良渚文化早期。虽然限于样品等因素,测年成果在对一些问题的讨论与解决方面还存在缺憾,但已经可以为学者解读良渚古城这处良渚文化中心性聚落的发展过程提供很多重要线索。

---

① 张弛:《考古年代学四题》,《文物》2015年第9期,第66~74页。
② 方向明:《反山、瑶山墓地:年代学研究》,《东南文化》1999年第6期,第36~44页;方向明:《反山、瑶山年代问题的再讨论》,《东方博物》第二十七辑,杭州:浙江大学出版社,2008年,第40~47页;翟杨:《瑶山墓地编年及相关问题》,《上海博物馆集刊》第十期,上海:上海书画出版社,2005年,第380~391页。
③ 翟杨:《瑶山墓地编年及相关问题》,《上海博物馆集刊》第十期,上海:上海书画出版社,2005年,第380~391页。
④ 方向明:《反山、瑶山年代问题的再讨论》,《东方博物》第二十七辑,杭州:浙江大学出版社,2008年,第40~47页。
⑤ 浙江省文物考古研究所:《杭州市余杭区良渚古城遗址2006—2007年的发掘》,《考古》2008年第7期,第3~10页。
⑥ 秦岭:《良渚遗址(古城)的形成——年代学初步研究》,《良渚古城综合研究报告》,北京:文物出版社,2019年,第335~377页。

表 2-1　良渚文化重要遗存编年位置示意

遗址区域	重要遗存	早期	中期	晚期
杭州—湖州东部地区	良渚古城*		---------	---------
	瑶山墓地	————	————	
	反山墓地		————————	-------
	汇观山墓地		————	
	庙前墓地		————————	
	文家山墓地		————————	
	卞家山墓地		————	
嘉兴地区	普安桥墓地	————————————		
	新地里墓地		————————————	
	龙潭港墓地		————	
苏沪地区	张陵山墓地	————		
	草鞋山墓地	————	-------	————
	赵陵山墓地		————	
	少卿山墓地		————	
	越城墓地	————————		
	福泉山墓地	————————————————		
	马桥墓地		————	
常州—无锡地区	罗墩墓地	————————		
	邱承墩墓地	————		
	高城墩墓地		————	
	寺墩墓地			————

注：* 专指良渚古城城垣建造及使用年代。

结合相关学者的研究成果,将本书论及部分良渚文化重要遗存的大致编年位置,列一简表交代(表 2-1),主要包括：浙江余杭良渚古城①、瑶山墓

---

① 专指良渚古城城垣建造及使用的年代,参见浙江省文物考古研究所：《良渚古城综合研究报告》,北京：文物出版社,2019 年。

地①、反山墓地②、汇观山墓地③、庙前墓地④、文家山墓地⑤、卞家山墓地⑥、桐乡普安桥墓地⑦、新地里墓地⑧、海盐龙潭港墓地⑨、江苏吴县张陵山墓地⑩、草鞋山墓地⑪、昆山赵陵山墓地⑫、少卿山墓地⑬、苏州越城墓地⑭,常

---

① 浙江省文物考古研究所:《瑶山》,北京:文物出版社,2003年。
② 浙江省文物考古研究所:《反山》,北京:文物出版社,2005年。
③ 浙江省文物考古研究所、余杭市文物管理委员会:《浙江余杭汇观山良渚文化祭坛与墓地发掘简报》,《文物》1997年第7期,第4~19页;浙江省文物考古研究所、余杭市文管会:《浙江余杭汇观山良渚文化祭坛与墓地发掘报告》,《浙江省文物考古研究所学刊(1997)》,北京:长征出版社,1997年,第74~93页。
④ 浙江省文物考古研究所:《庙前》,北京:文物出版社,2005年。
⑤ 浙江省文物考古研究所:《文家山》,北京:文物出版社,2011年。
⑥ 浙江省文物考古研究所:《卞家山》,北京:文物出版社,2014年。
⑦ 北京大学考古学系、浙江省文物考古研究所、日本上智大学联合考古队:《浙江桐乡普安桥遗址发掘简报》,《文物》1998年第4期,第61~74页。
⑧ 浙江省文物考古研究所、桐乡市文物管理委员会:《新地里》,北京:文物出版社,2006年。
⑨ 浙江省文物考古研究所、海盐县博物馆:《浙江海盐龙潭港良渚文化墓地》,《考古》2001年第10期,第26~45页。
⑩ 南京博物院:《江苏吴县张陵山遗址发掘简报》,《文物资料丛刊》6,北京:文物出版社,1982年,第25~36页;南京博物院、甪直保圣寺文物保管所:《江苏吴县张陵山东山遗址》,《文物》1986年第10期,第26~35页。
⑪ 南京博物院:《苏州草鞋山良渚文化墓葬》,《东方文明之光——良渚文化发现60周年纪念文集》,海口:海南国际新闻出版中心,1996年,第1~17页。
⑫ 南京博物院:《赵陵山:1990—1995年度发掘报告》,北京:文物出版社,2012年。
⑬ 苏州博物馆、昆山县文管会:《江苏省昆山县少卿山遗址》,《文物》1988年第1期,第52~57页;苏州博物馆、昆山市文化局、千灯镇人民政府:《江苏昆山市少卿山遗址的发掘》,《考古》2000年第4期,第32~49页。
⑭ 南京博物院:《江苏越城遗址的试掘》,《考古》1982年第5期,第463~473页。

熟罗墩墓地①,无锡邱承墩墓地②,武进高城墩墓地③、寺墩墓地④,上海青浦福泉山墓地⑤,闵行马桥墓地⑥。

三、"良渚文化晚期后段遗存"的性质

有学者结合良渚古城及附近遗址的发现与研究,提出了"良渚文化晚期后段遗存"⑦这一概念。对于这类遗存的发现与辨识,无疑会为深入探讨良渚文化与钱山漾类型、广富林类型之间的关系提供重要线索,故需在此对其做简要介绍并加以分析。

这类遗存主要见于浙江余杭文家山遗址第 2 层和仲家山遗址第 2 层,在良渚古城葡萄坂段、古城外围的美人地遗址和扁担山遗址也有发现。⑧据陈明辉和刘斌先生介绍,这类遗存主要集中分布于良渚古城及其周边的十余处地点,另在钱塘江南岸的萧山茅草山遗址、诸暨尖山湾遗址和慈城小

---

① 苏州博物馆、常熟博物馆:《江苏常熟罗墩遗址发掘简报》,《文物》1999 年第 7 期,第 16~30 页。

② 南京博物院、江苏省考古研究所、无锡市锡山区文物管理委员会:《邱承墩:太湖西北部新石器时代遗址发掘报告》,北京:科学出版社,2010 年。

③ 南京博物院、江阴博物馆:《高城墩》,北京:文物出版社,2009 年。

④ 南京博物院:《江苏武进寺墩遗址的试掘》,《考古》1981 年第 3 期,第 193~200 页;南京博物院:《1982 年江苏常州武进寺墩遗址的发掘》,《考古》1984 年第 2 期,第 109~129 页;江苏省寺墩考古队:《江苏武进寺墩遗址第四、五次发掘》,《东方文明之光——良渚文化发现 60 周年纪念文集》,海口:海南国际新闻出版中心,1996 年,第 42~56 页。

⑤ 上海市文物管理委员会:《福泉山——新石器时代遗址发掘报告》,北京:文物出版社,2000 年。

⑥ 上海市文物管理委员会:《马桥:1993—1997 年发掘报告》,上海:上海书画出版社,2002 年。

⑦ 陈明辉、刘斌:《关于"良渚文化晚期后段"的考古学思考》,《禹会村遗址研究——禹会村遗址与淮河流域文明研讨会论文集》,北京:科学出版社,2014 年,第 161~175 页。

⑧ 浙江省文物考古研究所:《文家山》,北京:文物出版社,2011 年;浙江省文物考古研究所:《杭州市余杭区良渚古城遗址 2006—2007 年的发掘》,《考古》2008 年第 7 期,第 3~10 页;浙江省文物考古研究所:《杭州市良渚古城外郭的探查与美人地和扁担山的发掘》,《考古》2015 年第 1 期,第 14~29 页。

东门遗址也有发现。但本书作者认为被归入其中的宁波慈城小东门遗址出土的相关遗存,应当属于广富林类型。

还有学者提出"良渚文化末期遗存"的概念,并指出其与"良渚文化晚期后段遗存"为同一性质的遗存①。许鹏飞先生认为除前述遗址外,余杭庙前遗址 M2、H2、T5⑤层和桐乡喇叭浜遗址 M13、M8 也可归入这类遗存。本书作者认为就其所提庙前遗址第一、二次发掘的第三期遗存以及喇叭浜遗址 M8 和 M13 出土的陶器分析,虽然已出现少量侧扁足鼎,然而总体的文化面貌和陶器群特征仍然可以归入良渚文化晚期,似不宜单独划分出来。

有关余杭三亩里遗址晚期遗存的性质,发掘者将之归入钱山漾类型②,实则其与钱山漾类型的陶器群特征差异较为明显,若将之归入"良渚文化晚期后段遗存"则更为合适。最近在良渚古城内钟家港河道的最晚阶段堆积中也见有"良渚文化晚期后段遗存"③。目前可以确认存在这类遗存的地点,主要集中在余杭良渚古城遗址及周边地域。

新辨识出的这类"良渚文化晚期后段遗存",在文化面貌与特征方面与良渚文化晚期遗存差异明显,陶器群中泥质陶与夹砂陶所占比例相当,其中数量较多的是表皮大部分脱落、烧成火候较低的泥质灰陶和质地疏松的夹砂红陶,部分夹砂红陶器的内壁有灰白色涂层。素面器占绝大多数,纹饰有篮纹、刻画纹、瓦棱纹、弦纹、按窝纹等,罕见良渚文化晚期精致的磨光黑陶和繁缛的刻画纹图案。部分豆把存在镂孔装饰。器物组合以鼎、圈足盘、豆、大口缸、罐较为常见,另见部分袋足鬶(图2-4)。其中侧扁足罐形鼎最具特色,与良渚文化晚期常见的"T"字形足鼎差别较大,也并未沿着良渚文化陶鼎腹深渐浅的发展轨迹演进。

在良渚古城钟家港河道的最晚阶段堆积中,见有这类遗存的石器,主要有钺、锛、凿、刀、镞、砺石、燧石片和钻芯等。发现一定数量的玉料,有少量管、锥、锛、绿松石饰,以及玉管的钻芯。从出土石器和玉器的类型,可显示

---

① 许鹏飞:《试论良渚文化的去向——从良渚文化末期遗存的面貌谈起》,《东南文化》2015年第5期,第75~85页。

② 浙江省文物考古研究所、杭州余杭区中国江南水乡博物馆:《浙江余杭三亩里遗址发掘简报》,《浙江省文物考古研究所学刊》第十辑,北京:文物出版社,2015年,第63~108页。

③ 浙江省文物考古研究所:《良渚古城综合研究报告》,北京:文物出版社,2019年,第181~199页。

第二章 江南地区文明进程的文化史背景

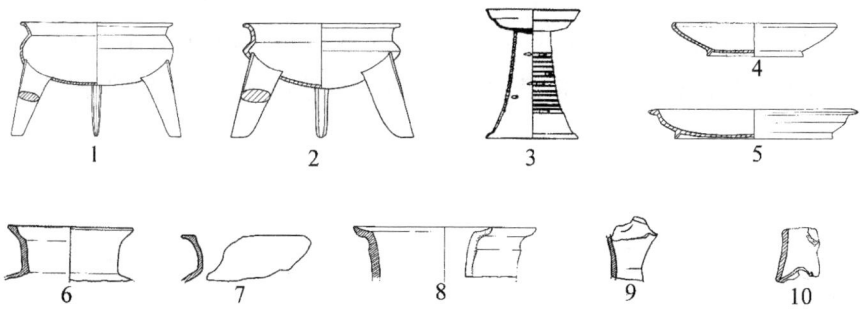

1. T0509④B:47　2. T0509④A:54　3. T0404④:3　4. T0509④A:129　5. T0509④A:44　6. T0303④:97　7. T0303④:114　8. T2428④A:44　9. T0303⑤:124　10. T2428④A:46（1、2.鼎　3.豆　4、5.盘　6、7.罐　8.大口缸　9、10.鬶；1、2、4、5.出自三亩里　3、6、7、9.出自葡萄坂　8、10.出自扁担山）

图 2-4 "良渚文化晚期后段遗存"陶器

出这一阶段良渚古城内仍存在一定的小件玉饰加工活动。

　　良渚古城及其附近多处遗址的层位关系，均可证明这类遗存的出现晚于已认识的良渚文化，其年代上限当不超良渚文化的年代下限。此外，在钟家港、葡萄坂、文家山等遗址的这类遗存中发现少量属于钱山漾类型的大鱼鳍形鼎足和水波纹罐，在诸暨尖山湾遗址中也见侧扁足与大鱼鳍形鼎足共存，说明这类遗存的存续年代或同钱山漾类型大致相当。由于尚未见到此类遗存与广富林类型遗存具有明确的共存关系，另在叠压于三亩里晚期文化遗存之上的遗址第 3 层出土了可能属于广富林类型时期的半月形石刀，故而推测这类遗存的年代很可能早于广富林类型。钟家港河道本阶段遗存的测年大致范围在公元前 2200 年至前 2000 年之间①。

　　论者多认为这类遗存与良渚文化晚期之间存在直接的渊源关系，而其在文化面貌上所发生的巨大转变，应当是社会巨变所造成的。本书作者同样认为，侧扁足鼎很可能孕育自良渚文化内部，并不足以单因它的出现而将良渚文化割裂开，而应当以陶器群总体特征的转变加以区分。值得注意的是，在这类遗存中并不见其他文化区因素大量涌入的迹象，其出现很可能是良渚文化中心区内部衰败所致，也可以当作是良渚文化走向消亡的标志。

---

① 秦岭：《良渚遗址（古城）的形成——年代学初步研究》，《良渚古城综合研究报告》，北京：文物出版社，2019 年，第 363 页。

虽然现阶段属于"良渚文化晚期后段遗存"的遗迹现象和典型单位还十分缺乏,对其分布范围与存续年代等问题也还未完全落实,然而对于这类遗存的辨识及其所释放出的历史信息和线索,对于解读良渚古城的废弃过程有重要价值,仍需大家给予足够重视。

第二节

钱山漾类型与广富林类型的特征

一、钱山漾类型的特征与年代

考古工作者在浙江湖州钱山漾遗址①和上海松江广富林遗址②发现了较为典型的钱山漾类型遗存,因其文化面貌与特征同良渚文化判然有别,故而在钱山漾遗址第三、四次发掘之后,学者大多承认这次发现的钱山漾遗址第一期遗存属于一支新的文化类型,即"钱山漾文化"③。鉴于相关遗址及典型单位发现的数量还比较有限,且其作为一类新辨识出来的文化遗存,对

---

① 浙江省文物考古研究所、湖州市博物馆:《钱山漾:第三、四次发掘报告》,北京:文物出版社,2014年。
② 相关资料参见上海博物馆编:《广富林:考古发掘与学术研究论集》,上海:上海古籍出版社,2014年。
③ 张忠培:《解惑与求真——在"环太湖地区新石器时代末期文化暨广富林遗存学术研讨会"的讲话》,《南方文物》2006年第4期,第6~8页。

许多基础性的问题尚未展开全面研究①,故而本书暂称之为"钱山漾类型"。

钱山漾类型陶器以夹砂红陶、泥质灰陶和泥质黑陶为主,少量青灰陶烧制火候较高。陶器以素面为主。就钱山漾遗址第一期遗存而言,有压印和拍印纹样的陶片约占陶片总数的13.5%②。常见的压印和拍印纹饰有绳纹、篮纹、弦断绳纹、弦断篮纹、方格纹、条纹、交错绳纹等;刻画的纹样有直线纹、线纹、水波纹和"八"字纹,其中以装饰在泥质陶盛贮器腹部和豆柄上的水波纹和装饰在鼎足上的"八"字纹最具特征。素面器亦占有一定比例。常见器形主要有大鱼鳍形足垂腹鼎、鸭嘴状凿形足垂腹鼎、腹部饰弦断绳纹或篮纹的陶瓮和深腹罐、腹部刻画水波纹的尊、盆和鼓腹罐、腹部压印方格纹的高领罐,以及高柄豆、斜腹尖圜底的大口缸等,也见部分袋足鬶(图2-5)。

钱山漾类型的石器主要有钺、锛、凿、刀、犁、镞、矛、砺石、石球等。所见器类、器形虽不及良渚文化发达,却基本承袭了本区石器的传统类型及特征。目前尚未见确凿属于钱山漾类型的玉礼器。当然,这可能同钱山漾类型的大墓资料至今仍付阙如有一定关系。邓淑苹先生指出早年在湖州杨家埠采集到的二号琮可能属于钱山漾类型③,尚难以确证。比较肯定的是,至钱山漾类型时期,良渚文化中带有浓厚宗教色彩的玉礼器群和十分流行的玉饰品均已大幅衰落。

在钱山漾类型中,出现了比例较高的饰压印纹样的陶器,其中饰弦断绳纹、绳纹和篮纹者比例超出10%。这是在本区此前的良渚文化中不见或十分罕见的,当属外来因素。究其来源,一般认为与北方龙山期文化的影响有

---

① 钱山漾遗址第三、四次发掘的主持人丁品先生认为,除钱山漾遗址和广富林遗址外,江苏吴江龙南遗址88H1、浙江湖州塔地遗址H8、余杭葡萄畈遗址、三亩里遗址晚期遗存和钱塘江南岸的部分遗址出土遗存也可归入钱山漾类型,参见丁品:《距今4400—4000年环太湖和周边地区古文化及相关问题》,《禹会村遗址研究——禹会村遗址与淮河流域文明研讨会论文集》,北京:科学出版社,2014年,第176~194页。不过,上述遗址的资料大多并未全面披露,学者对于部分遗存的归属还存在较多争议。

② 浙江省文物考古研究所、湖州市博物馆:《钱山漾:第三、四次发掘报告》,北京:文物出版社,2014年,第37页。

③ 邓淑苹:《杨家埠、晋侯墓、芦山峁出土四件玉琮的再思》,《玉润东方:大汶口—龙山·良渚玉器文化展》,北京:文物出版社,2014年,第13~32页。

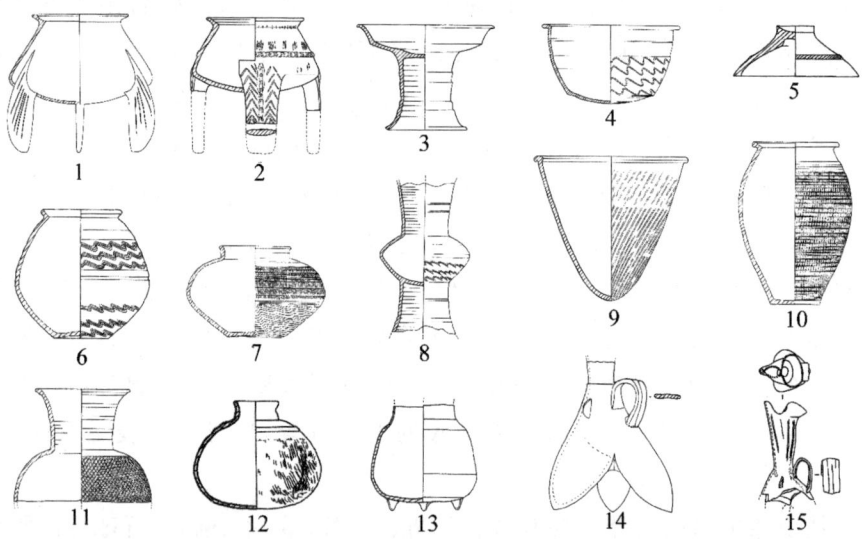

1. T02⑦B:9 2. T03⑨A:15 3. T03⑨A:10 4. T02⑨A:74 5. T0901⑧:20 6. T1001⑨A:43 7. T1102⑩:27 8. T03⑨A:13 9. T01⑧:17 10. T0901⑧:24 11. T1101⑧:19 12. J14:4 13. J14:3 14. T1001⑧:41 15. H128:76 （1、2.鼎 3.豆 4.盆 5.器盖 6、7、11、12.罐 8.尊 9.大口缸 10.瓮 13.壶 14、15.鬹；1～11、14.出自钱山漾 12、13、15.出自广富林）

图 2-5 钱山漾类型典型陶器

关,这也从一个侧面证明了钱山漾类型的年代已进入龙山时代。钱山漾遗址第三、四次发掘的主持者丁品先生认为,钱山漾类型的文化因素主要由两大块组成：一大块是由良渚文化发展变化而来,属于本地因素,是该类型的主体部分。另一大块是接受来自北方的外来文化因素,主要为黄河中下游的龙山文化因素和少量的大汶口文化晚期因素,也是钱山漾类型的重要组成部分①。此外,少量印纹陶的形制（如图 2-5:12）与闽浙赣邻境地区好川文化的同类器非常接近,应来自南部同期的山地文化。

钱山漾遗址第三、四次发掘在第一期遗存中共获取炭样 22 个,其中 17 个数据均落在 3910±40～3720±60BP 之间,树轮校正后的年代区间（置信度 68.2%）为 2480BC—2030BC。结合对良渚文化和广富林类型的年代认

---

① 浙江省文物考古研究所、湖州市博物馆：《钱山漾：第三、四次发掘报告》,北京：文物出版社,2014 年,第 452 页。

识,丁品先生综合推定钱山漾类型的年代约为公元前 2400 年至前 2200 年之间,并指出其年代上限和下限仍存进一步提早或推后的可能①。这一认识应当是合理的,其年代上限与良渚文化年代下限的短暂并行,可能真实存在。不过,在杭州—湖州东部地区,特别是良渚古城及其周边,应主要表现为钱山漾类型与"良渚文化晚期后段遗存"共存。

二、广富林类型的特征与年代

现已确定发现广富林类型遗存的遗址主要有:上海松江广富林遗址②、浙江湖州钱山漾遗址③、江苏宜兴骆驼墩遗址④、江阴花山遗址⑤,及钱塘江南岸的浙江宁波慈城小东门遗址⑥。此外,据介绍在上海青浦福泉山遗址附近的丞相坟和吴家场西侧⑦、江苏昆山绰墩遗址、常熟北罗墩遗址、浙江余杭茅山遗址、临安青山湖遗址、嘉善大往遗址也发现有广富林类型遗存⑧。可见,这类遗存在环太湖地区的分布较钱山漾类型广泛,但遗址总数和分布密度均远不能与良渚文化相比。更重要的是,已公布可供分析的材料也较缺乏,现在对许多问题还难以开展细致研究,故本书暂称之为"广富林类型"。

广富林类型的陶器可分为夹砂陶和泥质陶两大类,其中灰陶系的数量

---

① 浙江省文物考古研究所、湖州市博物馆:《钱山漾:第三、四次发掘报告》,北京:文物出版社,2014 年,第 453 页。

② 相关资料参见上海博物馆:《广富林:考古发掘与学术研究论集》,上海:上海古籍出版社,2014 年。

③ 浙江省文物考古研究所、湖州市博物馆:《钱山漾:第三、四次发掘报告》,北京:文物出版社,2014 年。

④ 南京博物院、宜兴市文物管理委员会:《江苏宜兴骆驼墩遗址发掘报告》,《东南文化》2009 年第 5 期,第 26~44 页。

⑤ 江苏花山遗址联合考古队:《江阴花山夏商文化遗址》,《东南文化》2001 年第 9 期,第 17~32 页。

⑥ 浙江省文物考古研究所:《宁波慈城小东门遗址发掘简报》,《东南文化》2002 年第 9 期,第 17~30 页。

⑦ 上海博物馆:《上海福泉山遗址吴家场墓地 2010 年发掘简报》,《考古》2015 年第 10 期,第 46~65 页。

⑧ 陈杰:《广富林文化初论》,《南方文物》2006 年第 4 期,第 53~63 页。

明显高于红陶系。还有少量印纹硬陶器,烧制火候较高,陶色呈黄白色、橘黄色或紫褐色。素面陶比例占优。据陈杰先生统计,广富林类型的纹饰陶约占陶片总数的26%①。常见纹饰有拍印的绳纹、篮纹、条纹和方格纹,刻画的纹样主要有单线或复线的组合刻画纹、水波纹、弦纹、圆圈纹等。陶器器形常见侧扁足垂腹鼎、侧扁足鼓腹鼎、釜形鼎、盆形釜、罐形釜、袋足鬶、高柄豆、矮领凹圜底罐、壶、钵、器盖等(图2-6)。

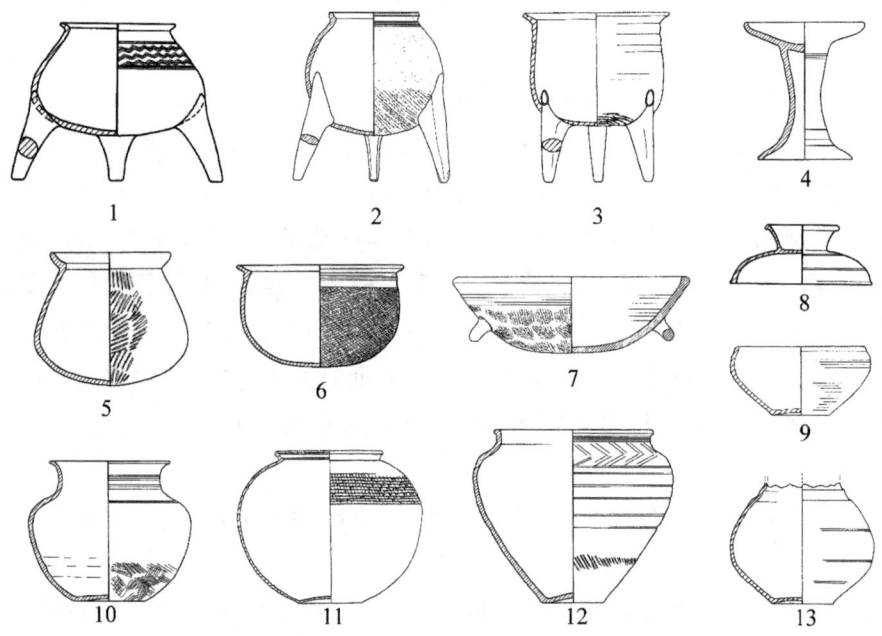

1. M35:2 2. ⅠT5322⑤a:1 3. T0802⑥C:3 4. H594:1 5. H566:11 6. G85:5
7. H1134:1 8. M35:3 9. M1:1 10. H254:1 11. ⅠT1339⑥:17 12. G85:55
13. M1:2 (1~3.鼎 4.豆 5~7.釜 8.器盖 9.钵 10~12.罐 13.壶;1、2、4~8、10~12.出自广富林 3、9、13.出自钱山漾)

图2-6 广富林类型典型陶器

石器方面主要见有斧、锛、刀、犁、镞、砺石等。玉器并不发达,广富林遗址见有属于广富林类型的琮出土。据报道该遗址2010年曾出土玉琮1

---

① 陈杰:《广富林文化初论》,《南方文物》2006年第4期,第53~63页。

件①、2012年出土玉、石琮多件②。所见琮的形制简略,作风略显草率,未见有装饰神人兽面纹者,仅以简单的框线分割琮体。此类近乎素面的玉、石琮,在风格上与良渚式玉琮大异其趣,却和同期海岱地区龙山文化山东五莲丹土遗址③和黄河中、上游龙山时代的山西芮城清凉寺遗址④、襄汾陶寺遗址⑤、陕西延安芦山峁遗址⑥,及年代略晚的齐家文化遗址⑦、菜园文化出土玉、石琮颇为相似。这种风格的琮,还见于长江中游龙山时代的湖北随州金鸡岭⑧、荆州枣林岗⑨和湖南安乡庹家岗⑩等地(图2-7)。目前还不能确认这类琮,究竟是黄河流域的创造,还是受到江南地区广富林类型或更早的琮之影响,而出现在更为广阔的空间范围内,并对后世产生较为深远的影响。

因广富林类型陶器中的部分深鼓腹鼎及其侧装的三角形鼎足、袋足鬶、大口瓮等器形与豫东地区龙山时代的王油坊文化同类器形制相近,且压印

---

① 广富林考古队:《2010年广富林遗址发掘再获丰硕成果》,《中国文物报》2011年5月6日第4版。

② 广富林考古队:《2012年上海广富林遗址考古获重要成果》,《中国文物报》2013年6月21日第8版。

③ 良渚博物院、山东博物馆:《东夷华彩:大汶口、龙山文化特展》,杭州:浙江摄影出版社,2015年,第94页。

④ 山西省考古研究所、运城市文物工作站、芮城县旅游文物局:《清凉寺史前墓地》,北京:文物出版社,2016年,彩版6-2-5。

⑤ 中国社会科学院考古研究所、山西省临汾市文物局:《襄汾陶寺:1978—1985年考古发掘报告》,北京:文物出版社,2015年,第706~710页。

⑥ 姬乃军:《延安市发现的古代玉器》,《文物》1984年第2期,第84~87页。芦山峁琮琮体刻有兽面纹,但与良渚文化的有明显差异,详参邓淑蘋:《杨家埠、晋侯墓、芦山峁出土四件玉琮的再思》,《玉润东方:大汶口—龙山·良渚玉器文化展》,北京:文物出版社,2014年,第13~32页。

⑦ 齐家文化的存续年代约为公元前2100年至前1450年,参见陈小三:《河西走廊及其邻近地区早期青铜时代遗存研究——以齐家、四坝文化为中心》,长春:吉林大学博士学位论文,2012年12月。

⑧ 湖北省文物考古研究所、随州市博物馆:《随州金鸡岭》,北京:科学出版社,2011年,第241、242页。

⑨ 湖北省荆州博物馆:《枣林岗与堆金台——荆江大堤荆州马山段考古发掘报告》,北京:科学出版社,1999年,第38页。

⑩ 何介均:《湖南史前玉器》,《东亚玉器》第一册,香港:香港中文大学中国考古艺术研究中心,1998年,第222~227页。

1.山西芮城清凉寺 2.山西襄汾陶寺 3.山东五莲丹土 4.湖南安乡庹家岗 5、6.上海松江广富林 7.甘肃广河齐家坪 8.宁夏隆德梁堡

图2-7 龙山时代的玉、石琮举例

的弦断绳纹、篮纹占有相当比例,学者多认为其同王油坊文化关系密切。另外,陈杰先生曾以广富林遗址出土的一件平流口的夹砂黑陶鬶口壶(TD8:1)与河北汤阴白营遗址出土的带流杯进行比较,认为其可能是后冈二期文化的因素①。虽然两类器物捏流位置的差异指示出它们的产生机制应当不同,但的确这种平流口的捏流方式是中原地区常见的。

值得注意的是,广富林类型中部分侧扁足鼎的腹部为垂腹,与钱山漾类型典型的陶鼎腹部形态颇为一致,所见纹饰中刻画的复线水波纹也是钱山漾类型的典型纹饰,均显示出广富林类型与钱山漾类型之间应当存在一定的渊源关系。

广富林类型中来自闽浙赣邻境地区山地文化的印纹陶因素,较钱山漾类型更为明显。对此宋建先生已有所阐述,我们想进一步指出广富林类型中印纹陶的部分器形及纹饰,应同闽北地区的马岭类型(包括肩头弄第一、二、三单元)②关系密切,所见席纹、条纹及少量在印纹之上再行施衣的作风,与马岭类型如出一辙。广富林遗址出土的鬶口壶H1543:3,为泥质红褐

---

① 陈杰:《广富林文化初论》,《南方文物》2006年第4期,第53~63页。

② 本书采用黄运明先生对于马岭类型内涵的界定,参黄运明:《马岭文化的初步分析》,《百越研究》第四辑,厦门:厦门大学出版社,2015年,第252~272页。

陶,捏流较扁,折肩,扁圆腹,小圈足,腹部拍印方格纹。这是马岭类型早期创造出的一类新的印纹陶器形,在广富林类型中几乎同步出现,也指示出本阶段环太湖地区与南部山地文化的交流非常频繁。

在广富林遗址获取广富林类型测年数据2个,经树轮校正后分别为4260±170BP和4270±170BP。在钱山漾遗址获取的广富林类型测年数据中,有6个数据落在3635±35~3545±35BP之间,树轮校正后的年代区间(置信度68.2%)在2120BC—1780BC之间①。翟杨先生认为广富林遗址所出测年数据可能偏早,广富林类型的年代当为公元前2200年至前2000年之间或稍后②。最近对余杭茅山遗址广富林类型时期农耕层层面采集到的2个草木灰标本进行了碳十四年代测定,树轮校正后的年代分别为1900BC—1770BC和1740BC—1630BC(置信度68.2%)③。

由于在钱山漾遗址和广富林遗址均发现了广富林类型遗存叠压钱山漾类型遗存的层位关系,在钱山漾遗址还发现了马桥文化遗存叠压广富林类型遗存的层位关系,故而广富林类型的年代应晚于钱山漾类型而早于马桥文化。目前来看,将广富林类型的绝对年代大致断在约公元前2200年至前1700年之间,应当是比较合适的。

---

① 浙江省文物考古研究所、湖州市博物馆:《钱山漾:第三、四次发掘报告》,北京:文物出版社,2014年,第456页。

② 翟杨:《广富林遗址广富林文化的分期和年代》,《南方文物》2006年第4期,第64~72页。

③ 浙江省文物考古研究所、杭州余杭区中国江南水乡博物馆:《浙江余杭三亩里遗址发掘简报》,《浙江省文物考古研究所学刊》第十辑,北京:文物出版社,2015年,第107页。

第三节

马桥文化的界定与年代

马桥文化的遗存是20世纪50年代末被发现并逐步确立的,此后其长期被作为良渚文化消亡后,环太湖地区土著文化类型的代表。对于马桥文化的源流问题,学者仍多有不同见解,以至于对马桥文化的年代认识也存在较大分歧。在这种情况下,对于马桥文化的界定和对"后马桥文化"遗存的辨识是十分必要的。

一、马桥文化的特征与年代

马桥文化以上海市闵行区马桥遗址第4层遗存而命名①,也有学者称之"马桥—肩头弄文化"②或"高祭台类型"③。这支文化的遗址在环太湖地区尤其是太湖东、南部多有分布,在钱塘江以南的宁绍地区及金衢盆地也见类似遗存,通常被认为是马桥文化的地方类型,如象山塔山④和江山肩头弄⑤。据介绍马桥文化遗存在宁镇地区也有少量分布,如溧阳神墩⑥等。

---

① 上海市文物管理委员会:《马桥:1993—1997年发掘报告》,上海:上海书画出版社,2002年。
② 陆建方:《初论马桥——肩头弄文化》,《东南文化》1990年第1、2合期,第58~67页。
③ 牟永抗:《高祭台类型初析》,《浙江省文物考古研究所学刊》,北京:科学出版社,1993年,第7~15页。
④ 浙江省文物考古研究所、象山县文物管理委员会:《象山塔山——新石器至唐宋遗址发掘报告》,北京:文物出版社,2014年。
⑤ 牟永抗、毛兆廷:《江山县南区古遗址、墓葬调查试掘》,《浙江省文物考古所学刊(1981)》,北京:文物出版社,1981年,第57~84页。
⑥ 南京博物院、常州博物馆、溧阳市文化广电体育局:《溧阳神墩》,北京:文物出版社,2016年。

除马桥遗址外,该文化在环太湖地区的典型遗址还有浙江湖州毘山①、钱山漾遗址、嘉兴雀幕桥遗址②、长兴上莘桥遗址③、海宁小兜里遗址④、江苏昆山绰墩遗址⑤、吴县澄湖遗址⑥等。据最近统计,现已披露部分资料的马桥文化遗址数量超过 90 处⑦,但有部分遗址所见相关遗存的内涵性质仍有待进一步讨论。

马桥文化的陶器质地多样,主要有夹砂陶、泥质陶、硬陶和原始瓷,其中夹砂陶和泥质灰黑陶占据大宗⑧。泥质陶常见纹饰主要有条纹、条格纹、叶脉纹、折线纹、方格纹、席纹和弦纹等,以一类压印细密的云雷纹条带装饰最具特色。夹砂陶炊器上以饰绳纹者最为常见,也见饰方格纹和少量饰席纹者。常见器形主要有圆锥状足、舌足或凹弧形足的釜形鼎和甗、鸭形壶、盆、三足盘、高柄豆、簋、鼒、觚、刻槽盆、凹底罐等(图 2-8)。石器种类主要有斧、钺、锛、凿、刀、镰、戈、矛、镞、砺石等,其中双孔半月形石刀很流行。玉器不发达。马桥文化中已出现一些小型的青铜工具或武器,如斧、锛、刀、矛、镞等,但数量不多。

需要指出的是,湖州毘山遗址曾出土"高祭台类型"的陶鬲,为夹砂红陶

---

① 浙江省文物考古研究所、湖州市博物馆:《毘山》,北京:文物出版社,2006年,第 467、468 页。

② 嘉兴市文化局:《浙江嘉兴市雀幕桥遗址试掘简报》,《考古》1986 年 9 期,第 769~772 页。

③ 夏星南:《浙江长兴县发现上海马桥四层文化型陶器》,《考古与文物》1989年第 2 期,第 97、98 页。

④ 浙江省文物考古研究所、海宁市博物馆:《小兜里》,北京:文物出版社,2015 年。

⑤ 苏州市考古研究所:《昆山绰墩遗址》,北京:文物出版社,2011 年。

⑥ 南京博物院、吴县文管会:《江苏吴县澄湖古井群的发掘》,《文物资料丛刊》9,北京:文物出版社,1985 年,第 1~22 页。

⑦ 陈杰主编:《马桥文化探微:发现与研究文集》,上海:上海书店出版社,2018 年,第 513~515 页。

⑧ 曹峻:《马桥文化再认识》,《考古》2010 年第 11 期,第 58~70 页。

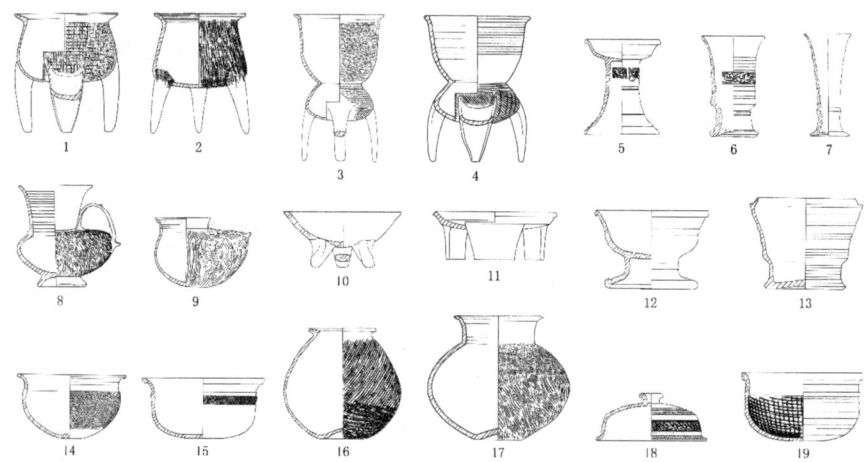

1. H81:3 2. ⅡTD101:12 3. H56②:20 4. H89:24 5. ⅡT922③D:12 6. ⅡT722③C:13 7. ⅡT1032③D:8 8. ⅡT719③F:11 9. T1001④B:11 10. ⅡH108:3 11. H24:2 12. ⅡT521③E:6 13. H171:1 14. H157:5 15. ⅡT520③F:16 16. ⅡT522③E:9 17. H89:26 18. ⅡJ106:1 19. ⅡT932③B:10 (1、2.鼎 3、4.甗 5.豆 6.觯 7.瓠 8、9.鸭形壶 10、11.三足盘 12、13.簋 14、15.盆 16、17.罐 18.器盖 19.刻槽盆；1、3、4、9、11、13、14、17.出自钱山漾 2、5~8、10、12、15、16、18、19.出自马桥)

图 2-8 马桥文化典型陶器

绳纹鼎式鬲或素面斝式鬲①，应为受到宁镇地区湖熟文化影响的因素②。马桥文化的典型炊器为鼎、实足甗和釜，与宁镇地区自湖熟文化开始以鬲为主要炊器有所差异，是这两支文化类型的重要区别。

由于在马桥文化中见有可与二里头文化及二里冈文化做直接比较的陶器，再结合对该文化的分期研究，宋建先生认为马桥文化早期以马桥遗址的前期第1段和第2段为代表，年代相当于二里头文化的二期到四期；中期以马桥遗址的后期第3段和第4段为代表，年代相当于商代前期；晚期缺乏典

---

① 浙江省文物考古研究所、湖州市博物馆：《毗山》，北京：文物出版社，2006年，图二七二。
② 高蒙河：《东南沿海地区的素面陶鬲》，《中国陶鬲谱系研究》，北京：故宫出版社，2014年，第441~453页。

型遗存,年代或相当于殷墟前期,故马桥文化延续约700年①。钱山漾遗址的发掘为马桥文化又提供了十余个新的测年数据,其中有9个样品的数据集中落在 $3065\pm35\sim3230\pm35BP$ 之间,树轮校正后的年代区间为1525BC—1320BC②。

结合目前二里头文化测年及断代数据的新变化,二里头文化一、二期之交的年代被限定在公元前1715年—前1675年③,似乎将马桥文化的绝对年代上限推定为公元前1700年左右比较合理。而其年代下限能否进入晚商,亦存疑问④。本书作者倾向于认同马桥文化大致延续400年左右,是一支年代相当于中原地区夏商之际至早商时期的地域文化的可能性更大。

二、晚商期遗存的辨识与分类

由于环太湖地区年代相当于中原商代晚期的遗存发现数量还较有限,以往学者对其认识多存模糊,或将之继续归入马桥文化,或笼统称之为"后马桥文化"遗存⑤,也有学者将之命名为"亭林类型文化"⑥。据本书作者初步梳理与分析,环太湖及邻近地区晚商时期的文化面貌似乎并不单纯,至少可区分出两类性质不同的考古学遗存。

---

① 宋建:《马桥文化的编年研究》,《长江流域青铜文化研究》,北京:科学出版社,2002年,第305~321页。
② 浙江省文物考古研究所、湖州市博物馆:《钱山漾:第三、四次发掘报告》,北京:文物出版社,2014年,第462页。
③ 张雪莲、仇士华、蔡莲珍、薄官成、王金霞、钟建:《新砦—二里头—二里冈文化考古年代序列的建立与完善》,《考古》2007年第8期,第74~89页。
④ 邹衡:《江南地区诸印纹陶遗址与夏商周文化的关系》,《文物集刊》(3),北京:文物出版社,1981年,第46~51页;中国社会科学院考古研究所:《中国考古学·夏商卷》,北京:中国社会科学出版社,2003年,第464页。
⑤ 宋建:《马桥文化的去向》,《中国考古学会第九次年会论文集(1993)》,北京:文物出版社,1997年,第239~250页。
⑥ 实际上包括了晚商、西周的两期遗存,参黄宣佩、张明华:《上海地区古文化遗址综述》,《上海博物馆集刊》(1982),上海:上海古籍出版社,1983年,第211~231页。

(一)南山类遗存

南山类遗存主要分布于太湖南部、东部及杭州湾以南地区,目前典型遗址尚较缺乏,以浙江湖州南山原始瓷窑址①的发掘资料较为充分,故暂称之为"南山类遗存"。可归入本类遗存的典型单位还有江苏苏州阳山俞墩D1M7②、浙江德清南王山 D1M2③和湖州钱山漾 J8。此外,德清小紫山土墩墓群中的晚商墓葬④和杭州湾南岸萧山柴岭山土墩墓群中的晚商墓葬⑤也应归属于本类遗存。据悉,余杭小古城遗址⑥和湖州下菰城遗址⑦的年代可能与南山窑址同期且文化内涵相似,非常值得重视。

南山类遗存陶器显示出的文化面貌与马桥文化存在明显区别,此前马桥文化的基本陶器组合在本类遗存中已基本不见。更为突出的差别体现在原始瓷质盛食器和印纹硬陶盛贮器数量激增,并于此时出现了专门烧造原始瓷器和印纹硬陶器的窑址。纹饰方面,夹砂陶炊器上饰稀疏的绳纹。泥质陶器则以素面为主,也见部分饰弦纹的。印纹硬陶罐类器上流行通体拍印不太规整的云雷纹、席纹、叶脉纹等,也见少量组合纹样。原始瓷器则以

---

① 浙江省文物考古研究所、湖州市博物馆:《浙江湖州南山商代原始瓷窑址发掘简报》,《文物》2012年第11期,第4~15页。

② 苏州市考古研究所:《苏州阳山俞墩土墩墓发掘简报》,《东南文化》2012年第4期,第28~37页。

③ 浙江省文物考古研究所、德清县博物馆:《独仓山与南王山——土墩墓发掘报告》,北京:科学出版社,2007年。

④ 资料尚未正式发表,参见郑建明、陈元甫、沈岳明、陈云、朱建明、陈锦文:《浙江德清小紫山土墩墓群》,《中国考古新发现年度记录2010》,《中国文化遗产》2011年增刊,第165~167页;郑建明:《德清县小紫山商周土墩墓群》,《中国考古学年鉴(2011)》,北京:文物出版社,2012年,第229页。部分出土遗物的照片可参见浙江省文物局:《发现历史——浙江新世纪考古成果展》,北京:中国摄影出版社,2011年。

⑤ 杭州市文物考古研究所、萧山博物馆:《萧山柴岭山土墩墓》,北京:文物出版社,2013年。

⑥ 罗汝鹏:《浙江杭州小古城遗址》,《马桥文化探微:发现与研究文集》,上海:上海书店出版社,2018年,第23~25页。

⑦ 郑建明:《浙江湖州下菰城遗址》,《马桥文化探微:发现与研究文集》,上海:上海书店出版社,2018年,第42~45页。

素面为主。纹饰中云雷纹的施纹方式和纹样特征,与马桥文化典型的云雷纹差别很大。南山类遗存陶器常见器形有正装扁足釜形鼎、釜、深腹盂、豆、小罐、凹底或带圈足的印纹硬陶罐、瓮、尊,以及口部形态各异的深盘高圈足原始瓷豆、原始瓷盂等(图2-9)。

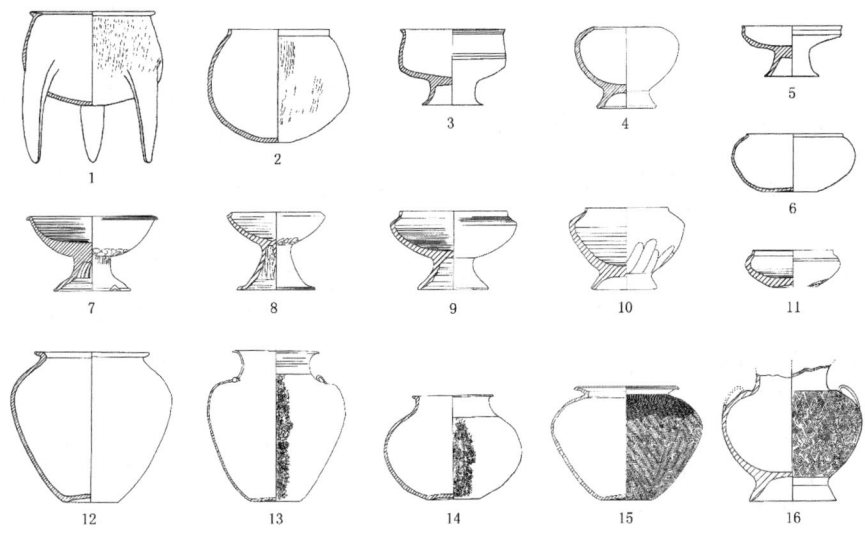

1.俞墩 M7:7 2.俞墩 M7:5 3.俞墩 M7:13 4.南王山 D1M2:3 5.俞墩 M7:12 6.俞墩 M7:3 7.南山ⅠT402⑫:2 8.南山ⅠT402⑩:17 9.南山ⅠT202②:27 10.南山ⅠT404②:6 11.南山ⅠT404⑥:3 12.南王山 D1M2:7 13.俞墩 M7:1 14.俞墩 M7:9 15.钱山漾 J8②:11 16.钱山漾 J8④:7 (1.鼎 2.釜 3、5、7~9.豆 4、10.盂 6、11.钵 12~15.罐 16.尊;1、2.夹砂陶 3~6.泥质陶 7~11.原始瓷 12~16.硬陶)

图 2-9 南山类遗存陶、瓷器

一些发现于太湖南岸以至西苕溪谷地长兴、安吉一带的青铜器,可能与本类遗存有密切关系。主要有浙江安吉三官周家湾铜器群①和长兴小浦上

---

① 浙江安吉县博物馆:《浙江安吉出土商代铜器》,《文物》1986年第2期,第37~39页。

草楼村出土铜器①及收集铜钺②。另在湖州毘山遗址曾采集到可能属于铜尊、鬲和铙的残片,及吴兴袁家汇出土的铜戈③,可能均与本类遗存有关。

1976年在安吉周家湾村出土一批铜器、玉器(图2-10:2～5、7～12),计有:青铜鬲式鼎1件、觚2件、爵1件、案足4件(当为一器)及玉石器18件。学者对于周家湾铜器群的年代认识存在较大争议,主要有商代中晚期和春秋时期两说,简报作者④、林巳奈夫⑤、高至喜⑥、郑小炉⑦等学者认为这批遗物属商代中晚期;马今洪⑧、余珊瑛⑨、郎剑锋⑩等学者则将之定为春秋时期。本书作者认为所出一对细体铜觚为晚商时期流行的形制,圈足内铸铭文,当来自中原。所出的鬲式鼎分裆,三尖锥状足外撇,三足与两耳呈五点分布,三条扉棱与三足对应,腹部饰三组以雷纹为底、以扉棱为鼻的兽面纹,颈部饰卷曲纹,该鼎纹饰较具南方特色,器形似仿自中原,年代当为商代晚期至商周之际。所出铜爵器形亦属殷墟式,纹饰中兽面纹两边的蛇纹具有本地特色,但年代也绝不会晚至春秋。综上所述,这批遗物的年代属于晚商

---

① 浙江省文物管理委员会:《浙江长兴县出土的两件铜器》,《文物》1960年第7期,第48页。

② 夏星男:《浙江长兴出土五件商周铜器》,《文物》1979年第11期,第93、94页。

③ 浙江省文物考古研究所、湖州市博物馆:《毘山》,北京:文物出版社,2006年,第467、468页。

④ 认为属商代晚期,见浙江安吉县博物馆:《浙江安吉出土商代铜器》,《文物》1986年第2期,第37～39页。

⑤ 认为属商代中晚期,见[日]林巳奈夫:《关于长江中下游青铜器的若干问题》,《吴越地区青铜器研究论文集》,香港:两木出版社,1997年,第107～124页。

⑥ 认为属商代晚期中段,见高至喜:《论中国南方出土的商代青铜器》,《商周青铜器与楚文化研究》,长沙:岳麓书社,1999年,第1～14页。

⑦ 认为属商代晚期,见郑小炉:《吴越和百越地区周代青铜器研究》,北京:科学出版社,2007年,第187页。

⑧ 认为除觚为商代晚期器外,余皆属春秋时期,爵更晚至春秋晚期,故而这批遗物的埋藏年代不早于春秋晚期,见马今洪:《试论浙江安吉三官乡土墩墓出土青铜器》,《吴越地区青铜器研究论文集》,香港:两木出版社,1997年,第71～82页。

⑨ 认为属春秋早期,见俞珊瑛:《浙江出土青铜器研究》,《东方博物》第三十六辑,杭州:浙江大学出版社,2010年,第27～39页。

⑩ 认为属春秋早中期,见郎剑锋:《吴越地区出土商周青铜器研究》,济南:山东大学博士学位论文,2012年4月。

时期的可能性最高。

1959 年在长兴上草楼村出土铜簋与铜铙各 1 件(图 2-10:1、6),簋倒置于铙内。该铙形制属于晚商时期①,基本不见争议。所出铜簋形制与浙江瓯海杨府山土墩墓②所出者十分相似,杨府山墓所出铜礼器、铜铙之年代属于晚商至商周之际③,墓葬下葬年代亦不会晚于西周早期。故而,长兴上草楼村出土铜器的年代,属于晚商至商周之际的可能性较大。

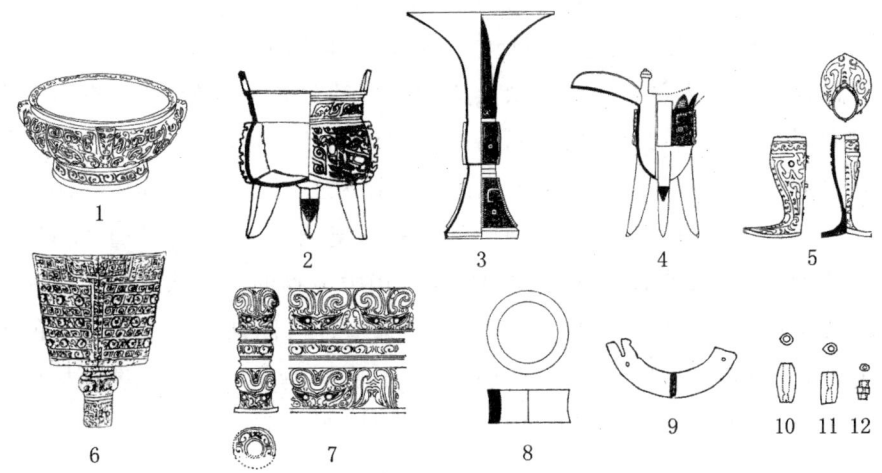

1.铜簋　2.铜鬲式鼎　3.铜觚　4.铜爵　5.铜案足　6.铜铙　7.玉器柄
8.玉环　9.玉璜　10~12.玉珠　(1、6.上草楼　2~5、7~12.周家湾)

图 2-10　南山类遗存铜器、玉器

上述两批铜器中所见的大部分器形均与中原地区商代晚期的青铜礼器器形相近或相同,且其中不乏直接输入自中原地区者,而部分纹饰上带有地方特色的仿制品制作水平也较高。就现有资料分析,类似铜器的制作水平明显高于马桥文化和花山类遗存所展示出的铜器制作水平。此外,所见器

---

① 井中伟:《我国南方出土商周铜铙的类型学研究》,《文物春秋》2002 年第 1 期,第 18~25 页。
② 浙江省文物考古研究所、温州市文物保护考古所、瓯海区文博馆:《浙江瓯海杨府山西周土墩墓发掘简报》,《文物》2007 年第 11 期,第 25~36 页。
③ 彭适凡、孙一鸣:《浙江温州市瓯海杨府山土墩墓的年代及相关问题》,《考古》2011 年第 9 期,第 71~81 页。

物组合具有一定的随意性,特别是中原地区的礼器器形与华南流行的青铜大铙共出,说明本类遗存绝非是中原殷墟文化向本区的直接移植。

我们曾经指出晚商时期中原地区与周边地区的文化互动模式相对于早商时期出现了显著变化①,特别是在盘龙城商城废弃之后,殷商王国对于长江中游地区的控制与经略由显性转为隐性,这极大促进了地方铜器制造业的发展。上述铜器集中发现的长兴、安吉一带,地处皖南沿江丘陵与环太湖地区陆路沟通交流的要冲,而皖南地区丰富的铜矿资源及其相对发达的铜器铸造技术②,可能经此继续向环太湖及更南部的山区传布。

从出土青铜大铙在环太湖及其周边地区的分布范围分析,基本与南山类遗存以及与之密切相关的闽浙赣邻境地区同期文化的分布范围契合,故而可推测这批铜器与南山类遗存之间存在较为密切的关系。学者大多承认土墩墓起源于黄山—天台山以南的闽浙赣邻境地区,于晚商时期才拓展至环太湖地区的东、南部③,主要即归属于南山类遗存的土墩墓。这无疑显示出南山类遗存在族群和文化上,与闽浙赣邻境地区同期山地文化之间的关系较马桥文化阶段更为紧密。此外,从墓葬形制、葬俗特点及随葬品构成等情况分析,南山类遗存基本上可与环太湖地区西周前期的土墩墓资料相连接,应为后者的直系渊源。

湖州钱山漾J8有4个测年数据,其中两个分别为2885±35BP和2890±35BP,树轮校正后的年代区间为1130BC—1010BC(置信度68.2%);另两个分别为3640±35BP和3790±35BP,则明显偏早④。结合对陶器形制的分析,本书作者认为前两个数据应当基本可信。湖州南山窑址共6个测年

---

① 王立新、付琳:《论克什克腾旗喜鹊沟铜矿遗址及相关问题》,《考古》2015年第4期,第79~87页。

② 参见安徽省文物考古研究所:《安徽考古的世纪回顾与思索》,《考古》2002年第2期,第3~13页;安徽大学、安徽省文物考古研究所:《皖南商周青铜器》,北京:文物出版社,2006年。

③ 杨楠:《商周时期江南地区土墩遗存的分区研究》,《考古学报》1999年第1期,第23~72页。

④ 浙江省文物考古研究所、湖州市博物馆:《钱山漾:第三、四次发掘报告》,北京:文物出版社,2014年,第462、463页。

样品,未经树轮校正前的数据均集中在 2940±45BP 至 3230±30BP 之间①。综上,可知南山类遗存的绝对年代大致相当于中原地区的晚商时期至商周之际。

(二)花山类遗存

花山类遗存多分布于太湖北部、东部地区,主要遗址有江苏江阴花山②、佘城③、南楼④、常熟钱底巷⑤、无锡彭祖墩⑥、上海金山亭林⑦和青浦寺前等遗址,另在江苏吴县郭新河遗址⑧和上海松江广富林遗址也见有本类遗存。以往,学者大多称这类遗存为"亭林类型文化"⑨或"后马桥文化"⑩,但内涵界定大多不甚明确。目前属于本类遗存的典型单位数量发现还很有限,文化面貌及文化源流等问题尚亟待深入研究。

---

① 浙江省文物考古研究所、湖州市博物馆、德清县博物馆:《东苕溪流域夏商时期原始瓷窑址》,北京:文物出版社,2015年,第241页。

② 江苏花山遗址联合考古队:《江阴花山夏商文化遗址》,《东南文化》2001年第9期,第17~32页。遗址出土少量属于广富林类型的陶器,以往未被明确辨识,如陶鼎 G2:b9、高柄豆 H1:4 等,及少量属于马桥文化的遗存。不过,花山遗址出土遗存的主体应当是晚商时期的。

③ 江苏佘城遗址联合考古队:《江阴佘城遗址试掘简报》,《东南文化》2001年第9期,第33~40页。

④ 南京博物院、上海大学文物与考古研究中心、江阴博物馆:《南楼:2006年度发掘报告》,北京:中国社会科学出版社,2018年。

⑤ 指钱底巷遗址Ⅲ区 T604 第3、4层和 T605 第3层等商周早段遗存,参见南京大学历史系考古专业、常熟博物馆:《江苏常熟钱底巷遗址发掘报告》,《考古学报》1996年第4期,第473~513页。

⑥ 南京博物院、无锡市博物馆、锡山区文物管理委员会:《江苏无锡锡山彭祖墩遗址发掘报告》,《考古学报》2006年第4期,第473~508页。

⑦ 孙维昌:《上海市金山县查山和亭林遗址试掘》,《南方文物》1997年第3期,第3~23页。

⑧ 姚勤德:《江苏吴县南部地区古遗址调查简报》,《考古》1990年第10期,第865~878页。

⑨ 黄宣佩、张明华:《上海地区古文化遗址综述》,《上海博物馆集刊》第2期,上海:上海古籍出版社,1983年,第211~231页。

⑩ 宋建:《马桥文化的去向》,《中国考古学会第九次年会论文集(1993)》,北京:文物出版社,1997年,第239~250页。

花山类遗存陶器除夹砂陶和泥质陶外,也见一定数量的印纹硬陶和原始瓷。夹砂陶以素面为主,部分饰绳纹。泥质陶常饰梯格纹,也见方格纹、云雷纹、复线曲折纹等。最主要的炊器是敞口深直腹的釜和浅腹锥状足鼎,其他常见器形主要有豆、刻槽匜、高三足盘、钵、罐等。硬陶器和原始瓷器的主要器形为豆、盂和小罐,其中素面硬陶豆和盂较具特色。所见部分原始瓷器应当来自邻近的南山类遗存(图2-11:17、22)。陶鬲和袋足甗则应当是来自宁镇地区湖熟文化的因素(图2-11:7、8)。甑部呈罐形的甗形器和少量圈点纹有可能来源于赣鄱地区(图2-11:6、12)。

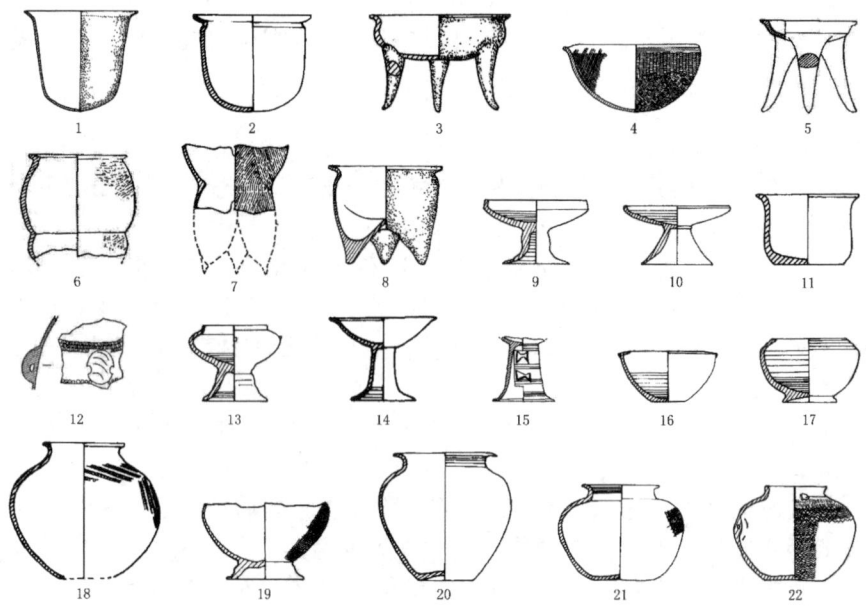

1.花山 G2:68 2.彭祖墩 H38:3 3.花山 G2:27 4.花山 G2:19 5.钱底巷Ⅲ T604③:4 6.钱底巷Ⅲ T604③:2 7.花山 G2:b103 8.花山 H7:3 9.花山 G2:57 10.花山 H3:1 11.花山 G1:7 12.钱底巷Ⅲ T604③(缺号) 13.花山 G2:7 14.彭祖墩 H39:5 15.彭祖墩 T5329②:9 16.彭祖墩 H39:3 17.花山 G1:1 18.彭祖墩 T4920②:3 19.花山 H7:b3 20.彭祖墩 T1408②:1 21.彭祖墩 H43:4 22.花山 G1:10 (1、2.釜 3.鼎 4.刻槽匜 5.三足盘 6.甗形器 7.甗 8.鬲 9、10、13~15.豆 11.小罐 12.器腹片 16.钵 17.盂 18~22.罐;1~4、6~8.夹砂陶 5、9~12、18、19.泥质陶 13~16、20、21.硬陶 17、22.原始瓷)

图 2-11 花山类遗存陶、瓷器

石器方面,主要见有斧、凿、锛、刀、镰、网坠、砺石等,其中半月形双孔石刀与马桥文化流行者相似。罕见玉器。在江阴佘城、无锡彭祖墩和常熟钱底巷遗址的本类遗存中均出土少量青铜锛、镞、削等小件工具,无锡彭祖墩遗址还出土铜条1件,花山遗址则见青铜炼渣出土,证明青铜冶炼和小件铜器的制作在此时已较为普遍(图2-12),但相较于此前马桥文化的铜器制作水平,并未表现出明显的进步。

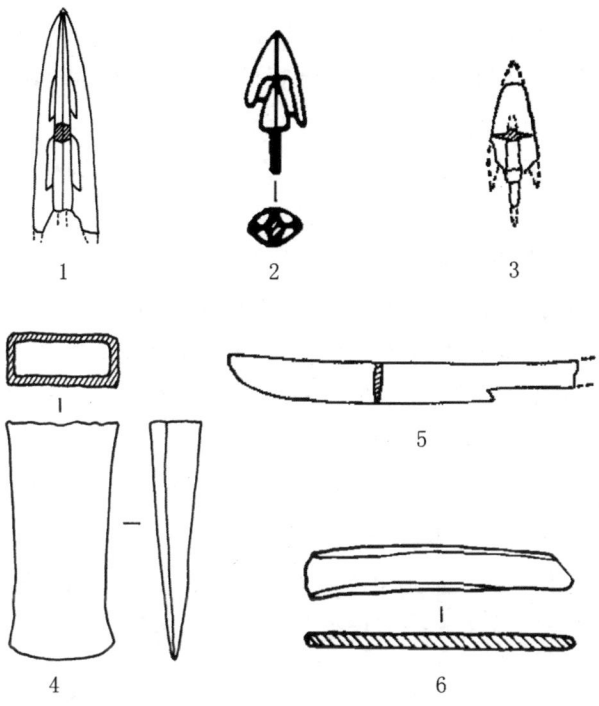

1.佘城 H1:28　2.彭祖墩 T3104②:1　3.钱底巷Ⅲ T604③:7　4.佘城 H1:27　5.钱底巷Ⅳ T1006③:20　6.彭祖墩 H33:1　(1~3.铜镞 4.铜斧 5.铜削 6.铜条)

图 2-12　花山类遗存出土铜器

需要指出的是,在浙江嘉兴姚家村遗址也见有本类遗存,简报将之断为马桥文化①,值得商榷。从基本的陶器内涵与遗物组合来看,其性质与环太

---

① 浙江省文物考古研究所、嘉兴博物馆:《嘉兴姚家村遗址发掘简报》,《浙江省文物考古研究所学刊》第十辑,北京:文物出版社,2015年,第171~203页。

湖地区的花山类遗存非常接近,但又有一定个性。其主要炊器为浅腹锥状足鼎和甗形器,而敞口深直腹的釜及鬲、甗等空三足器则基本不见,纹饰中圈点纹的比例较高,以上均显示出来自赣鄱地区同期文化的因素较多,而来自宁镇地区同期文化的因素更少。种种线索提示我们待相关资料丰富以后,仍可对花山类遗存做进一步分析。无论这种差别代表的是年代上的差异,还是地域上的差别,抑或是两者共同作用的结果,将之澄清后都会对深入探讨马桥文化的衰变过程提供重要基础。

总体而言,花山类遗存与马桥文化存在较为密切的渊源关系,年代上或相接续,但已不见马桥文化中十分流行的鸭形壶、觚、觯、实足甗等典型陶器,鼎的形制也大相径庭,而以敞口深直腹釜、高三足盘、刻槽匜以及来自湖熟文化和赣鄱地区同期文化的鬲、袋足甗、甗形器等共同构成了一类新的文化遗存。这类遗存似乎同宁镇地区的湖熟文化存在较多交流,并对西周时期宁镇地区吴文化的形成也起到一定的推动作用。

有关花山类遗存的绝对年代,由于尚缺乏测年数据,只能根据陶器比对做大致推定。本类遗存中所见之陶鬲来自于宁镇地区的湖熟文化,刻槽匜在湖熟文化中也较流行,它们的形制大致处于湖熟文化第二、三期之间,年代处于殷墟一期前后,即公元前1300年左右。而这类遗存中所见甗形器的形制则基本同江西九江神墩遗址出土甗形器85J1:2[①],据本书作者此前研究,该型式的甗形器主要流行于晚商时期[②]。综上,可以推定花山类遗存的主体年代当为晚商时期,其年代下限不排除进入西周初期的可能。

第四节

周代吴、于越、楚文化的分布

江南地区周代的考古学遗存数量巨大、特征鲜明。就现有发现而言,以相对零散的墓葬资料占据主流,还发现有一些城址、窑址及其他特定功能的

[①] 江西省文物工作队、九江市博物馆:《江西九江神墩遗址发掘简报》,《江汉考古》1987年第4期,第12～31页。

[②] 付琳:《甗形器研究》,《中国国家博物馆馆刊》2014年第3期,第6～19页。

遗址,普通居址的保存状况大多较差,且缺乏较为系统的考古工作。本书作者曾经从墓葬考古的角度出发,对江南地区周代的族群文化进行了初步的梳理,并对若干区域内文化主体的族属进行过推定①。本节拟在此基础上,对其中与吴国、越国和楚国相关的文化遗存②的特征与分布作进一步总结。

一、吴文化的特征与分布

吴文化是以文献记载中的古国名而命名的一支考古学文化,是指由吴国主体族群所创造的考古学文化。《史记·吴太伯世家》中对吴国从太伯至夫差之间的世系有明确记载,但学界对于"太伯是否出奔荆蛮"、"所奔之处究竟在哪"等问题仍大有争论,后文对类似问题也有论及。本书作者从考古学材料出发,认为吴文化至迟于西周中期已出现在宁镇地区,大致从西周晚期开始向皖南地区和环太湖地区扩张,至春秋中晚期同于越文化交替占有太湖东、北部地区,春秋末期吴国为越国所灭,吴文化渐趋消亡,并融入于越文化之中③。

同环太湖地区土著的于越文化相比,吴文化自产生之初,即包含一组明显来自中原地区的西周文化因素,主要表现为大中型墓葬流行使用竖穴土坑墓或带有熟土深坑的土墩墓,并且流行随葬青铜礼器和车马器。在日常炊器方面,延续湖熟文化使用夹砂陶鬲的传统,亦较流行夹砂陶鼎和新兴的釜式甗形器,所见一类厚胎夹砂陶盔式器盖很有特色。原始瓷器不及于越文化发达,比较流行使用素面硬陶质的盛食器替代原始瓷同类器。印纹硬陶器以坛、瓿、罐、瓮等盛贮器为主。泥质陶器器形比较丰富,常见有罐、钵、盘、盂等(图2-13)。

吴文化的青铜器比较发达,礼器、乐器、兵器、车马器、工具,类型齐全,其中不乏具有自身特色的器形。青铜兵器制作水平高。礼器中有直接来自中原的青铜重器,以鼎、簋、甗、尊、匜为主。还有模仿中原器形的融合型铜

---

① 付琳:《江南地区周代墓葬的分期分区及相关问题》,《考古学报》2019年第3期,第327~358页。

② 本书依照夏商周考古学的一般性认识,将与吴国、越国和楚国相关的文化遗存,径称之为"吴文化"、"于越文化"和"楚文化"遗存,特此说明。

③ 付琳:《江南地区周代墓葬的分期分区及相关问题》,《考古学报》2019年第3期,第327~358页。

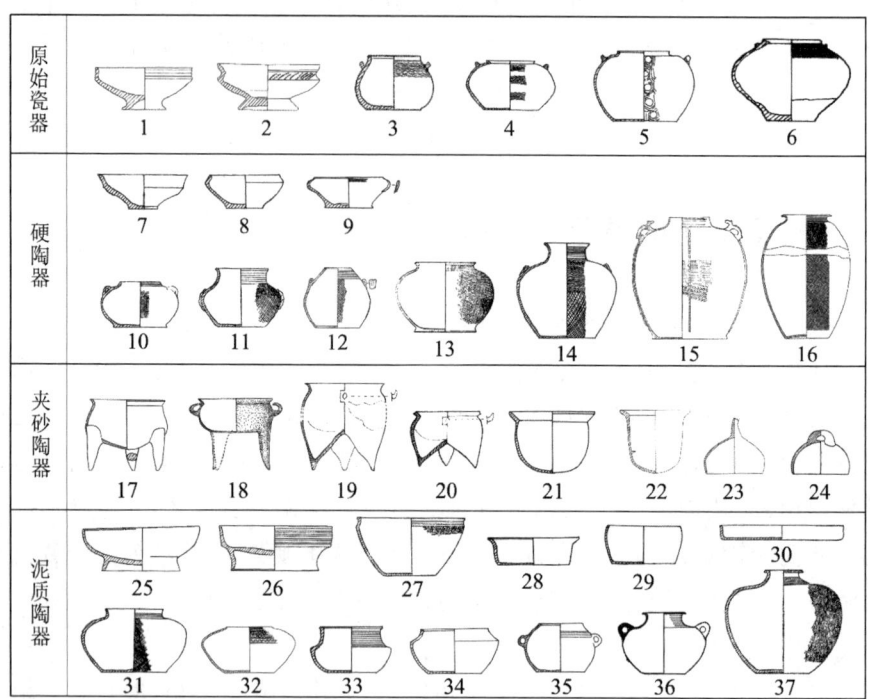

1.寨花头 D6M1:7　2.大墩 D1M1:2　3.宽广墩墓出　4.连山 D3Q5:19　5.连山 D3M1:12　6.横山馒儿墩 M1:36　7.南岗山 D1F1:5　8.南岗山 D1F1:1　9.上水 D2M1:1　10.连山 D1Q6:7　11.浮山果园 D4M2:7　12.南岗山 D1F2:8　13.浮山果园 D2M1:3　14.连山 D1Q3:2　15.岗沿山 D4M2:4　16.中心山 D1Q1:2　17.鹅毛岗 D2Q3:4　18.岗沿山 D4M2:9　19.四脚墩 M4:8　20.四脚墩 M6:3　21.连山 D3M1:9　22.秀才墩 D1M2:1　23.秀才墩 D1M2:13　24.浮山果园 D9M2:5　25.鹅毛岗 D2M23:15　26.鹅毛岗 D2M23:17　27.浮山果园 D5M1:7　28.连山 D1Q4:14　29.连山 D1Q7:1　30.浮山果园 D3M8:1　31.连山 D1Q2:4　32.上水 D2M1:11　33.连山 D3Q4:1—2　34.连山 D3Q9:1　35.连山 D3Q4:2　36.浮山果园 D1M2:1　37.浮山果园 D5M1:1

图 2-13　西周晚期至春秋早期吴文化常见陶、瓷器

器,以及楚式的礼器。具有吴文化自身特色的地方礼器器形也较为丰富,常见越式鼎、簠、牺尊、盘、匜等,乐器中钩鑃和錞于颇具特色,兵器中剑与矛的水平极高。上述源自中原或楚地的铜器,常与地方型铜器在同一墓葬中共出,显示出吴文化对于不同文化因素持有较为开放的态度(图 2-14)。

有关吴文化玉器的资料尚较薄弱,张敏先生认为吴国贵族墓随葬品没

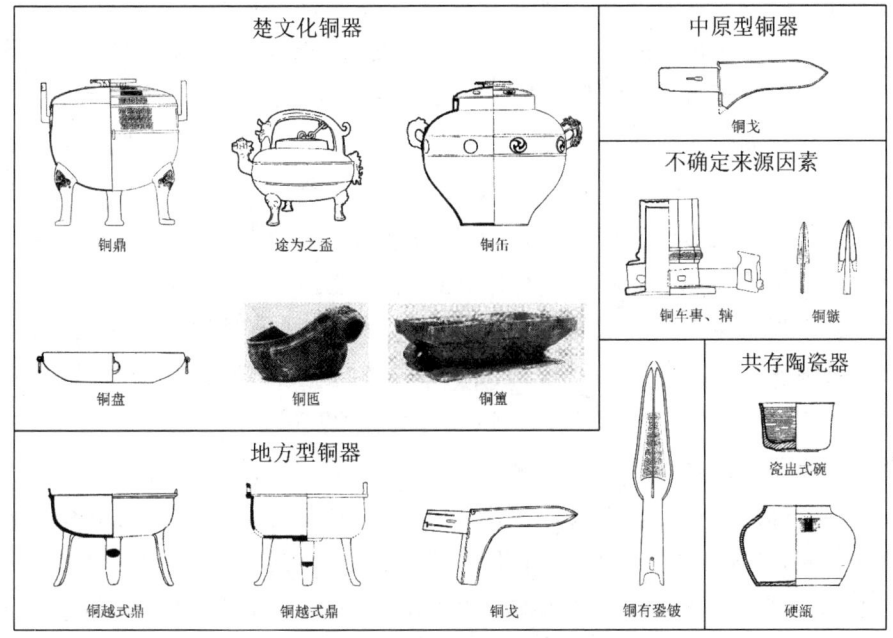

（均出自江苏吴县何山墓）

图 2-14　春秋中晚期吴国贵族墓随葬品的文化因素构成

有用玉的传统，并指出以往被认为属于吴国王室玉器的苏州严山玉器窖藏之性质有可能是一座越国贵族墓葬①，是很有见地的认识。值得注意的是，在严山这处遗迹中出土了一件被切割改制为玉料的半片玉琮②，显然良渚文化所发明的玉琮的神性在本区的吴、越文化中已经失传③。另据本书作者此前的统计和研究，与于越文化高级别墓葬相比，吴国贵族墓葬不甚流行用玉器进行随葬④。

吴文化在春秋中晚期曾向太湖东部地区大举扩张，并一度实际控制太

---

① 张敏：《吴越贵族墓葬的甄别研究》，《文物》2010 年第 1 期，第 61~72 页。
② 吴县文物管理委员会：《江苏吴县春秋吴国玉器窖藏》，《文物》1988 年第 11 期，第 1~13 页。
③ 刘斌：《法器与王权：良渚文化玉器》，杭州：浙江大学出版社，2019 年，第 3 页。
④ 付琳：《江南地区周代墓葬的分期分区及相关问题》，《考古学报》2019 年第 3 期，第 327~358 页。

湖东部腹心区域。其考古学证据主要是江苏吴县何山墓①、苏州虎丘墓②及新塘墓地③等葬俗传统与于越墓葬存在重大差异的吴国大中型墓葬在这一区域频繁出现，而归属越国的苏州大真山墓地则在这一时间段废止。本书作者同意苏州木渎古城曾为吴、越两国交替占有，并分别以之作为都城的观点④。江南地区周代的吴、越文化是关系十分密切，但又存在显著差异的两支文化类型，特别是反映在两者葬俗方面的种种差别（参见表2-2），指示出创造这两支文化的族群并不相同，绝非有学者所讲的"一族两国"⑤。

  至于吴国主体族群的具体族称，我们曾做出过"扬越"的推断⑥，可在此稍加重申。在《史记·楚世家》、《战国策·秦策》等早期文献中均见有"扬越"⑦一称，"扬"又可写作"杨"，"越"又可写作"粤"或"雩"，很可能是一支古越族的族称。以往学者大多推测扬越主要活动于湘、鄂、赣交界一带⑧，但并无十分确凿的证据。本书作者认为"扬州"与"扬越"之间应当存在比较密切的关联，扬州或可能因扬越而得名，扬越也可能因扬州而得名。顾颉刚先生以"扬越"、"于越"相通，实因其坚持《禹贡》成书当在战国中期，其时已无扬越，而于越坐大。但本书开篇即已谈到，《禹贡·九州》的成文应可早至春秋，扬州概念的形成与出现也在战国以前，而是时此地为吴人所居，故而我们推测吴人于国名、地名用"句吴"，而吴国土著的族名则有可能为"扬越"。

---

  ① 吴县文物管理委员会：《江苏吴县何山东周墓》，《文物》1984年第5期，第16～20页。

  ② 苏州博物馆考古组：《苏州虎丘东周墓》，《文物》1981年第11期，第51～54页。

  ③ 苏州博物馆：《苏州市长桥新塘战国墓地的发掘》，《考古》1994年第6期，第532～537页。

  ④ 张敏：《吴国都城初探》，《南方文物》2009年第2期，第55～61页。

  ⑤ 陈桥驿：《于越历史概论》，《浙江学刊》1984年第2期，第62～68页。

  ⑥ 付琳：《江南地区两周时期墓葬研究》，长春：吉林大学博士学位论文，2014年6月。

  ⑦ （汉）司马迁：《史记》，北京：中华书局，2013年，第2031页；何建章注释：《战国策注释》，北京：中华书局，1990年，第205页。

  ⑧ 在此仅举两例。傅举有：《关于湖南古代越族历史的几个问题》，《百越民族史论集》，北京：中国社会科学出版社，1982年，第133～148页；彭适凡、程应林、詹开逊："吴头楚尾"地带古铜矿年代及其族属考》，《百越民族研究》，南昌：江西教育出版社，1990年，第294～310页。

《史记·楚世家》中所载周夷王时楚熊渠伐扬越,可能讲的是吴、楚之间早期的战争。当然,如一些学者所说,扬(杨)越在后世已成为一种泛称,其义略等同于"百越"、"蛮越"①,而此或许正是战国以来吴国灭亡、扬越流散的一种真实状况之反映。在吴文化消亡之后其部分因素,如吴文化典型的泥质陶器器形,便融入于越文化之中。

二、于越文化的特征与分布

于越文化也是一支以文献记载中的古国名和古族名,而命名的考古学文化。"于"又可写作"於","越"又可写作"粤",该族称见诸于古本《竹书纪年》、今本《竹书纪年》、《逸周书》和《春秋》等早期文献,如《春秋·定公五年》即有"于越入吴"之记载。需要说明的是,以往在考古文献中常见的"越文化"所指过于宽泛,实际上广布于中国东南地区及东南亚大陆局部区域的越族各支系所创造的考古学文化,均可归入广义的越文化。如若使用"越国文化",便将其时间限定在了越国正式建国之后,但对于越国何时初建,在学界是存在极大争议的问题,若依从《史记·越王句践世家》的观点,那越国文化的年代上限当在夏代前期,显然是与考古学材料不相匹配的。

本书所使用的于越文化,是指由越国主体族群于越族所创造的考古学文化。虽然目前学者们还很难确定于越族群正式形成的准确时间,但大家基本认同于越文化应当是产生自江南地区的一支土著文化类型。本书作者曾主要通过对相关墓葬资料的分析,指出于越族群及属于他们的政治体的形成,在江南地区至迟可追溯到西周晚期,并以土墩石室遗存在这一地区的出现与流行作为一项重要标志②。在本区内较之更早的西周早中期的土墩墓,甚或晚商时期的南山类遗存,则应当是于越文化的滥觞。

于越文化的原始瓷器制造业非常发达。日用器形以原始瓷豆、盂、盘、碗、盅等盛食器为大宗。另见十分丰富的原始瓷礼乐器器形,从西周、春秋时期的鼎、簋、尊、卣、盉、筒腹罐、鼓腹罐,到战国时期又新出现角形器、璧、

---

① 郑小炉:《吴越和百越地区周代青铜器研究》,北京:科学出版社,2007年,第179页。

② 付琳:《也谈土墩石室遗存的性质与归属问题》,《2015萧山·越文化学术研讨会论文集》,杭州:浙江人民出版社,2015年,第121~134页。

镇、鉴、镂孔瓶等原始瓷礼器和甬钟、钮钟、磬、錞于、句鑃、鼓座等仿铜原始瓷乐器作为高级别墓葬的随葬品(图 2-15),在周代列国文化中可谓独树一

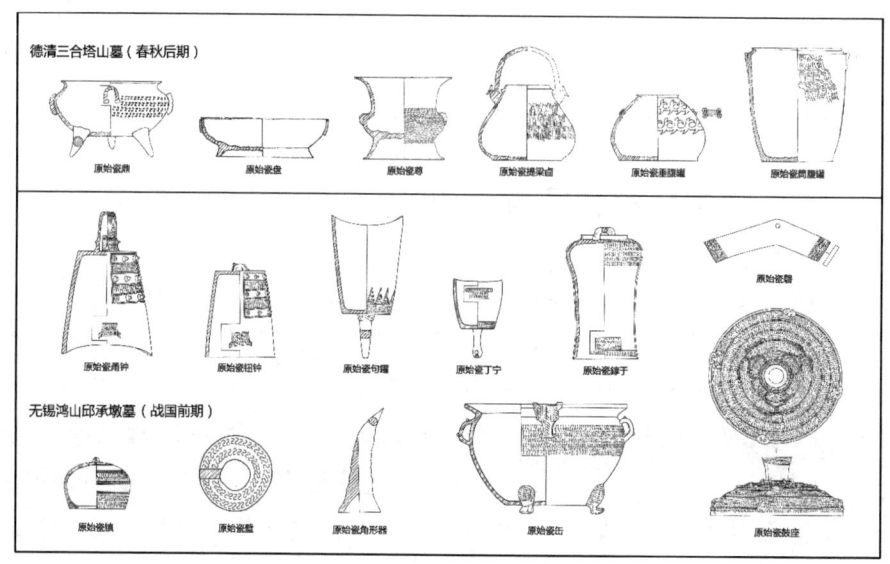

图 2-15 东周时期于越文化的原始瓷礼乐器

帜。其中,主要流行于西周、春秋时期的原始瓷筒腹罐是于越文化的一类重要礼器器形,在浙江德清火烧山窑址中多有烧造,有可能是岭南及越南北部地区秦汉时期的青铜提筒的原型①。

于越文化的印纹硬陶器以坛、罐、瓿、瓮等盛贮器为主流,亦见一些仿铜礼乐器器形。泥质陶器始终占据一定比例,器形以盆、钵和罐类器较为常见,灭吴之后亦出现一些吴文化的泥质陶器器形,以及楚文化的泥质陶礼器器形。夹砂陶器以炊器为主,鼎最为常见,有部分釜。于越文化一项非常重要的葬俗特点为排斥随葬青铜礼器(表 2-2),这可能同于越族群的丧葬习俗以及节约用铜的社会风气相关。从考古出土的大量越国青铜兵器、乐器和农具来看,其铜器制造业亦应具很高水平。此外,发达的玉器是于越文化的一项重要特征,所见玉器门类比较齐全,但罕见宗教色彩浓厚的器形。

---

① 高逸凡:《岭南铜提筒与江东原始瓷筒形器的比较研究——兼论百越文化视野下的提筒形器》,《东南文化》2018 年第 2 期,第 64~74 页。

表 2-2　江南地区西周晚期至春秋晚期吴、越墓葬葬俗特征比较

	越墓	吴墓
墓葬形制	大、中型墓葬流行使用土墩石室遗存之形制。	大、中型墓葬流行使用带熟土深坑的土墩墓或竖穴土坑墓之形制。
	土墩墓中仅见不规则形式的"一墩多墓"。	大型土墩中时见向心结构形式的"一墩多墓"。
	土墩墓中基本不见"墓下建筑"遗存。	大型土墩中心主墓下时见"墓下建筑"遗存。
	土墩墓中的器物祭祀遗存比较少见。	土墩墓中的器物祭祀遗存较为常见。
随葬品	各级别墓葬均排斥随葬青铜礼器,亦少见随葬其他青铜制品。流行随葬玉器。	大、中型墓葬流行随葬青铜礼器及其他青铜制品,小型墓亦不排斥。基本不随葬玉器。
	随葬品中原始瓷器所占比例较高,流行使用原始瓷质盛食器。	随葬品中原始瓷器所占比例较低,流行使用素面硬陶质盛食器。
	不甚流行随葬实用的夹砂陶炊器,不用夹砂陶鬲。	流行随葬实用的夹砂陶炊器,时见随葬夹砂陶鬲。
	泥质陶器在随葬品组合中所占比例较低。	泥质陶器在随葬品组合中占有较为可观的比例。

从墓葬及城址的分布情况分析,于越文化在太湖南部地区的分布比较稳定,在太湖东、北部地区则与吴文化相交接,并互有进退,特别是在春秋中晚期吴文化曾一度扩张至太湖东北部地区,至战国前期于越文化则扩张至宁镇地区,这些应当同吴越争霸以及越国灭吴的等史实有直接关联。西周至春秋前期,江南地区还有与于越文化关系较为密切的其他百越支系的文化遗存,如干越、早期瓯越、早期闽越等支系的墓葬已被辨识①。在灭吴前后,于越文化对江南南部山区及沿海地带的影响非常巨大,闽北浦城管九村

---

① 付琳:《江南地区周代墓葬的分期分区及相关问题》,《考古学报》2019 年第 3 期,第 327~358 页。

大王塝土墩墓 D1M1①在墓葬结构,浙南沿海瑞安岱石山支石墓 M33②在内部形制和随葬品组合,以及赣东贵溪崖葬水岩 M10③在随葬品组合上,都显示出接受于越文化的强烈影响。本时段内江南地区这种"于越化"的风潮,可能是"句践徙治山北,引属东海,内、外越别封削焉"之写照。

公元前 333 年楚威王大败越国,公元前 306 年楚怀王在"故吴地"设江东郡,越国彻底丧失了作为诸侯国而存在的地位。此时,于越文化虽未完全消亡,但已经大幅衰落。值得注意的是,于越文化在本区衰落之后,于越族群中的一部分精英阶层很可能在向南迁徙、流散的过程中,直接参与到了战国晚期至西汉初期闽越国、东瓯国和南越国的政权建设之中,在这几支汉初的地方性考古学文化,特别是其高级别的墓葬遗存中均有于越文化的影子④。

三、楚文化的东进与特点

越国灭吴后虽然占领了大量的吴国故土,不过其势力似乎并未达到皖南地区青弋江以西的广大区域,这片土地应当随即被楚国接管。楚文化在江南地区大举东进的年代,约为战国中晚期之交楚威王败越以后。目前在环太湖地区主要发现有江苏武进孟河徽州山墓⑤、无锡前洲墓⑥、施墩

---

① 福建闽越王城博物馆:《浦城县管九村大王塝土墩墓发掘简报》,《福建文博》2007 年第 2 期,第 2~7 页。
② 浙江省文物考古研究所:《瑞安岱石山"石棚"和大石盖墓发掘报告》,《浙江省文物考古研究所学刊(1997)》,北京:长征出版社,1997 年,第 155~177 页。
③ 江西省历史博物馆、贵溪县文化馆:《江西贵溪崖墓发掘简报》,《文物》1980 年第 11 期,第 1~25 页。
④ 详参付琳:《东南地区"人"字顶木构葬具刍论》,《东南文化》2017 年第 3 期,第 86~94 页;付琳:《论闽越国文化的来源与形成》,待刊稿。
⑤ 镇江博物馆:《江苏武进孟河战国墓》,《考古》1984 年第 2 期,第 135~137 页。
⑥ 李零、刘雨:《楚䣄陵君三器》,《文物》1980 年第 8 期,第 29~34 页。

M5①、苏州善山 M7②及小真山③和阳山俞墩中的战国晚期墓④、上海青浦福泉山的战国晚期墓⑤、嘉定外冈墓⑥和浙江安吉陇坝吴家山墓⑦及五福 M1⑧等战国晚期楚墓资料。

与此前楚文化向太湖及杭州湾地区和风细雨式的东渐不同,约自战国中晚期之交开始,典型楚墓在本区屡有发现,应与楚国大败越国并且在江东设郡的史实有直接关联。前述楚墓无论墓葬形制、葬俗特点抑或随葬品组合,均与同期楚文化中心区所见者基本相同。在随葬品组合中,排斥原有于越文化常见的原始瓷质盛食器、印纹硬陶盛贮器和土著的泥质陶器形,而以楚文化常见的泥质陶鼎、簋、壶、钫、高柄豆、杯、勺、罍及陶俑为基本组合(图 2-16:1~5、7~10),仅见极少量高温釉陶器,其器形亦为楚式(图 2-16:6)。此外,级别较高的墓葬还见楚式青铜礼器、兵器,随葬玉器并不发达,偶出少量琉璃璧,所显示出的玉器制造水平远逊于战国早中期的于越文化。

就以上战国晚期典型楚墓在江南地区的分布情况来看,其南界大致在

---

① 谢春祝:《无锡施墩第五号墓》,《文物参考资料》1956 年第 6 期,第 45、46 页。

② 中国社会科学院考古研究所、苏州市考古研究所苏州古城联合考古队:《苏州木渎古城 2011—2014 年考古报告》,《考古学报》2016 年第 2 期,第 263~292 页。

③ 钱公麟、朱伟峰、陈瑞近编著:《真山东周墓地:吴楚贵族墓地的发掘与研究》,北京:文物出版社,1999 年;苏州博物馆:《苏州真山四号墩发掘报告》,《东南文化》2001 年第 7 期,第 8~15 页。

④ 苏州市考古研究所:《苏州阳山俞墩土墩墓发掘简报》,《东南文化》2012 年第 4 期,第 28~37 页。

⑤ 上海市文物保管委员会:《上海青浦县重固战国墓》,《考古》1988 年第 8 期,第 688~693 页;周丽娟:《上海青浦福泉山发现一座战国墓》,《考古》2003 年第 11 期,第 94~96 页。

⑥ 黄宣佩:《上海市嘉定县外冈古墓清理》,《考古》1959 年第 12 期,第 685、686 页;孙维昌:《上海发现一座战国—汉初时代墓葬》,《文物》1959 年第 12 期,第 65 页。

⑦ 金翔:《浙江安吉县陇坝村发现一座战国楚墓》,《考古》2001 年第 7 期,第 92 页。

⑧ 浙江省文物考古研究所、安吉县博物馆:《浙江安吉五福楚墓》,《文物》2007 年第 7 期,第 61~74 页。

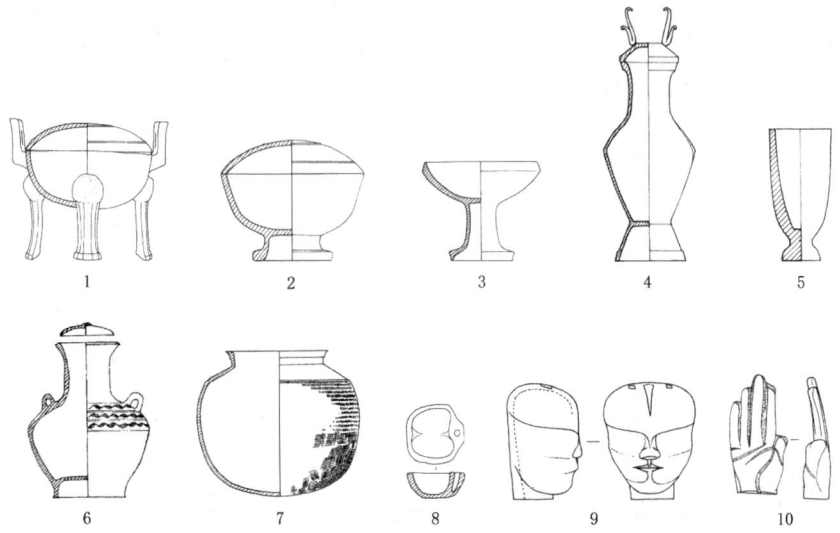

1. M88:15 2. M88:19 3. M88:17 4. M88:21 5. M88:25 6. D4M3:13 7. M88:23 8. M88:12 9. M88:2 10. M88:6（1.鼎 2.盒 3.豆 4.钫 5.杯 6.釉陶壶 7.罍 8.勺 9.俑头 10.俑手；1～5、7～10.出自福泉山 6.出自小真山）

图 2-16 环太湖地区战国晚期楚墓出土陶器

钱塘江一线，主要集中在太湖东北部和西南部分别以苏州和安吉为中心的区域，并见有大型墓。可知，上述两地应当是楚国败越后辖制越地的重镇。有学者考证楚江东郡下武城、乌程二县，分别在今昆山与湖州地区①，如结合考古发现来看，二县县治位处今苏州与安吉附近或更为精确。有关苏州木渎古城和安吉递埔古城战国晚期遗存的相关考古发现也均值得重视。此外，《史记·越王句践世家》载："楚威王兴兵而伐之，大败越，杀王无疆，尽取故吴地至浙江"②，从这些典型楚墓的分布情况来看，楚人在较长时间内并未大举进入钱塘江（古称浙江）以南的越国故地，而且其对于钱塘江以北地区也是采取进驻重点城市的管辖方式③，并且时常会遭到越国残余势力煽

---

① 后晓荣：《战国政区地理》，北京：文物出版社，2013 年，第 163、182 页。
② （汉）司马迁：《史记》，北京：中华书局，2013 年，第 2100 页。
③ 在江南地区发现的战国晚期楚墓，即便是在小型墓中，亦见随葬有仿铜泥质陶礼器，按照学界以往对于楚墓的分类研究，可知它们至少也应是庶民阶层的墓葬，这也从一个侧面反映出了进入本区的楚人多为庶民及其以上的阶层。

动的叛乱①。

楚为秦所灭以后,江南地区本土的于越文化传统有一定程度的复苏趋势,如新出现许多高温釉陶器形和所谓的"汉代土墩墓"。然而,由于越国精英人群的大量南迁与流散,本区不可避免地融入新兴的楚汉文化圈中,并逐渐成为汉文化的一个地方类型。

第五节

诸文化类型的谱系关系

根据现有的考古资料,仅能对环太湖地区良渚文化、钱山漾类型、广富林类型、马桥文化、晚商期遗存以及周代吴、越、楚等文化类型之间的谱系关系做初步分析。良渚文化作为一支强势的地方性文化,其陶器群及玉器群的辨识度均很高,与区外的交流形式主要表现为向江淮东部至海岱地区②、浙东、浙南及邻近地区③同期文化输出自身影响。相比之下,除良渚文化晚期受到大汶口文化、樊城堆文化和屈家岭文化一定影响外④,少见其他区外文化因素。目前,学者大多承认环太湖地区的马家浜文化、崧泽文化和良渚文化是延续发展的系列文化,良渚文化与其先行文化的种种差别,主要是由于生产力水平大幅提高和社会分层进一步加剧而产生的。值得注意的是,

---

① 董楚平:《楚败越过程考略》,《百越民族研究》,南昌:江西教育出版社,1990年,第194~205页。

② 参见栾丰实:《良渚文化的北渐》,《中原文物》1996年第3期,第51~58、31页。典型的如江苏最北部新沂花厅北区墓葬中的良渚文化因素遗物,参见南京博物院:《花厅——新石器时代墓地发掘报告》,北京:文物出版社,2003年。

③ 参见朔知:《良渚文化的初步分析》,《考古学报》2000年第4期,第421~450页。

④ 张弛:《大汶口文化对良渚文化及屈家岭—石家河文化的影响》,《浙江省文物考古研究所学刊》第八辑,北京:科学出版社,2006年,第14~22页;赵晔:《内敛与华丽:良渚陶器》,杭州:浙江大学出版社,2019年,第183页。

凌家滩遗存应当为良渚文化神秘玉器的迅速兴起提供了技术支持与理念给养。

良渚文化内部存在进一步划分地域类型的可能,栾丰实先生早年的意见值得重视,其将环太湖地区的良渚文化分为太湖以东地区、杭嘉湖平原地区和太湖以北地区①。因史前阶段杭州附近存在一条北通湖州的支谷,形成沟通钱塘江与太湖的河口湾,谷底深达15～25米②,将杭嘉湖平原分为东西两块,地理学研究显示这条河口湾直到距今约2500年前才逐渐淤满。在高海平面时期,这条河口湾西部为山地向平原的过渡地带,东部则近乎一个相对独立的孤岛,这种微观地貌的区别,在良渚文化时期也造成了杭嘉湖平原东西两侧区域文化类型的差异③。结合新资料的不断积累和研究的深入,本书作者认为杭嘉湖地区可进一步细分为太湖南部的杭州—湖州东部地区和太湖东南的嘉兴地区,与太湖北部的常州—无锡地区、太湖东部的苏沪地区相并列,这四个区域在陶器、玉器的器形和组合上均存在一定差异。

良渚文化衰落以后,在余杭良渚古城及其附近存在着新辨识出来的"良渚文化晚期后段遗存"。通过前述分析,这类遗存应当是良渚文化大幅消亡后的残余,其与钱山漾类型在年代上似大致并存,两者间的区别主要在于前者不见后者中明显来自中原地区龙山期文化的因素。值得注意的是,钱山漾类型也同良渚文化存在一定关系。最近,曹峻、许鹏飞等学者均撰文指出钱山漾类型应植根于良渚文化之中,环太湖及其邻近地区的良渚文化是其主源④。

本书作者认为在钱山漾类型中所见到的外来因素,主要反映在部分陶器的器形和纹饰两个方面。钱山漾类型中的深腹罐、高领罐及弦断篮纹、绳纹等因素,应当是中原地区龙山期文化经由淮河流域向环太湖地区传布的结果,近年来在江淮地区发现的禹会村类型遗存有可能就是上述文化因素

---

① 栾丰实:《良渚文化的分期与分区》,《东方文明之光——良渚文化发现60周年纪念文集》,海口:海南国际新闻出版中心,1996年,第271～279页。

② 严尚钦、黄山:《杭嘉湖平原全新世沉积环境的演变》,《地理学报》1987年第42卷第1期,第1～15页。

③ 王宁远:《从村居到王城》,杭州:杭州出版社,2013年,第19、20页。

④ 曹峻:《钱山漾文化因素初析》,《东南文化》2015年第5期,第86～93页;许鹏飞:《试论良渚文化的去向——从良渚文化末期遗存的面貌谈起》,《东南文化》2015年第5期,第75～85页。

向东南继续传播的重要中介。钱山漾类型中的高领罐及压印的方格纹等因素,则可能源自闽浙赣邻境地区的同期文化。需要明确的是,上述因素在钱山漾类型中并非占据主流。在钱山漾类型中占大宗的鼎、豆、尊、盆等典型陶器,既同本地良渚文化固有器形存在一定联系,又在局部特征上具有明显的区别,而对于这些区别目前尚找不到外来源头,最合理的解释即是其为本地滋生的。故而,应将钱山漾类型同样视为环太湖地区土著之文化类型,但其与良渚文化之间并非是单纯的先后继承关系,可能代表着新兴的土著文化类型替代业已消亡的旧有土著文化。

在广富林类型中,来自中原地区龙山期文化的因素所占比例较之钱山漾类型时期有所提高,这应同郑洛地区煤山文化、王湾三期文化、豫东地区王油坊文化向东、向南输出影响有关,这些因素可能经由苏北地区的周邶墩遗存和南荡遗存继续向本区传递。正如乔梁先生所言,在广富林类型中能够被视为王油坊文化或其他北方龙山期文化的典型物品大多系孤品,可视为对域外文化产品的直接输入,而那些在广富林类型中显现的中原龙山期文化因素,则多表现得似是而非、形似质异①。本书作者认为,广富林类型是一支在环太湖地区滋生发展的土著文化类型,就陶器特征而言,它可能同"良渚文化晚期后段遗存"具有相对密切的传承关系。广富林类型同样接受来自钱山漾类型以及中原地区和闽浙赣邻境地区的文化因素,并将之继续发展,形成了有别于钱山漾类型的基本陶器组合。

不难发现,在良渚文化结束以后环太湖地区的土著文化类型一改此前相对封闭的状态,开始更多地吸纳区外文化因素,然而这些因素大多是基层的,并通过中间地区传导而来。前文已述在良渚文化消亡后的龙山时代,本区土著的生业方式是基本延续并承接良渚文化的。虽然有关"良渚文化晚期后段遗存"、钱山漾类型与广富林类型的资料发现尚较薄弱,对于三者之间关系的最终确定仍待材料丰富后细致研讨,但目前的证据均不支持外来族群在良渚文化消亡后大举进入环太湖地区的猜想。上述文化类型所代表的主体人群应当仍为本区土著,可能是在良渚文化消亡过程中及其消亡以后,环太湖地区在内外环境的压力下,吸纳区外文化因素而形成的"精英文化因素缺失"的土著文化类型。

---

① 乔梁:《关于广富林晚期遗存的思考》,《文物》2014年第1期,第45~49、55页。

至马桥文化时期,来自中原地区二里头文化的因素和来自闽浙赣邻境地区马岭类型(含肩头弄类型)的因素在马桥文化中表现得更为明显,尤以来自闽浙赣邻境地区的诸多因素开始占据上风,促使马桥文化在此时成为江南地区几何形印纹硬陶文化圈中的重要一环。不过,马桥文化有别于其他同期几何形印纹陶文化的土著特征依旧显著①,其中形制颇具特色的鼎、甗与鸭形壶,均为环太湖地区新石器时代以来土著文化器形的延续与发展。

　　马桥文化结束以后,环太湖地区晚商时期的文化格局出现了分化的趋势,分布偏北的花山类遗存更多地同宁镇—皖南沿江丘陵、赣鄱地区、江淮地区以及山东地区的同期文化进行交流,而分布偏南的南山类遗存则同闽浙赣邻境地区的同期文化有机结合,其土墩墓、烧造原始瓷和印纹硬陶的窑址群,以及原始瓷豆、盂和印纹硬陶罐类器的组合,成为此后于越文化的重要源头。值得注意的是,南山类遗存与花山类遗存之间也存在文化因素的交流互动,特别是土墩墓和原始瓷器的逐步北进与西渐,可能是除西周文化因素以外,促使宁镇地区湖熟文化向吴文化转变的另一只重要推手。

　　周代于越文化的形成,并同由宁镇地区扩展而来的吴文化在环太湖地区交织,最终促成了东周时期吴越文明的兴起。吴文化和于越文化作为先秦时期环太湖地区土著文化类型的最后代表,对华南地区百越文化和百濮文化的发展都产生过重要影响,是继良渚文化之后本区再一次出现强势的地方性文化。但与良渚文化对待外来文化较为封闭的态度不同,吴文化的创造者,即吴国主体族群的构建与最初形成即同西周文化因素的植入相关,很可能是来自中原的高级别人群与本地及邻近之土著族群在政体下的一种有机结合,类似的族群愿意接受外来的文化因素,属于相对开放的文化系统。于越文化在其发展过程中,特别是在灭吴前后,也曾主动进行过华夏化改造的尝试②,如在葬制方面自上而下地推广竖穴土坑墓,并使用仿铜陶瓷质礼乐器和华夏系统的玉器区分身份等级。战国晚期楚文化在本区的分布主要是"插花式"的,直到秦国一统,于越文化最终消亡,环太湖地区方才融入新兴的楚汉文化圈之内。

---

① 曹峻:《马桥文化再认识》,《考古》2010年第11期,第58～70页。
② 付琳:《百越"乐制"初探》,《百越研究》第四辑,厦门:厦门大学出版社,2015年,第366～375页。

第三章

社会复杂化与国家化进程的考古学分析

> 及少皞之衰也,九黎乱德,民神杂糅,不可方物。夫人作享,家为巫史,无有要质。民匮于祀,而不知其福。烝享无度,民神同位。民渎齐盟,无有严威。神狎民则,不蠲其为。嘉生不降,无物以享。祸灾荐臻,莫尽其气。颛顼受之,乃命南正重司天以属神,命火正黎司地以属民,使复旧常,无相侵渎,是谓绝地天通。其后三苗复九黎之德,尧复育重、黎之后不忘旧者,使复典之。①
>
> ——《国语·楚语下》

在《尚书·吕刑》《国语·楚语下》等历史文献中所见"绝地天通"的故事,体现出王权国家在建构的过程中,对于神权的收束。王权和神权均是保障对社会资源进行再分配的合法性的重要手段,其产生是社会分层和复杂化的自然结果。人类社会被认为是在不断应对并适应挑战中前进的。因此,在一个具有多种经济潜力的区域,再分配可以作为一种管理的手段,所有群体都可以从整个区域拥有的资源中受益,而不是某个特定的部分,塞维斯认为在群体竞争中,组织结构更复杂的社会更可能获得成功②。本章将从宏观聚落形态、中心性聚落、墓葬及与精神层面相关的遗存等角度进行梳理和比较,对江南地区从良渚文化阶段至东周时期的社会复杂化与国家化

---

① 徐元诰:《国语集解》(修订本),北京:中华书局,2002 年,第 514~516 页。
② 斯蒂芬·申南(Stephen Shennan)撰,陈胜前译:《文化进化》(Cultural Evolution),《考古学:关键概念》,北京:中国人民大学出版社,2012 年,第 50~53 页。

进程作一初步分析。

第一节

宏观聚落形态的变迁

从考古遗址分析出各种形态的聚落,又从各种形态的聚落分析出各种形态的社会单元和社会结构,再从聚落形态的演变探索社会形态的演变①,这就是聚落考古的研究方法。虽然目前江南地区所见相关文化类型聚落资料的考古发现与资料发表情况十分不均衡,但通过在较大时间尺度下进行梳理与比较,或许也可以在一定程度上提供考察江南地区先秦时期宏观聚落形态发展与变迁的线索。

一、良渚文化的宏观聚落形态

据郭明建先生统计,在环太湖地区良渚文化主要分布的总面积约1.8万平方千米的范围内,共有遗址546处,若除去良渚遗址群内的135处遗址,则平均约每43平方千米发现一处良渚文化遗址,相当于现代每个乡镇都有一至两处遗址②。因尚未开展过对整个环太湖地区的大规模区域性系统调查,故而目前对于具体的遗址数量、面积以及存续年代的认识都比较粗略。不过,已有的资料仍然可以展示出良渚文化在环太湖地区拥有巨大的人口总量和相当的文化统合力。当然,大家都知道文化面貌的一致或相似,与政治组织形式的统一并不完全对等。郭明建先生即认为在良渚文化分布区内至少存在约十个较为独立的聚落群,分别代表着不同的社群政体。本书作者同样倾向于认为,不同的社群政体之间或许在年代上并不完全共时或者在等级上存在着此消彼长,然而长时间的共存并立和相对独立的空间

---

① 严文明:《聚落演变与早期文明》,北京:文物出版社,2015年,前言。
② 其统计涵盖了墓地资料,参郭明建:《良渚文化宏观聚落研究》,《考古学报》2014年第1期,第1~32页。

活动范围极有可能是常态。

可以通过观察并分析田野考古工作开展相对充分,并已积累一定数量的非墓葬类遗址发掘及研究成果的,余杭良渚遗址群所在的"C"形盆地①及其东部跨过京杭大运河的半山、临平山一带的宏观聚落情况,以期获得一些线索(图3-1)。在此范围内发现了目前良渚文化最大型的人工土台莫角山和以其为中心的古城城圈与外郭、已知最高规格的贵族茔地反山、瑶山、汇观山,以及瑶山、汇观山等重要祭祀遗迹。因为这些重要的考古发现,良渚古城被认为是良渚文化的一处权力中心甚至"都邑"②。目前来看,这里至少是良渚文化某一社群的权力中心,可暂称之"古城社群"。

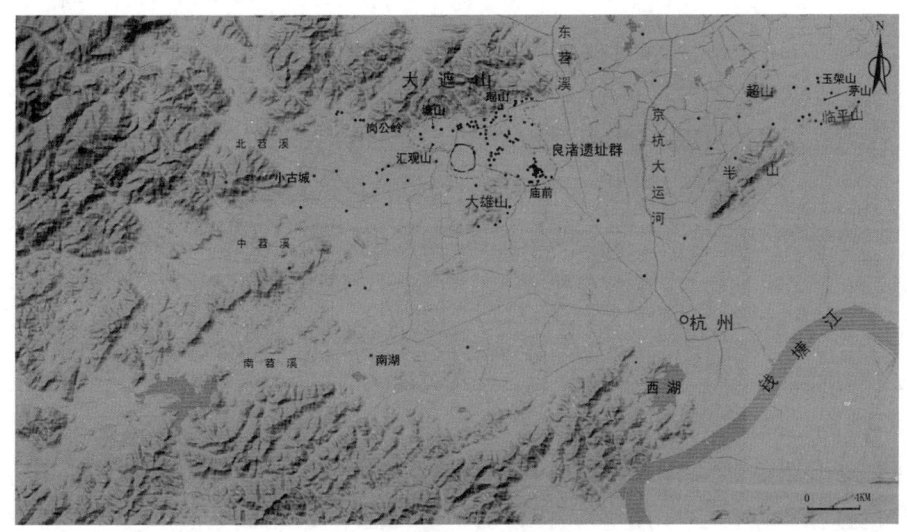

图 3-1 余杭地区良渚文化遗址分布情况

资料来源:引自《良渚古城综合研究报告》图 4-3

---

① 一般认为良渚遗址群的基本分布范围北抵天目山余脉大遮山丘陵南麓,南达大雄山、大观山丘陵,西起瓶窑毛元岭,东至良渚近山,位于一处"C"形盆地内,实际跨度东西约 11.5 千米、南北约 7 千米。

② 浙江省文物考古研究所:《良渚遗址群》,北京:文物出版社,2005年,第325页。

以往在良渚遗址群内确认的135处遗址中①,多数遗址面积在1万平方米以下,1万~3.5万平方米的遗址计有45处,3.5万~6万平方米的遗址有11处,超出此限的仅有塘山遗址和莫角山遗址。塘山遗址总面积约13万平方米,后被证明其性质为良渚文化时期与防洪及水运有关的水利系统的组成部分。莫角山遗址面积达30万平方米,是一座部分依托自然山体再加以人工堆筑和夯筑的超大型土台。

通过对良渚古城城圈和外郭范围的确认,以及对城内布局的初步探索,可知良渚古城为古城社群中规格最高的中心性聚落,莫角山又正处于古城内的"核心"位置。良渚古城以北的姚家墩遗址和东部的临平玉架山遗址,有可能是属于古城社群第二层次的大型聚落。良渚古城以东的庙前遗址、三亩里遗址、茅山遗址则是第三层次聚落的代表,其性质贴近于基层的村落,数量极多。

(一)第一层级聚落

莫角山是一处人工营建的呈长方形覆斗状的大型土台,东西长约630米、南北宽约450米,相对高度约9~15米,又称"古尚顶"或"古上顶"。其上有大莫角山、小莫角山和乌龟山三座人工土台,通过1987年和1992年的发掘,确认了这些土台均为人工堆筑及夯筑的性质,并发现了与建筑相关的成排柱洞等遗迹②。以往,在未发现良渚古城城圈时,有学者即认为莫角山可能是一处良渚文化最重要的台城③。通过近几年来对莫角山土台开展持续的勘探与发掘工作,已在大莫角山土台台面上发现面积在300~900平方米之间的大型高台建筑基址7座,且确认大莫角山土台四周原有围沟,围沟废弃后又建有石头围墙。在小莫角山土台上发现有叠压关系的早晚两期大型房址共4座。在大莫角山、小莫角山和乌龟山之间确认了曲尺形的沙土

---

① 据最新统计,良渚古城系统所在的100平方千米范围内已发现各类良渚文化遗址270余处,详细资料尚未正式发表,参刘斌、王宁远、陈明辉、朱叶菲:《良渚:神王之国》,《中国文化遗产》2017年第3期,第4~21页。

② 浙江省文物考古研究所:《良渚遗址群》,北京:文物出版社,2005年,第139~143页。浙江省文物考古研究所:《余杭莫角山遗址1992—1993年的发掘》,《文物》2001年第12期,第4~19页。

③ 张学海:《论莫角山古国》,《良渚文化研究:纪念良渚文化发现六十周年国际学术讨论会文集》,北京:科学出版社,1999年,第17~24页。

广场。在莫角山土台的北侧、东侧和南侧也发现有成排的房址（图3-2），还在莫角山土台东坡发现与粮食仓储有关的遗迹①。

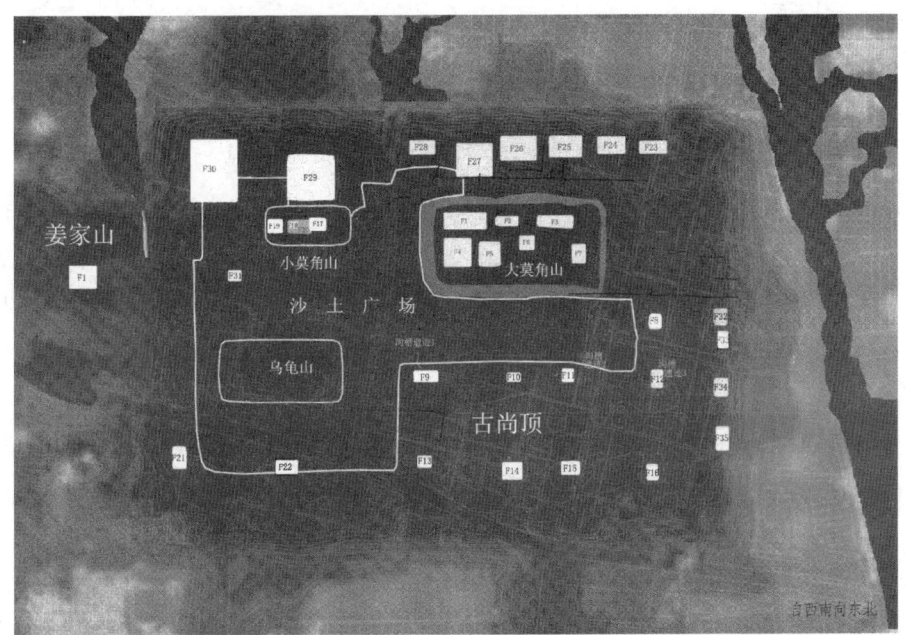

图3-2　莫角山土台遗迹分布图

资料来源：引自《良渚古城综合研究报告》图7-9上

在大莫角山和小莫角山上发现的大型房址基础，均遭到过不同程度的晚期破坏，很难复原其具体结构。目前，从公布一些资料的大莫角山F2和小莫角山F17和F20来看，存在一些共性。三座房子均为东西并列的双室结构，F2东、西两个隔间面积均约56平方米，F20东、西两间面积均约120平方米。部分叠压于F20之上的F17西室面积约56平方米、东室面积约81平方米。除在F20东室发现一处直径约0.7米、有明显受火迹象的椭圆形范围，被发掘者推定为疑似灶面外，其余房址均未发现确定的灶。堆积中主要是跟墙体废弃有关的红烧土块，少见与长期居住及日常生活相关的遗存。

有鉴于此，本书作者认为对于莫角山上部分大型房址功能与性质的推

---

① 浙江省文物考古研究所：《良渚古城综合研究报告》，北京：文物出版社，2019年，第140～172页。

定,不宜过早下定论。这些位置显赫的高台上的大房子,究竟是古城社群的首脑和权贵的日常居所?还是主要从事专门性宗教活动的"神庙"?仍然值得继续探索。

(二)第二层级聚落

姚家墩聚落由以姚家墩为中心的七个台墩共同组成,位于良渚古城以北的东苕溪北岸。处于中心的姚家墩面积约35000平方米。其四周6处台墩距姚家墩均约100米左右,面积在1万至2万平方米之间。据发掘和试掘资料显示,在姚家墩上发现较高等级的良渚文化时期的建筑遗迹,其周边的卢村发现良渚文化中期早、晚两个时段的祭坛遗迹,且早年出土过琮、璧、钺等玉礼器,在葛家村发现良渚文化中期墓葬6座,王家庄、金村也有相应时期的遗存。窑廊和斜步滩尚未经调查发掘,但从台墩分布的相对位置来看,刘斌先生推断其为良渚文化遗址的可能性极大。这七处台墩实际上是一种外散内连的结构,可能是一处大型聚落不同的功能分区(图3-3)①。

在余杭玉架山发现六个相邻的环壕,组成一处良渚文化时期的大型聚落,遗址总面积约15万平方米(图3-4)。其中环壕Ⅰ为此聚落的中心,规模最大,边长134~155米,面积2万余平方米。贵族墓地位于环壕Ⅰ土台的中心区域,见有出土玉琮、三叉形器、冠状器和成组锥形器、纺轮等玉器的高级别男性墓M145和女性墓M200。据悉,6个环壕内均有从早至晚的房屋和墓葬,应同时存在,构成一处聚落,发掘者认为这6个环壕应该代表6个相关的氏族②。

目前被确认为良渚文化第二层次聚落的数量很少。王宁远先生基于对良渚文化基层村落遗址的系统梳理和充分认识,将"若干个聚落单体密集分布,聚落单体间距很小,其间没有农田等作业地的聚落集群,视为二级聚落"③,为今后寻找、辨识这一层次的聚落提供了很好的思路。值得注意的是,玉架山和姚家墩的聚落模式有所不同,姚家墩聚落的布局和各墩台的功

---

① 刘斌:《余杭卢村遗址的发掘及其聚落考察》,《浙江省文物考古研究所学刊(1997)》,北京:长征出版社,1997年,第113~119页。
② 楼航:《2008—2016浙江余杭玉架山》,《良渚考古八十年》,北京:文物出版社,2016年,第212~223页。
③ 王宁远:《从村居到王城》,杭州:杭州出版社,2013年,第12页。

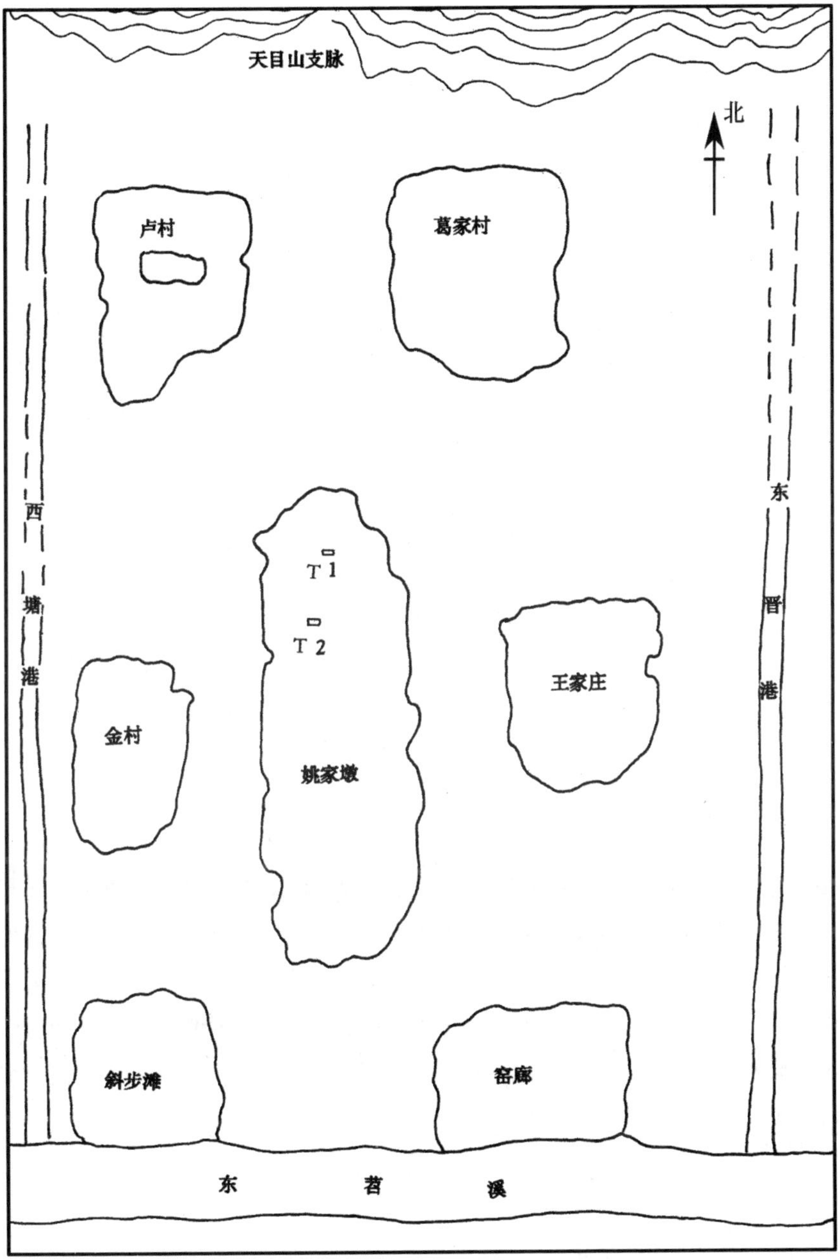

第三章 社会复杂化与国家化进程的考古学分析

图 3-3 姚家墩及其周围墩台分布示意图

资料来源：引自刘斌《余杭卢村遗址的发掘及其聚落考察》图五

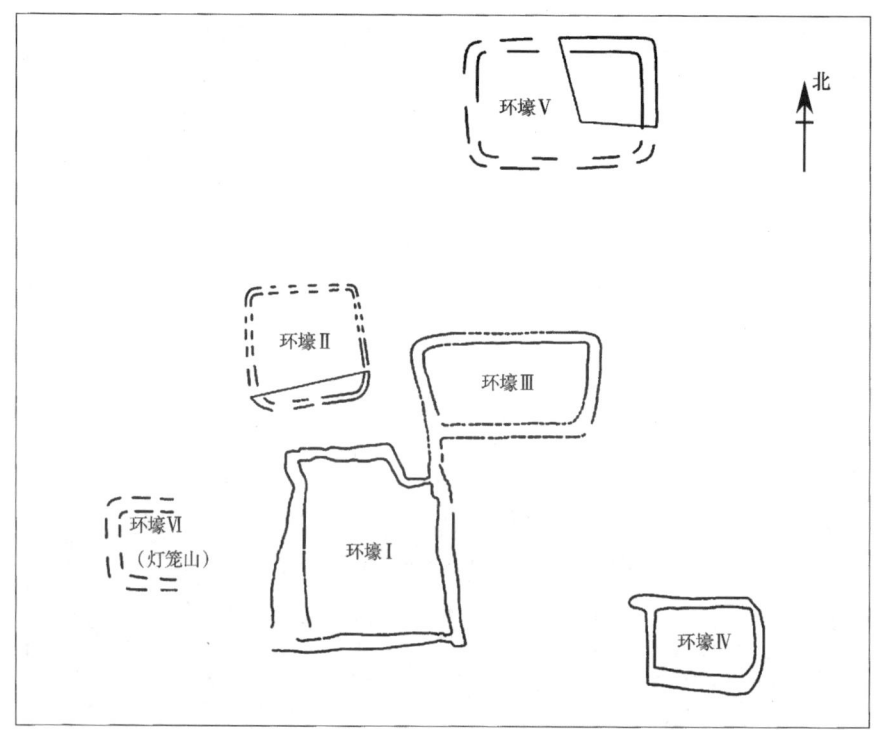

图 3-4　玉架山六个环壕分布示意图

资料来源:引自《良渚古城综合研究报告》图 4-4 上

能若果如学者推测那般,则实际为第一层次聚落良渚古城的缩小版,即在聚落中有规划地建设不同土台,以满足不同使用功能,其性质更可能是古城社群中某一权贵家族的聚落。玉架山的形式则似乎是由不同的第三层次聚落之间构成的联合体,其性质或许更接近于古城社群控制下的次一级中心。未来需解决的问题是,如何理清第二层次聚落与第一层次和第三层次聚落之间的联结关系、方式和途径。

(三)第三层级聚落

庙前遗址位于良渚遗址群的东南角的荀山东南部,遗址共经六次发掘,是良渚古城近郊考古发掘揭露面积最大的聚落遗址[①]。据研究,遗址第一、

---

① 浙江省文物考古研究所:《庙前》,北京:文物出版社,2005 年。

二次、三、四次及五、六次发掘的区域,分属三个相对独立的小型聚落(图 3-5)。整个遗址时代贯穿良渚文化,发现大量房址、窖穴、灰坑、水井、人工河沟和墓葬等与聚落人群活动相关的各类遗迹。墓葬均分布在同期房址周围,遗址早期晚段的墓葬大致呈南北两排分列于 F2 西侧,北列墓主似皆为女性,南列墓主似皆为男性,与瑶山贵族墓的排列规律相似①。约从庙前遗址良渚文化中期或中期偏晚阶段起,墓葬不再分布于居住区内,而是在居住区周围设立相对集中的公共墓地,可能是进一步受到良渚古城内埋葬习俗的影响而致。

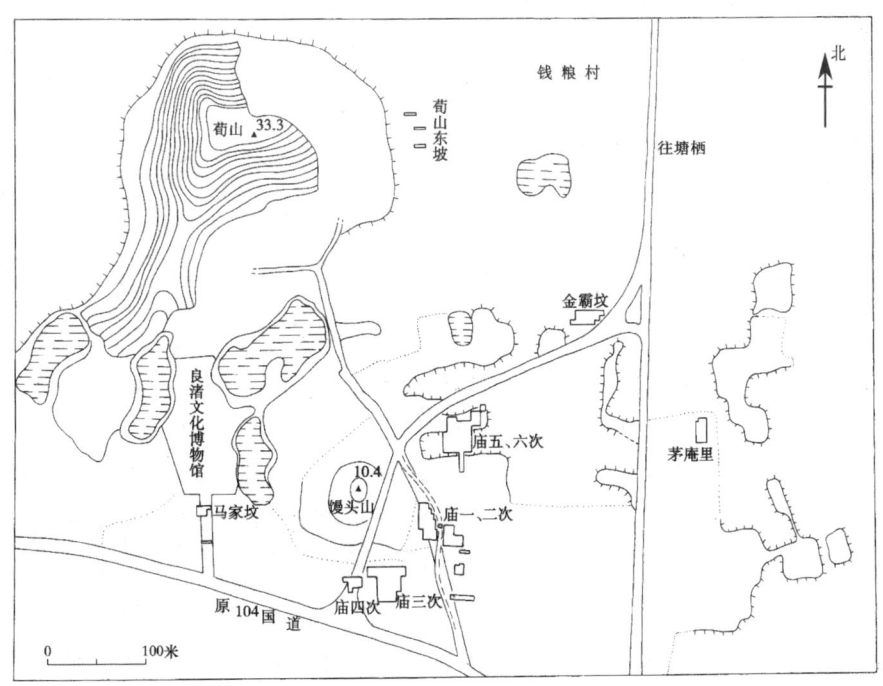

图 3-5 庙前及其周围遗址分布图

资料来源:引自《庙前》图二

三亩里遗址为一处良渚文化中晚期的小型居址,面积约 1 万平方米。遗址位于半山附近,东、南、西三侧均为低山的 U 形口内。遗址早期为间距 20 米的东、西两个人工堆筑土台,到晚期合二为一,形成东西跨度大于 110

---

① 王宁远:《遥远的村居:良渚文化的聚落和居住形态》,杭州:浙江摄影出版社,2007 年,第 102、103 页。

米的长土台。东侧土台发现4个东西向长方形建筑单元,另有水井1口、水沟1处、墓葬3座。西侧土台上发现1个建筑单元、墓葬2座、灰坑19个、沟状遗迹3处。土台上所见墓葬均为小墓,估计土台上的居住遗迹也属于平民。鉴于居住址和墓葬显示的人口规模不对称,发掘者推测在距三亩里遗址西北约400米的后头山墓地,是对应这一居址的公共墓地①。王宁远先生指出三亩里西部土台面积超过330平方米,东部土台面积超过460平方米,而土台上的遗迹单元却显得过少,具有一定特殊性。他推测这样的小型聚落却为墓地与居址分设,原因或许有两种:一是,位处良渚遗址群及其周边地区,区内社会分化更为显著,经济与宗教水平较高,家(宗)族组织发育特别完备,故而分设;二是,近山的良渚遗址群及周边自然高地多,稍加修整即可形成合适的墓地,故为改善居住条件而将墓地另设。而平原地区的高地则全需人工营造,所以仅高等级贵族可调动人力完成专用墓地的建设,一般基层聚落仍沿用原有在居址附近埋葬的模式②。本书认为,第二种解释更有可能。

  茅山遗址位于临平山以北,古城社群第二层次聚落玉架山遗址以南。这处遗址北部地势较高,是居住生活和墓葬区,南部地势低洼的坡下是稻田区。茅山遗址发掘的重要收获是,发现了良渚文化中期的条块状稻田、良渚文化晚期的大面积水稻田以及广富林类型阶段的农耕层。良渚文化晚期稻田的面积约5.5公顷,已超过80亩③。据初步推算,茅山遗址的聚落人口数量约为35~40人。王宁远先生推算苏州独墅湖遗址的聚落人口不超过14个,大约为三至四个核心家庭,人均耕地面积约三亩,并通过对海盐仙坛庙、桐乡普安桥和新地里居址与墓葬的分析,指出在崧泽文化晚期至良渚文化时期,本区基本的社会单元是一夫一妻和其未成年子女组成的核心家庭,聚落中的房屋多在相同位置多次原样翻修,显示财产和用地空间存在直系的

---

① 丁品:《余杭区星桥三亩里良渚文化村落遗址》,《中国考古学年鉴2005》,北京:文物出版社,2006年,第187、188页;丁品:《余杭区星桥后头山良渚文化墓地》,《中国考古学年鉴2005》,北京:文物出版社,2006年,第188、189页。
② 王宁远:《遥远的村居:良渚文化的聚落和居住形态》,杭州:浙江摄影出版社,2007年,第117、118、175页。
③ 丁品:《2008—2011浙江余杭茅山》,《良渚考古八十年》,北京:文物出版社,2016年,第205~211页。

家庭继承①。

　　赵辉先生推断至少需要3000多座类似规模的基层农业村落,才能供给良渚古城中脱离农业生产的权贵阶层和手工业者的粮食消费②。还需要考虑的是,如茅山等第三层次基层聚落所剩余的粮食,是否也要部分供给其附近的属于古城社群第二层次的聚落玉架山?虽然良渚文化第三层次的聚落数量巨大、分布也较为密集,但因可明确确认为第二层次聚落的数量极其有限,很难想象要通过何种方式,才能将第一层次聚落与第三层次聚落有序联结起来,以保障古城社群政治组织的有效运转。对于这一问题的确认,更有助于认清从遗址面积及遗存规格所确定的聚落分级,是否真正代表当时政体结构中的不同层级。目前这只能寄希望于未来从多学科、多角度协作研究、共同解决这一课题。

　　综上可知,良渚遗址群内大部分遗址均为良渚古城的有机组成部分。即便如此,作为社会底层基础的第三层次聚落遗址的数量及其可能提供的人力物力,似乎仍难以保障古城社群政治组织和日常生活的正常运转,所以古城社群实际控制的范围应当更大。不过,这处权力中心的势力范围究竟有多大还不能确知,这一方面受限于相关考古资料的缺失及其提供信息的不明确;另一方面则因为聚落考古理论对史前政治组织规模推测的可信度有限。必须指出的是,江南地区具有发达的水网,已发现良渚古城内莫角山西南的水埠码头、东部的人工河道、古城的水门及古城外郭下家山遗址的水埠码头,均显示出水路交通在良渚文化时期的重要地位。根据以往经验,在史前时期通过水路进行沟通交流的范围要远远大于通过陆路,这在我们估计古城社群实际控制范围的过程中,应当予以充分注意。

　　良渚文化玉器流通的范围半径也能提供一些相关线索。以往在德清杨墩遗址即出土过小件玉器、半成品、玉料和加工工具③。最近,杨墩遗址附近中初鸣良渚文化制玉作坊群遗址的发现和确认,则初步揭示了古城社群晚期玉器生产加工的情况,发掘的保安桥地点反映出小规模的作坊对于少

---

① 王宁远:《遥远的村居:良渚文化的聚落和居住形态》,杭州:浙江摄影出版社,2007年,第78、138、159页。
② 赵辉:《良渚的国家形态》,《中国文化遗产》2017年第3期,第22~28页。
③ 浙江省文物考古研究所:《良渚王国》,北京:文物出版社,2019年,第218页。

数几种玉器类型的专门化和批量化生产。对于类似较低级别、可能是商品化的玉器流通范围的考察,有可能比对玉琮、玉璧等高级别礼器分布范围的考察,更能反映古城社群实际控制的范畴。本书作者认为很有可能的推测是,至少太湖南部今杭州至湖州东部地区都在古城社群的直接控制之下。

二、龙山时代至商代的宏观聚落形态

由于钱山漾类型、广富林类型均刚刚为学者发现与辨识不久,已知的遗址数量寥寥无几。据高蒙河先生统计,马桥文化在环太湖地区分布的遗址数量大致有 80 处上下[①]。最近据学者统计指出确凿的马桥文化遗址数量已超过 90 处,实际的数字应当更多[②]。当然,这里很可能包括了一部分应归属于晚商期的遗址。从目前的考古发现情况可以推测,属于钱山漾类型和广富林类型的遗址数充其量与马桥文化相当,即便三者相加数量才大致为良渚文化确知遗址数的一半,这应当是本地龙山时代至夏商时期土著文化发展进入低谷、人口数量锐减的真实写照。值得注意的是,至迟从晚商阶段开始,区内再次出现城址类聚落,可能代表社会复杂化程度的大幅提升。但鉴于这些资料多未经正式发掘确认,年代信息不够准确。以下仅笼统分作钱山漾类型至广富林类型阶段和马桥文化至晚商阶段略作梳理。

至今尚未见到属于钱山漾类型和广富林类型的遗址(含墓葬)在规模或等级上能够凌驾于同期其他遗址之上的中心性聚落的资料。从已发现遗址的宏观分布情况来看,遗址之间并不存在明确的隶属关系。另外,从钱山漾遗址所见钱山漾类型时期、广富林类型时期单一聚落的布局形态分析,基本上与此前良渚文化的村落遗址如余杭庙前、苏州龙南等聚落相似,说明这一阶段本区的文化面貌虽然出现了重要变化,但基层聚落形态似乎并未随之一并发生明显改观。

在钱山漾遗址中发现属于钱山漾类型的房址三座,其中 F7 的柱洞排列大致呈东西向长方形,东西长约 4.8 米、南北宽约 3.3 米,面积近 16 平方

[①] 高蒙河:《长江下游考古地理》,上海:复旦大学出版社,2005 年,第 88~91 页表 12。

[②] 参见陈杰主编:《马桥文化探微:发现与研究文集》,上海:上海书店出版社,2018 年,附录、后记。

米。F5亦为一东西向长方形建筑,东西总长约19米,似分为东、西两间。F7与F5应均为普通民居。在钱山漾遗址中发现属于广富林类型的房址F3,整体面积较大,主要由墙槽、隔墙和柱洞构成,原应为面阔三间、进深三间的一栋九室的建筑形式,但因东北角被宋代沟所打破,现仅存八室,残存面积约260平方米。在F3室外南侧还发现可能附属于它的建筑遗迹,为一东西向、面积约30平方米的长方形建筑单元①。由于没有发现F3使用时期的遗物,所以很难对这座"大房子"的性质做出准确判断,但显然不宜单单依据房址总面积较大,而将其视作聚落内阶层分化,并进一步以之作为推断聚落等级的证据。

广富林遗址2008年的考古发掘,共清理广富林类型的房址五座,其中四座为地面式,一座为杆栏式。广富林F3为一大致呈刀形的东西向分间建筑,三个房间南墙相连,东西总长度约20.5米,南北宽3.4~4.6米。在西间与中间北面见有应附属于F3的建筑遗存,中间以北的烧烤硬面和柱洞可能是F3的厨房②。这种共用一灶的现象,显示出居住在F3各间内的家户关系应较为密切。

在马桥文化和晚商期遗存中已有少量可以讨论宏观聚落层次和中心性聚落的线索。湖州毘山遗址是一处从崧泽文化延续到周代的重要遗址,曾经过多次考古发掘。毘山遗址面积约100万平方米,据此前的考古资料显示,遗址中马桥文化堆积分布最广,可能与遗址范围大致重合。此前的发掘主要见有房子、灰坑、大型灰沟等遗迹。房址形式主要为地面式双间建筑③。最近对毘山遗址内麻雀田地点的发掘,发现在人工灰沟的边壁存在竹木结构的围堰④,显示出毘山遗址内部可能具有较为复杂的功能分区与结构,有待未来工作确认。总之,毘山遗址应是马桥文化时期太湖南岸的一处中心性聚落。相对而言,马桥遗址则是一处基层村落,而且由于环境及地

---

① 浙江省文物考古研究所、湖州市博物馆:《钱山漾:第三、四次发掘报告》,北京:文物出版社,2014年,第122~129页。
② 上海博物馆考古研究部:《上海松江区广富林遗址2008年发掘简报》,《广富林:考古发掘与学术研究论集》,上海:上海古籍出版社,2014年,第64~97页。
③ 浙江省文物考古研究所、湖州市博物馆:《毘山》,北京:文物出版社,2006年,第236~248页。
④ 闫凯凯:《浙江湖州毘山遗址》,《马桥文化探微:发现与研究文集》,上海:上海书店出版社,2018年,第34~37页。

貌原因,主要的建筑可能均是杆栏式的。

湖州下菰城现存内外两重城垣,平面近圆角三角形,内城位于外城南侧中部(图3-6)。城墙保存基本完好,底部宽约30米,上部宽5～6米,高存9米,外存护城河。城址总面积约68万平方米,内城面积约18万平方米。以往多被认为是春秋时期吴、越两国的军事城堡①。郑建明先生通过对该遗址进行复查,指出城址年代应为商代,并认为下菰城很可能是本地区的一处中心性聚落②。如果他对于下菰城年代的判断无误,则可以同东苕溪流域已发现的成规模的烧制原始瓷器和印纹硬陶器的窑址群落相联系。未来对于城址的考古工作以及对遗址周边土墩遗存年代与文化性质的确认,或许有助于重新认识下菰城在马桥文化阶段至晚商时期本区遗址中的地位。单就其与昆山遗址进行比较而言,本书作者更倾向于认为两者在年代上可能是先后交错,而非完全并行的。

余杭小古城遗址东距良渚古城约10千米,位置更为靠近山地边缘,属于山谷谷口区域的河道冲积地带。城址依托东西两侧起伏的低矮山丘,构筑于海拔相对较高的大台地上。城址平面大致呈圆角长方形,墙体东西长约700米,南北宽约500米,面积约35万平方米。城外四周应有护城河,城内有水道,通过水门可与外河沟通。通过地层关系、出土遗物和碳十四测年可知,城墙的建筑、使用、废弃年代在公元前1600年至前1000年间③。目前尚未正式发掘,但历年采集和试掘的遗物显示出与马桥文化和晚商期遗存有密切关系,确为这一阶段本区的一处重要聚落。但无论是文化性质,还是城址的具体功能,均有待今后的发掘加以明确。

在太湖北部地区,也有约略同时期的城址发现。江苏江阴佘城平面形状大致呈圆角长方形,南北最长近800米,东西最宽近500米,面积约30万

---

① 国家文物局主编:《中国文物地图集(浙江分册)》(下),北京:文物出版社,2009年,第322页;林华东、汪济英:《浙越城址考略》,《广西民族研究》1987年第3期,第111～115页。

② 郑建明:《浙江湖州下菰城遗址》,《马桥文化探微:发现与研究文集》,上海:上海书店出版社,2018年,第42～45页。

③ 罗汝鹏:《浙江杭州小古城遗址》,《马桥文化探微:发现与研究文集》,上海:上海书店出版社,2018年,第23～25页。

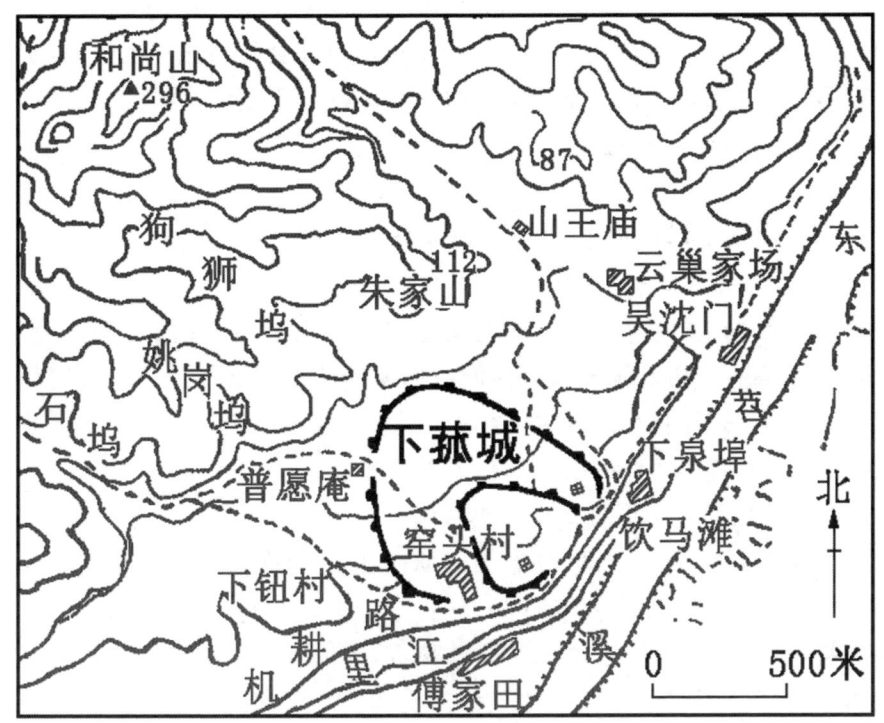

图 3-6　湖州下菰城位置示意图

资料来源:采自许宏《先秦城邑考古》图 6-118

平方米①。与附近同期的花山遗址②关系密切。陆建芳先生指出二者应实为以佘城为中心的同一处大型聚落,总面积可达 100 万平方米,应是太湖北部地区的一处中心型聚落③。目前来看,其至少在晚商时期很可能是花山类遗存所代表社群政体的中心聚落。

通过第二章研究已知,至迟到晚商时期,随着原始瓷器、印纹硬陶器产

---

① 江苏佘城遗址联合考古队:《江阴佘城遗址试掘简报》,《东南文化》2001 年第 9 期,第 33~40 页。

② 江苏花山遗址联合考古队:《江阴花山夏商文化遗址》,《东南文化》2001 年第 9 期,第 17~32 页。

③ 陆建芳:《江苏江阴花山(佘城)遗址》,《马桥文化探微:发现与研究文集》,上海:上海书店出版社,2018 年,第 122~126 页。

业的发展,以及与区外群体的密切互动,特别是与商文化的间接往来①,使得本区文化格局出现分化。且诸多线索指示出社会复杂化进程提速,宏观聚落形态中再次出现以城址为中心的分级趋势。但是鉴于考古工作开展还很有限,还不能准确把握遗址之间的确切关系。

三、两周时期的宏观聚落形态

据本书作者初步统计,在环太湖地区已发现东周时期的遗址数量有171处(附表一),加上笼统断为商周时期遗址的125处及近300处周代土墩墓群②,则属于周代吴、越文化的遗址总量至少应与良渚文化的遗址总量大致相当③。若从遗址占用总面积来看则远超良渚文化阶段,显示出当时的人口总量已超过了良渚文化时期的水平。

在面积相对确定的143处东周时期遗址中,分布面积在1万平方米以下(含1万平方米)的遗址有84处,约占58.7%,应为最贴近于村落性质的普通村落;面积在1万至10万平方米之间(含10万平方米)的遗址43处,约占30.1%,为中型聚落;面积超过10万平方米的遗址有16处,其中面积在50万平方米以上(含50万平方米)的有4处,分别为浙江安吉递铺城遗址、江苏武进淹城遗址、无锡阖闾城遗址和苏州木渎城遗址。除了这4处城址外,其余12处应为当时一般性的区域政治中心或军事中心。

通过本书作者研究,无锡阖闾城有可能在春秋中晚期吴国由宁镇地区向环太湖地区扩张的过程中,充当过一阶段吴国的都城。武进淹城遗址也在吴国向东南扩张的过程中被其占据,并成为一处或存特殊功能的重要城址。安吉递铺城在春秋后期至战国时期是越国和楚国统辖本地的区域中心和军事重镇,而面积达25平方千米的苏州木渎城址则是春秋中晚期被吴、

---

① 如在昆山遗址中曾采集到卜骨和卜甲,见浙江省文物考古研究所、湖州市博物馆:《昆山》,北京:文物出版社,2006年,第426页、彩版一七二。
② 统计资料据,国家文物局主编:《中国文物地图集(江苏分册)》,北京:中国地图出版社,2008年;《中国文物地图集(浙江分册)》,北京:文物出版社,2009年;黄宣佩、张明华:《上海地区古文化遗址综述》,《上海博物馆集刊》,上海:上海古籍出版社,1983年,第211~231页;付琳:《江南地区两周时期墓葬研究》,长春:吉林大学博士学位论文,2014年6月。
③ 这一统计尚未加入宁镇地区和宁绍地区同期遗址的数量。

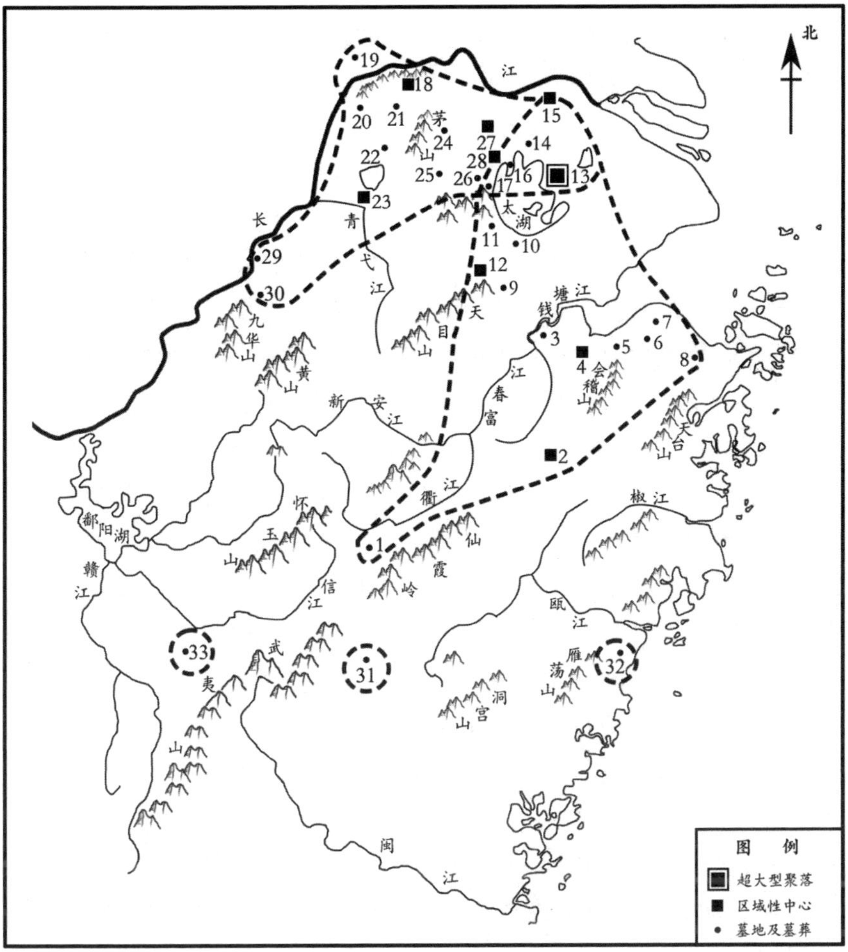

第三章 社会复杂化与国家化进程的考古学分析

1.江山地山岗 2.东阳前山 3.萧山柴岭山 4.绍兴山阴城、印山 5.上虞羊山、凤凰山、白马湖畔 6.余姚老虎山 7.慈溪青山、缸窑山、赵家山、横山 8.宁波卢家山 9.德清火烧山、三合塔山、独仓山、皇坟堆 10.湖州独山头、杨家埠、堂子山 11.长兴便山、石狮、七女墩 12.安吉递铺古城、八亩墩、三官、长抗坞 13.苏州木渎古城、大真山、阳山俞墩、夷陵山、鸡笼山；苏州新塘、虎丘、何山、大墩 14.无锡庙山、墙门 15.江阴周庄曹家墩 16.武进腰沿山、大茅山 17.宜兴四墩山 18.丹徒北山顶、青龙山、粮山、王家山、南岗山、聂家村金山、四脚墩、庄连山 19.六合程桥、和仁老虎洼 20.江宁陶吴 21.句容浮山果园、寨花头、鹅毛岗、东山 22.溧水蔡家山、山个头、秀才墩、凤凰井 23.高淳固城、马粟、苗圃 24.金坛鳖墩、连山、裕巷 25.溧阳门口田、庙山 26.宜兴潢潼、百合村 27.武进淹城 28.无锡阖闾城 29.铜陵金口岭 30.青阳龙岗、十字村窑厂 31.浦城管九村 32.瑞安岱石山 33.贵溪鱼塘村

图3-7 江南地区春秋中晚期宏观聚落分布示意图

越两国交替占有的中心性都邑,楚国败越后同样以此为辖制越地的重要中心①。这样等级差异明显的聚落分级与分布网络,显示出当时的政治组织形式应为金字塔式。遗憾的是,区内周代遗址的保存状况通常不佳,很难获取从微观层面进行深入研究的信息。

  现可选取春秋中晚期江南地区大型聚落的分布情况作为观察断面,以了解本阶段的宏观聚落形态。这一阶段于越文化的聚落分布在衢江—富春江—钱塘江一线的河谷地带、宁绍平原、杭嘉湖平原和太湖东、北部地区。金衢盆地内有级别较高的越国贵族墓已被发现,如浙江东阳前山墓②。但因考古工作开展有限,尚未能锁定这处越国区域性次中心聚落的具体位置。宁绍平原内的绍兴一带已经成为越国重要的中心。从文献记载来看,夫椒之战后句践、范蠡等在此重新规划营建山阴城作为都城。在太湖西南部的安吉,因与吴境邻近,扼守太湖南道,递铺古城应为具有重要军事作用的区域性次中心聚落。最近对八亩墩大墓的发掘与研究,将进一步明确这一中心聚落的性质。其东的德清则在很长时期内保持有越国原始瓷业中心的地位,所见火烧山窑址③和亭子桥窑址④烧造的原始瓷器,有大量是供给整个越国权贵阶层使用的。本期前段越国的都城尚在太湖东部的苏州地区,在太湖北部的江阴一带应还有拱卫都城的区域性次中心聚落。因吴、越争霸而出现频繁的战争活动,使太湖东北部一带的归属在春秋中晚期经常发生变化。

  本阶段吴国的都城由丹阳葛城,向东南迁至无锡阖闾城,最后占领苏州,以木渎古城为都。但无论阖闾城、葛城,还是吴国故地的宁镇沿江一带,仍旧保持其原有的区域次中心地位。这与吴国强有力的中央集权和逐鹿中原的争霸目标相符合。在皖南沿江地区,也有吴国为控制当地青铜资源,以及与楚国长期征战的城址及边境据点。据学者研究,安徽南陵牯牛山城址

---

① 付琳:《江南地区两周时期墓葬研究》,长春:吉林大学博士学位论文,2014年6月。
② 浙江省文物考古研究所、东阳市博物馆:《浙江东阳前山越国贵族墓》,《文物》2008年第7期,第4~60页。
③ 浙江省文物考古研究所、故宫博物院、德清县博物馆:《德清火烧山——原始瓷窑址发掘报告》,北京:文物出版社,2008年。
④ 浙江省文物考古研究所、德清县博物馆:《德清亭子桥——战国原始瓷窑址发掘报告》,北京:文物出版社,2011年。

很可能即是一处吴国为经营本地铜矿开采和冶炼的管理中心①。江苏高淳固城可能带有较强烈军事色彩,但受限于考古工作尚未深入开展,以及吴、楚之间长期而频繁的军事斗争,对于皖南沿江一带的聚落性质及归属的变迁,尚难进行深入探讨。

需要指出的是,在这一阶段的浙南沿海、闽北及赣东北地区均存在各自的区域中心,代表越族支系自身的政体。但如前文文化史分析所提及的,本阶段开始这些越族支系受到于越文化较为深刻的影响,也是土著的越族各支系政治组织发展的重要阶段(图3-7)。

东周时期吴、越、楚等不同政治势力曾在环太湖地区进行过多次角逐,并因此促生了阖闾城、淹城、递铺城等带有特殊军事、政治意义的网络次级中心。然而,从不同面积等级之遗址和不同族属之高级别墓葬的分布情况来看,至少整个环太湖地区东周时期的聚落遗址均联结于同一网络之中,且这张网络具有唯一的超大型中心,即太湖东部的苏州木渎城遗址。需要说明的是,东周时期吴文化和于越文化的分布范围均不限于环太湖地区,如宁镇地区是吴文化的大本营、宁绍地区则是于越文化的重要分布区,但正是因为这两支文化在环太湖地区的激烈碰撞与融合,才促生了高度发达的东周吴越文明,以及上述形态的聚落遗址分布网络。

第二节

中心性聚落的比较

江南地区较为明确且开展过正式考古工作的先秦时期超大型聚落,主要是余杭良渚古城和苏州木渎古城,诸多线索也指示出这两处城址的性质很可能为一时之"都邑"。本节主要对这两处遗址进行初步分析和对比,并对江南地区良渚文化和吴越文化中心性遗址所展现出的,当时的政治组织

---

① 毛颖、张敏:《长江下游的徐舒与吴越》,武汉:湖北教育出版社,2005年,第134页。

形式及相关问题加以简要研讨。

一、良渚古城

余杭良渚古城①外围南部有大雄山、北部为大遮山、西部存汇观山、窑山、南山、栲栳山等一系列山丘，平原范围东西长约10千米，南北宽约5千米，面积约50平方千米，三处山体距古城距离大致均为2千米。古城以东为敞开的平原地貌，其间散布着良渚遗址群内的大多数遗址。东苕溪在古城外由西南向东北蜿蜒而过，最终注入太湖。据研究在良渚古城时期，东苕溪的河道应不在现今的位置。通过考古工作者对于良渚古城所在"C"形盆地开展较为细致的调查研究，发现在良渚文化之前，在这一面积达1000平方千米的较大范围内，马家浜文化和崧泽文化的聚落分布较为稀疏。大致从距今5300年开始，在前述面积约50平方千米的山间平原内，遗址点数量激增至100多处，在较短时间内形成了良渚古城的基本布局。考虑到良渚文化时期这里的主要地貌是沼泽平原，大规模的中心性聚落得以在较短时间内形成，必定是有规划、有组织的行为。

通过对良渚古城的年代学研究，可知在良渚古城北面和西北面发现并确认的11处水坝遗址应当是连续修筑的，其中南面的塘山、狮子山、鲤鱼山、官山、梧桐弄构成低坝系统，北面的岗公岭、老虎岭、周家畈、秋坞、石坞、蜜蜂垅构成高坝系统（图3-8），高坝系统修建或略早于低坝系统，起建年代约处于良渚文化早、中期之际，约略与莫角山土台营建的时间相近，而早于古城城墙的营建。发掘显示坝体底部采用青淤泥堆筑，外部包裹黄土，部分关键位置采用"草裹泥包"横竖堆砌，以增大坝体抗拉强度。据初步估算，这些坝体大致可以阻挡短期内870毫米的连续降水。根据现存低坝的坝高海

---

① 有关良渚古城的资料主要引自，浙江省文物考古研究所：《良渚古城综合研究报告》，北京：文物出版社，2019年；浙江省文物考古研究所：《杭州市余杭区良渚古城遗址2006—2007年的发掘》，《考古》2008年第7期，第3~10页；浙江省文物考古研究所：《杭州市良渚古城外围水利系统的考古调查》，《考古》2015年第1期，第3~13页；浙江省文物考古研究所：《杭州市良渚古城外郭的探查与美人地和扁担山的发掘》，《考古》2015年第1期，第14~29页；刘斌、王宁远、陈明辉：《良渚古城——新发现与探索》，《权力与信仰——良渚遗址群考古特展》，北京：文物出版社，2015年，第51~71页。

拔推测,可形成面积达 8.5 平方千米的蓄水库区。可见良渚古城水利系统的主要功能,应为防护天目山区夏季暴雨造成的山洪侵扰,此外也会为水路运输来自于天目山区的石料、木材及其他动植物资源提供可能的便捷途径。

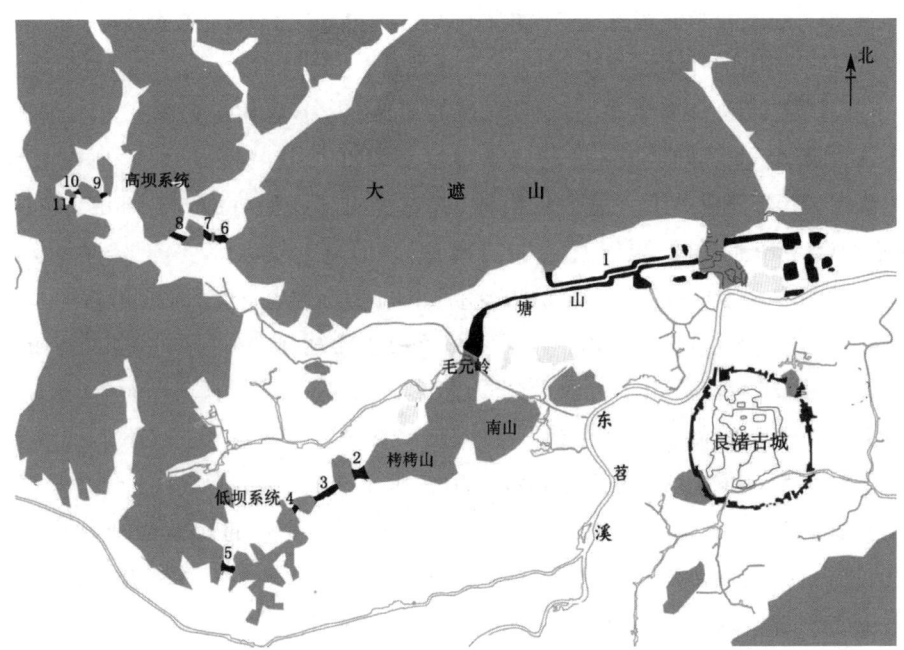

1. 塘山 2. 狮子山 3. 鲤鱼山 4. 官山 5. 梧桐弄 6. 岗公岭 7. 老虎岭 8. 周家畈
9. 秋坞 10. 石坞 11. 蜜蜂弄

图 3-8 良渚古城外围水利系统位置图

资料来源:引自《杭州市良渚古城外围水利系统的考古调查》图一

良渚古城平面略呈圆角长方形,正南北方向,南北长 1910 米、东西宽 1770 米,总面积约 300 万平方米(图 3-9)。古城利用凤山和雉山两座自然山丘作为西南角和东北角,城墙总长约 6 千米,宽约 20～150 米,保存最好的墙体高约 4 米。城墙底部普遍铺垫一层厚约 20～40 厘米的石块作为基础,据研究这些垫石主要来自古城周边的低山山地坡脚和沟谷地带①,墙体则由挖掘城河的青色淤泥先行铺垫,再用取自山上的黄色黏土加以堆筑。

---

① 参王宁远、董传万、许红根:《良渚古城城墙铺垫石研究报告》,杭州:浙江古籍出版社,2018 年,第 6 章。

除了南城墙无外护城河,其余三面城墙均有内、外护城河,形成夹河筑城的模式。墙体内外多有凸出的"马面",如此设计的目的很可能是为了便于水运。目前,已发现水门8座,每面城墙各两座,与内外水系连通。水门一般宽30～60米,西面两座水门可能因面向山洪来向而设计得偏窄,宽度分别约为10米和20米。另在古城南墙中部发现一处由三座小型夯土台基构成的、带四条门道的陆地城门。

良渚古城内分布着很多人工堆筑的台地,其中莫角山台地位于城内中心,面积约占古城的1/10,位置和等级最为显要。据勘探显示,莫角山土台堆筑时,其西部利用了一座自然山体,首先使用青淤泥将山体东部的低洼地填高,形成底部基础,再于其上堆筑黄土,西部人工堆筑厚度约2～6米,东部堆筑厚度约10～12米。之所以耗费功力向东营建土台,而不更多利用西部的自然山体,很可能是出于为了使莫角山土台居于古城正中位置之目的。也就是说,即便莫角山土台的营建可能要早于古城城圈的营建,但古城城圈和莫角山土台的位置均在营建开始前已大致规划并选定了。在莫角山土台上分布有大莫角山、小莫角山和乌龟山三座小土台。在三座小土台之间,发现有面积7万余平方米的沙土夯筑面,或为当时重要的活动面或称广场。另在莫角山土台西南坡的清理过程中,发现一处栈桥码头,可能是沟通莫角山土台与古城内其他台地的一处水路交通站。

经过近几年来的勘探与研究,对城内功能布局取得了一些重要认识。一般认为莫角山土台的功能是宫殿区,但如前所述似乎也不能排除其是与非日常生活相关,而与宗教活动相关的"神殿区"的可能性。莫角山土台以南的皇坟山土台可能与权贵居住活动有关。莫角山土台以西的反山、姜家山、桑树头土台主要是权贵墓地。莫角山土台以东钟家港河道两侧可能分布着手工业作坊区。莫角山、皇坟山和桑树头土台之间的池中寺地点,因发现大量炭化稻谷,被认为可能属于仓储性质。

除发现古城城墙两侧的护城河外,另在古城内部发现古河道51条。这些河道绝大多数为人工开挖而成,据统计古城内外河道总长度超过了30千米,河道宽度一般为10～50米,深度一般为2～4米。在莫角山土台的北、东、南三面各有一条主河道,呈"工"字形布局。并在内城河与主河道之间开挖支河道,形成城内的"井"字形河网,构成颇为完整的水路系统,可知当时城内的水路交通非常发达。

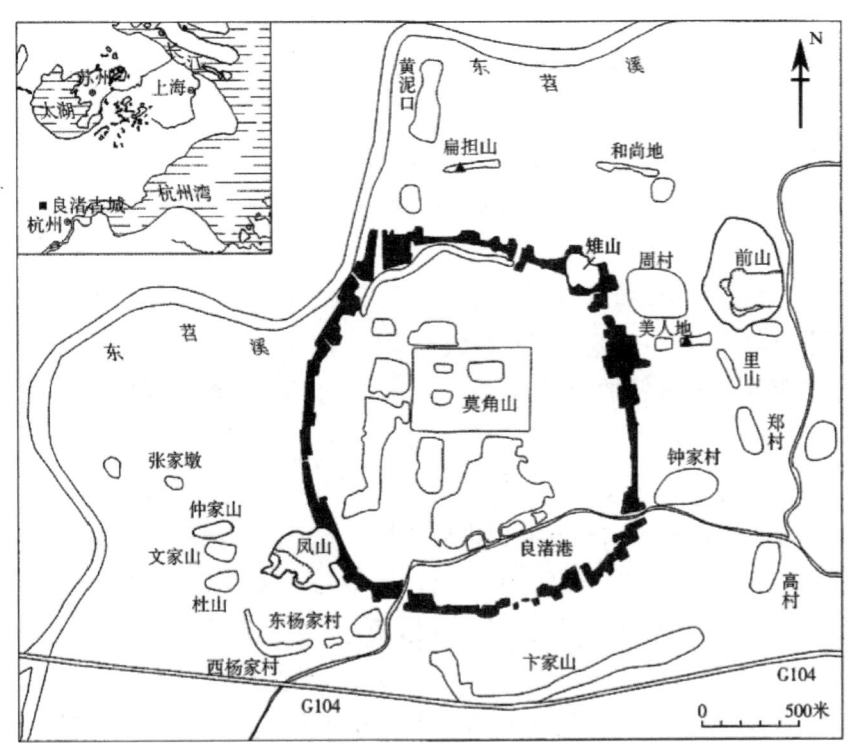

图 3-9　良渚古城及其"外郭"结构

资料来源：引自《杭州市良渚古城外郭的探查与美人地和扁担山的发掘》图三

　　良渚古城内的河道在良渚文化晚期时减少,主要原因可能是人口数量的增加使台地不断扩展加大,一些小台地逐渐连接为大台地。不单如此,在古城外围的北面、东面、南面和西南面也新建了大量台地,如扁担山—和尚地、里山—郑村—高村、卞家山及东杨家村—西杨家村、杜山—文家山等人工堆筑的平面呈长条形的高地,基本构成了三面不封闭式围绕古城的框形结构,合围面积约6.3平方千米,形成了所谓的"外郭"(图3-9)。在良渚古城外侧,特别是北面和西面的自然山丘上,还有诸如瑶山、汇观山等权贵大墓及与祭祀相关的重要遗迹分布,可容后文探讨。

二、木渎古城

苏州木渎古城①地处苏州西部低山地区,位于灵岩山、大焦山、天平山、天池山、五峰山、砚台山、穹窿山、香山、胥山、尧峰山、七子山等山地围成的山间盆地之内,太湖即居于其南侧(图 3-10)。目前针对已经确认的城址北侧五峰城墙、南侧新峰城墙及水门进行了解剖工作,另外发现了城内西南角的合丰小城,城址西侧城墙和东侧城墙大致确定在堰头村东和木东路一带,据初步测算木渎古城的面积近 25 平方千米,大致相当于良渚古城连带其"外郭"面积的 4 倍。

通过对木渎古城北城墙五峰段的解剖可知,该段城墙总长 1150 米,东、西两端很可能与狮子山和五峰山山体相接。城墙现存宽度 20～26 米,高于地面 0.5～3 米,横截面呈梯形,上窄下宽。在堆筑城墙之前,先会垫平低洼的地面,但并不挖基槽,墙体夯层较为紧密,夯层厚度不一,未见夯窝,虽分段堆筑,但总体较为无序。距城墙外侧 0～5 米处发现城壕,壕宽 10～30 米,深 1～2 米,填土为明显的河相堆积。城壕流入城内水门及与水门相通的内城壕和城内水道(图 3-11)。南城墙新峰段总长度约 560 米,地表墙体宽 15～45 米,在城墙西侧存一豁口,两侧城墙分别向南延伸出城外,延伸部分长约 360 米,两墙之间为一宽约 12.3～13.9 米的沟状遗存,沟内为很厚的河相堆积,形成"两墙夹一河"的基本布局,经钻探确认其南部城外原为大片自然水域,故知此为当时木渎古城的一座结构较为特殊的水门。

在古城内西南角的合丰村发现有一座小城,平面近圆角方形,南北长约 500 米,东西宽约 450 米,面积约 22 万平方米。该小城的北侧和东侧有多座长条形土台呈一线分布,构成其城墙,地表残存城墙长约 600 米、残宽 10～20 米,残高约 2 米,墙外侧有环壕。目前已在合丰小城内发现人工土台约 50 座。此外,木渎古城内北部及东南部也是人工土台比较密集的区

---

① 有关木渎古城的资料主要引自,中国社会科学院考古研究所、苏州市考古研究所苏州古城联合考古队:《江苏苏州市木渎春秋城址》,《考古》2011 年第 7 期,第 19～26 页;《苏州木渎古城 2011—2014 年考古报告》,《考古学报》2016 年第 2 期,第 263～292 页;唐锦琼:《苏州木渎古城水环境蠡测》,《三代考古》(五),北京:科学出版社,2013 年,第 268～273 页。

第三章　社会复杂化与国家化进程的考古学分析

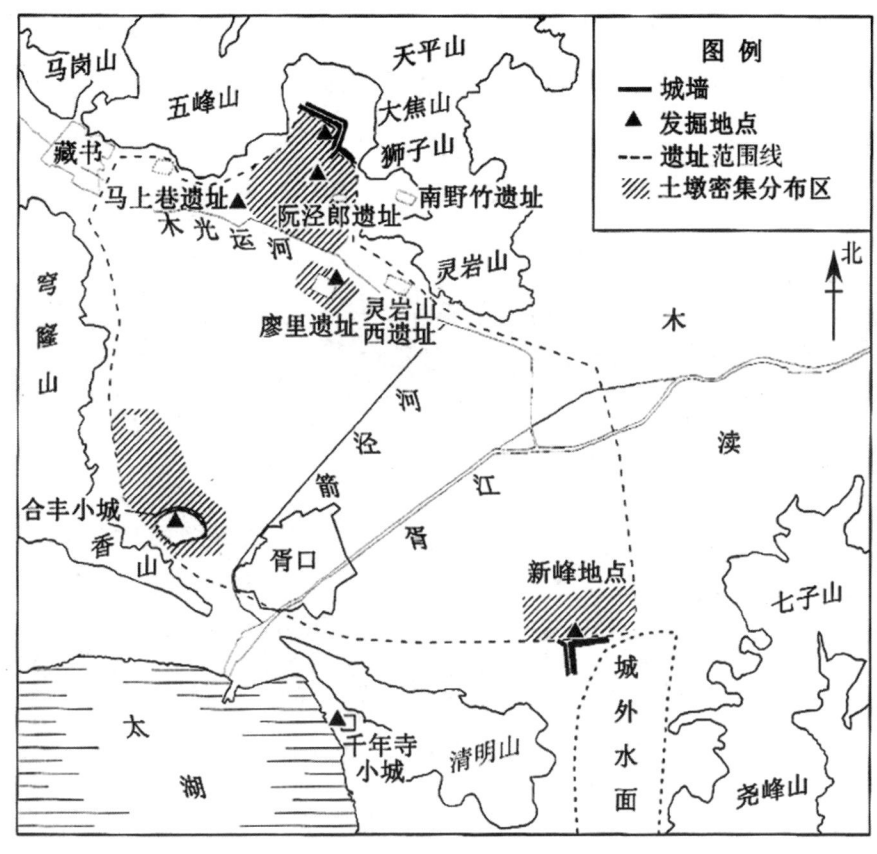

图 3-10　木渎古城遗存分布示意图

资料来源：引自《苏州木渎古城 2011—2014 年考古报告》图二

域，在调查中已记录了 235 处土台，另外发现了可能属于遗址时期的石器作坊、陶窑等遗迹。由于城内所见遗址点大多位于山前高地或人工高台之上，可以推测当时城内平地及低洼区域应存在水网和沼泽湿地。现今城内还保有一些河道，其中胥江发源于太湖，穿城而过。箭泾河同胥江大致平行，其人工整治痕迹明显，此前即有夫差"一箭辟河"的传说。

木渎古城南侧和东南侧山外均被太湖环绕，与太湖之间存有香山—胥山—七子山所构成的一系列山地连绵，成为天然屏障，只有各山之间的山口与太湖相通。故而对于城址的防御来说，仅需控制山口即可。通过调查发现，城址南侧与太湖相通的三个主要山口附近均有当时的军备据点遗迹，如胥口外侧发现有千年寺小城，该城址边长 170 米见方，面积约 2.9 万平方

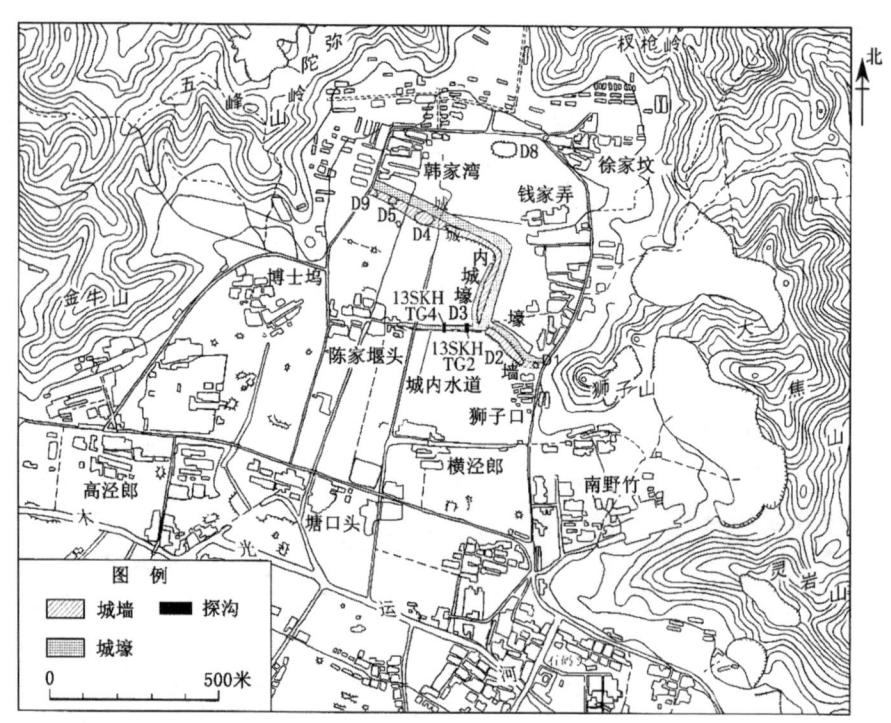

图 3-11　木渎古城五峰地点遗迹分布图

资料来源：引自《苏州木渎古城 2011—2014 年考古报告》图三

米，城外有宽约 9 米的城壕环绕，扼守脊口。新峰水门所在地是另一处山口，门外的水面应为当时太湖的一处沟汊。第三处山口位于七子山东侧，距木渎古城稍远，山口外发现吴城、越城两座小城夹越来溪而建，这里可能是当时的重要通道和古战场所在。正如唐锦琼先生所言，木渎古城依太湖而建，有充裕的水源和资源，同时也承受着敌人随时从太湖登陆而来的极大风险，而城址南侧三处山口的预防设施正是针对此种危险而设置的，它构成了城址面向太湖的防御体系①。

在此需要重申木渎古城最早并非是吴国所建之都城，而是越国所建都城，后为吴国占据并迁都于此，吴灭而城复归于越。依据主要有二：其一，吴文化在春秋中期以前尚未进入太湖东部地区，古城内所见西周及春秋前期

---

① 唐锦琼：《苏州木渎古城水环境蠡测》，《三代考古》(五)，北京：科学出版社，2013 年，第 268~273 页。

的遗存均属于于越文化,古城周边存在大量周代土墩石室墓均为越国高级别人群的墓葬遗存,另如大真山 D9M1 则可能是越国王陵级的墓葬。故而,即便是在吴越争霸进入白热化阶段的春秋晚期以前,木渎古城或许还尚未修筑完成,然而这里已经长期作为于越文化的中心性聚落和越国贵族的聚居中心则并无疑问。最近新发现的、年代约属西周晚期至春秋早期的合丰小城很可能正是木渎古城的先声。其二,依山建城是于越文化的一个重要传统,木渎古城的选址完全符合这一理念。而此前吴国都城虽历经迁徙,但建城选址无一不在平旷地带,这也显示出此都当为越国所建,后才为吴国所占。对此还有一些古代文献证据,张敏先生已有列举①,兹不赘述。目前对于木渎古城的考古工作与研究方才展开,相信未来还有更多证据可以佐证其为吴、越交替占有的认识。

三、小　结

在了解掌握了良渚古城与木渎古城的地理位置、结构布局和营建特点等基本情况以后,不难发现并总结出两者之间所具有的种种联系和差别。本书作者认为,两座城址中兴的时代虽相隔两千余载,却仍显示出一些不容忽视的内在联系。如果说两座城址城内外水系和水运的发达,是江南水乡特有的自然地理条件所决定的,属于先天不可选择的因素。那它们均选址在山间盆地,并依山而建则是文化主体的能动性选择。一方面,依山建城便于获得山地的林木、矿产和野生动植物资源,并得到山体这种自然屏障的多方庇护。另一方面,这种选择则需承受山洪等自然灾害侵扰的风险。可谓兼有利弊。两者均选择于这样的地形,规划建设属于自身文化最大型的中心性聚落,展现出良渚文化和于越文化所代表的土著群体在"山居水行"的习俗和特定的族体心理层面很可能是一脉相承的。此外,利用规划建设一些本供居住活动的高台地作为外郭(良渚古城)或内城(木渎古城)墙体,也是两者之间相似的地方。

不难理解,木渎古城的面积远超良渚古城及其"外郭",是东周时期吴越文明程度提高、人口总量激增所致。然而,两者更为重要的不同点是,它们显现出建城功能的侧重差别很大。本书作者认为这是由当时的文化格局所

---

① 张敏:《吴国都城初探》,《南方文物》2009 年第 2 期,第 55~61 页。

决定的。良渚古城位处良渚文化主要分布区的靠内一隅,在良渚文化的全盛时期,周边任何一支其他文化的力量均不足以与之匹敌。即便是在良渚文化晚期,环太湖地区良渚文化其他社群的力量有所崛起,但亦均不足以对古城社群构成直接威胁,而且目前也并无任何迹象显示出当时良渚文化内部诸社群之间的关系紧张到冲突频发的程度。故而,良渚古城的超大型城垣以及内外城河的工程建设,让人们不得不考虑这是否多余。

　　本书作者认为良渚古城城墙、城河的主要作用应当是防范天目山脉的夏洪水患,是与城址西北侧的水坝等水利系统相配合的。且在现有的年代学认识下,古城北侧的水坝等水利系统是先于古城城垣而建的,也说明了古城社群选择在此建立中心性聚落是经过缜密规划的,是对于周边环境的风险因素有充分考虑和应对措施的。另外,极有可能的是,巨大的莫角山土台和城垣似乎还带有彰显与宣扬实力的意味,由于良渚文化特殊的宗教意识形态是当时环太湖地区所有社群政治生活中的最重要内容,而神权社会的统治基础同样仰仗于秩序的建立,用神秘玉器、神秘纹饰控制社群思想,和用组织、调度巨型工程建设控制社群力量,彰显非凡的改造自然环境的能力,同样都是建立与维持以神权为核心的社会秩序的有效手段。

　　如是观之,古城内部中心莫角山土台及其上三座小土台和大型沙土广场的性质,与其推测为宫殿区,不如推测为与良渚文化信奉宗教相关的神殿区更为合理。这也成为江南或其局部地区的其他社群,在良渚文化阶段曾长期受到古城社群引领甚至间接控制的根源所在。故而,良渚古城应当是防范自然风险,与协调社会内部组织秩序,并彰显神权力量相结合的产物。反观春秋时期木渎古城所处的太湖东部地区,则是吴、越两支强势文化相互纠缠、交织的中心,故而该城的建设与规划极重军事防御。本书作者更加倾向于认为它是在吴越争霸战争中逐渐完善起来的一处中心性聚落或曰"都邑"。

第三节

墓葬显现的社会结构

在江南地区相关时段诸文化类型的考古发现中,属于良渚文化和周代吴、越文化的墓葬资料非常丰富,属于广富林类型和晚商期遗存的墓葬资料颇显零星,属于钱山漾类型和马桥文化的墓葬资料则几近阙如。这种客观情况,虽不利于我们使用墓葬资料对本区早期国家形态和社会结构的历时性演变做一通盘分析,但若提纲挈领,仍可发现一些重要线索。

一、良渚文化墓葬与墓地显示出的社会结构

良渚文化的墓葬多和居址毗邻,很多遗址为墓地与居址共存杂处。特别是在基层聚落中,经常见到墓葬安葬于同期房子附近的现象,但也有部分独立于居址之外的专门墓地。经常被学者注意并作为研究对象的良渚文化墓地资料主要有:浙江余杭瑶山、反山、汇观山、文家山、庙前、卞家山、横山、上口山、衣钵山,桐乡普安桥、新地里、姚家山,海盐龙潭港,海宁荷叶地,江苏江阴高城墩,无锡邱承墩,武进寺墩,吴县张陵山、草鞋山,昆山少卿山、赵陵山,上海青浦福泉山、闵行马桥和金山亭林等。① 这些墓地在形式上大致可分为高土台墓地和平地墓地两大类,在专门营建的高台墓地中所见墓葬

---

① 浙江省余杭县文管会:《浙江余杭横山良渚文化墓葬清理简报》,《东方文明之光——良渚文化发现60周年纪念文集》,海口:海南国际新闻出版中心,1996年,第69~77页;浙江省文物考古研究所:《浙江余杭上口山遗址发掘简报》,《文物》2002年第10期,第57~66页;浙江省文物考古研究所:《浙江余杭衣钵山遗址发掘简报》,《文物》2002年第10期,第67~75页;据介绍,该墓地出土有玉石琮形器5件,参王宁远、周伟民、朱宏中:《桐乡姚家山——嘉兴地区良渚文化最高等级墓地》,《浙江考古新纪元》,北京:科学出版社,2009年,第88~91页;浙江省文物考古研究所:《海宁荷叶地遗址》,《崧泽·良渚文化在嘉兴》,杭州:浙江摄影出版社,2005年,第67~69页;上海博物馆考古研究部:《上海金山区亭林遗址1988、1990年良渚文化墓葬的发掘》,《考古》2002年第10期,第49~63页。

之规格通常较高。一般多依据随葬品的丰厚程度将良渚文化墓葬分为大、中、小三个等级,其中大型墓以随葬玉器为主,特别是随葬的玉礼器种类和数量比较丰富(参见附表二)。小型墓则以随葬陶器为主,罕见玉器。介于两者之间的是中型墓,这类墓葬虽然也会随葬玉器,但少见或不见琮、璧、钺等高级别玉礼器,而主要是一般性的玉饰品。

  这里需对依据随葬玉器的种类、质量和数量,来推断墓主生前身份地位的可信程度略作说明。目前学者公认随葬一些特定种类的良渚文化玉器,可以指示出墓主性别,如玉璜、玉纺轮等通常指示女性墓,玉钺、玉三叉形器、成组锥形器[①]等通常指示男性墓。玉冠状器是男、女性墓葬均见的一类随葬品,若出土则每墓仅一件,显示出很可能是墓主生前的用器,死后为其随葬。秦岭女士推测属于男性权贵头饰的三叉形器,也是墓主生前仪式或日常佩戴的器物,而非为葬礼而制作的专用随葬品。玉钺是男性权贵墓葬的最高配置,通常每墓一件[②],虽非实用器,但作为权力的象征,很可能是墓主生前即拥有的。玉琮的情况比较复杂。秦岭女士认为反山 M20:124 玉琮不如同墓出土其他玉琮精致,应是为入葬专门赶制的产品[③]。玉琮作为良渚文化诸社群所信奉宗教神祇的重要载体,绝大多数都是良渚文化玉器中的精品,社群中可用玉琮随葬者,其生前应具备相当的地位并拥有一定程度的神权。我认为大多数玉琮应为墓主生前所用的法器。对于玉琮是否可以继承,以及具体的继承方式如何,尚缺乏充分资料加以讨论。至于单纯作

---

  ① 在上海青浦福泉山吴家场良渚文化大墓 M207、浙江海盐龙潭港良渚文化高等级墓 M9 和 M26 中,还见有用成组的野猪獠牙作为冠饰,似与成组玉锥形器的含义相近,详见上海博物馆:《上海福泉山遗址吴家场墓地 2010 年发掘简报》,《考古》2015 年第 10 期,第 46~65 页;浙江省文物考古研究所、海盐县博物馆:《浙江海盐县龙潭港良渚文化墓地》,《考古》2001 年第 10 期,第 26~45 页。值得注意的是,现今台湾"原住民"中仍有用成组野猪獠牙装饰头冠的做法,可见陈雨岚:《台湾的"原住民"》,台北:远足文化事业有限公司,1993 年,第 132~141 页。

  ② 目前仅见上海青浦福泉山吴家场良渚文化大墓 M207 随葬有超过 1 件玉钺。据简报判断玉钺有 6 件之多,参上海博物馆:《上海福泉山遗址吴家场墓地 2010 年发掘简报》,《考古》2015 年第 10 期,第 46~65 页。方向明先生认为其中有 2 件为玉钺,参方向明:《土筑金字塔:良渚反山王陵》,杭州:浙江大学出版社,2019 年,第 220 页。

  ③ 秦岭:《权力与信仰——解读良渚玉器与社会》,《权力与信仰:良渚遗址群考古特展》,北京:文物出版社,2015 年,第 13~49 页。

为葬器而生产的玉琮,例证很少,似乎也并不影响对墓葬等级的判断。与玉琮不同,大量玉璧及毫无使用痕迹的石钺,可能是为葬礼而成批制作的产品。故而这些随葬品除能直接反映出良渚文化诸社群的丧葬礼俗和权贵家族的财富与实力外,也应当可以在较大程度上指示出墓主人生前的身份地位。

在对墓葬等级进行划分的基础上,可进一步将良渚文化的墓地分作三类:甲类墓地内仅见大型墓,以瑶山、反山、汇观山、寺墩等墓地为代表;乙类墓地内大型墓与中小型墓共存,以新地里、龙潭港、高城墩、张陵山、草鞋山、赵陵山、福泉山、亭林等墓地为代表;丙类墓地内仅见中小型墓,以庙前、文家山、卞家山、马桥等墓地为代表。

学者通过对良渚文化墓地尤其是大型墓的研究,已经对良渚文化的社会结构问题发表了很多重要意见,其中尤以陆建方先生的《良渚文化墓葬研究》[①]、林留根先生的《试论良渚文化的内部分层与社会结构》[②]、张弛先生的《良渚文化大墓试析》[③]和张忠培先生的《良渚文化墓地与其表述的文明社会》[④]最具代表。在初步梳理相关墓葬和墓地资料,并吸纳前人研究成果的基础上,本书作者对于良渚文化墓地结构与墓葬等级所展现出的社会结构及相关问题,还有如下需明确或补充的意见。

第一,张忠培先生指出良渚文化墓地的性质为家族墓地,这一认识无疑是正确的,这也是我们利用墓地资料探究良渚文化社会结构问题的基础。瑶山墓地内诸墓的位置经过事先规划(图3-12),一般认为位于北列的是女性墓,位于南列的是男性墓。我认为在瑶山这处仅见大型墓的甲类墓地中,其内安葬的很可能是同一家族内三或四代掌权者及其家庭成员。反山(图3-13)、汇观山和寺墩墓地中的墓葬排列虽不如瑶山规则,但墓主之间的关

---

① 陆建方:《良渚文化墓葬研究》,《东方文明之光——良渚文化发现60周年纪念文集》,海口:海南国际新闻出版中心,1996年,第176~217页。

② 林留根:《试论良渚文化的内部分层与社会结构》,《东方文明之光——良渚文化发现60周年纪念文集》,海口:海南国际新闻出版中心,1996年,第258~270页。

③ 张弛:《良渚文化大墓试析》,《考古学研究》(三),北京:科学出版社,1997年,第57~67页。

④ 张忠培:《良渚文化墓地与其表述的文明社会》,《考古学报》2012年第4期,第401~422页。

系也应当大致与瑶山墓地相仿。这些甲类墓地的存在,说明部分家族在分配和掌控社群资源的权力上具有一定的延续性(是否几代连续,则难以知晓),即家族中存有血亲关系的成员可以在不同时期担任整个社群的首脑。而在更多的良渚文化乙类墓地中,大型墓与中小型墓共存,说明大部分家族中的掌权者和普通族众在居地附近聚族而葬,即便有担任社群首脑的家族成员出现,也并未单独另辟墓地。这有可能是因为类似家族在社群中的地位并非十分稳固,即掌控和分配资源的权力在社群内的不同家族之间经常转换,如太湖东部地区的福泉山和亭林、少卿山和赵陵山;太湖东南部地区的新地里和普安桥;太湖北部地区的高城墩和邱承墩等墓地。即便在良渚文化诸社群中社会复杂化程度最高、阶层分化最明确的古城社群内,权力依然并不固定在某一家族内部,可反映在瑶山、反山和汇观山三处甲类墓地在局部时段曾经共存。需要说明的是,各区域内存在某一时段权力顶端在不同家族之间转换的现象,并不能简单理解为如同历史时期的"改朝换代"一样。实际上,资源、技术与财富的继承,在实力显赫的权贵家族中长期存在,家族中的精英成员此后应当依然具备担任社群首脑的资格。

第二,同一墓地中不同时期墓葬级别构成的变化,显示出家族内部的成员在社群中的地位存在较大的改变空间。对于这一点,张忠培先生通过对福泉山三期墓地级别构成的精辟分析,已有可信的论证。可以肯定的是,良渚文化的社会结构是典型的金字塔式结构,塔基是大量的以丙类墓地中的小型墓为代表的最底层平民,但部分弱势家族的成员也可以自下而上流动,并促使自己的家族转变为社群中的强势家族。在良渚文化早期的福泉山墓地,级别最高的墓主充其量只是随葬石钺和少量玉饰品的战士一级。而到良渚文化晚期,该墓地成员中则出现了不只一位随葬玉琮、玉璧、玉钺等高级别玉礼器的社群掌权者。故而,可知良渚文化的社会结构存在较强的纵向流动性,不单是作为社群最小个体的人可以由下层向上层流动,不同家族在社群内部的地位同样存在强弱转换。这同样指示出良渚文化诸社群内的掌权者,并非只能产生自社群中某一固定的家族内部。不过,除了在这种乙类墓地显示出的地位流动和改变现象以外,大量丙类墓地即基层聚落墓葬中显示出因家庭内部有序继承而呈现出的延续性,也不容易忽视。王宁远先生发现海盐仙坛庙 M67 和 M104 可能为同一家庭单元的婴幼儿墓,M67 墓坑形制简易,仅有 1 件随葬陶器,而 M104 墓主为 6 岁儿童,却拥有棺椁和钺、镞、靴形器等生产工具和其他玉、石、陶、牙骨器随葬品共 15 件,已超

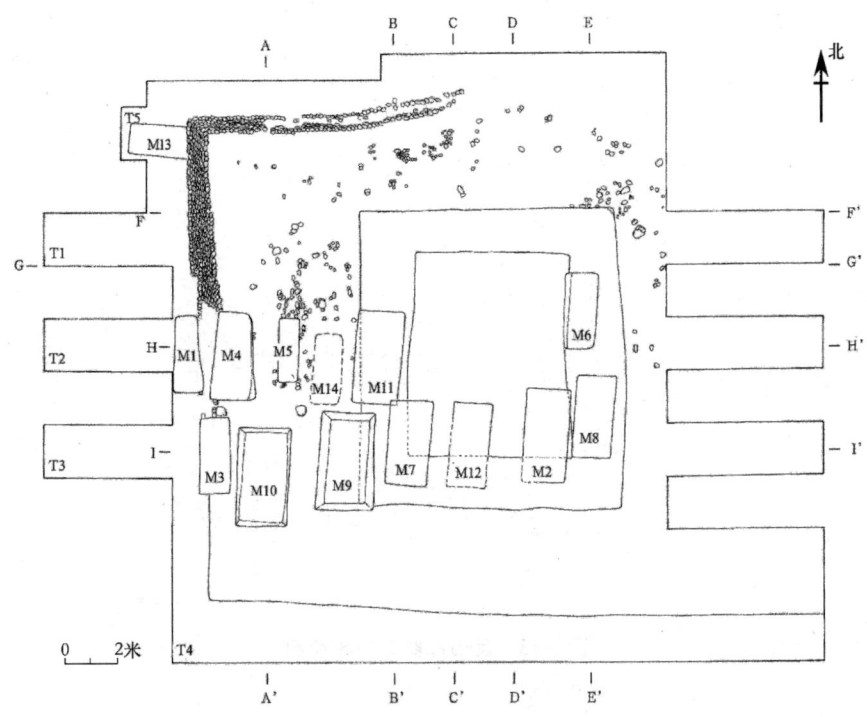

图 3-12 瑶山祭坛与墓葬分布平面图

资料来源:引自《瑶山》图四

过一般的成人墓,据此他认为此时已产生了嫡长子(女)优先的继承制度①。

　　第三,通过对高规格墓葬及墓地分布的历时性比较,可以发现环太湖地区良渚文化诸社群之间的实力虽然并不均衡,但各社群内部权力的延续性却不容忽视。在良渚文化早期,太湖南部的余杭瑶山 M9、太湖东部的昆山赵陵山 M77 和吴县张陵山西山 M4,虽在随葬玉器的种类、数量和质量上有所差异,却不能判定级别存在隶属关系,均是在已见同期良渚文化墓葬中等级最高的。此后,太湖南部的古城社群似乎异军突起,在良渚遗址群内交错并存瑶山、反山和汇观山三处良渚文化同期最高级别墓地,且均为仅见大型墓的甲类墓地,显示出至迟从良渚文化中期开始,古城社群的社会复杂化程度最高。但与此同时,太湖东部地区仍见有吴县张陵山东山 M1、昆山少卿

---

① 王宁远:《遥远的村居:良渚文化的聚落和居住形态》,杭州:浙江摄影出版社,2007 年,第 57、58 页。

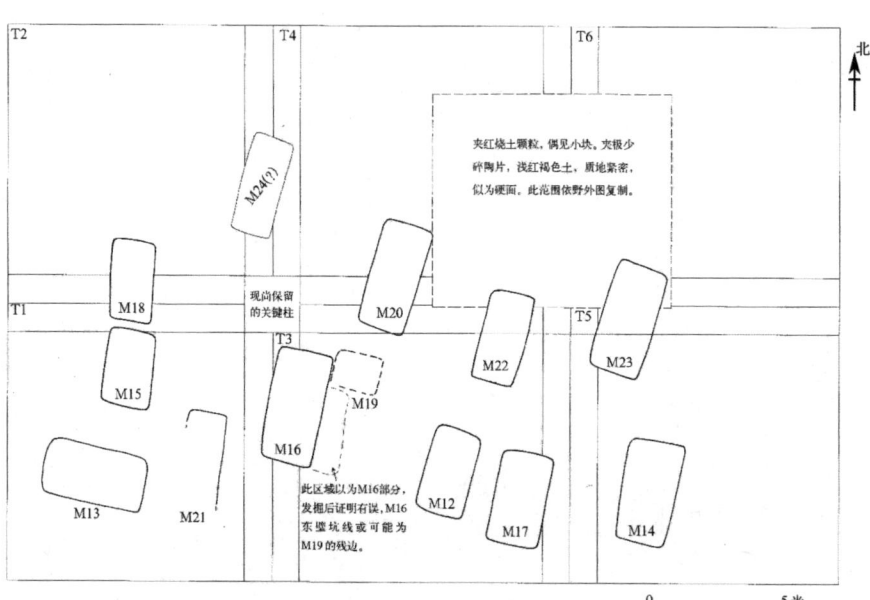

图 3-13　反山墓葬分布平面图
资料来源:引自《反山》图四

山 M1 等大墓,太湖北部区见有江阴高城墩 M3、M5、M8、M11、M13 等大墓(图 3-14),太湖东南部地区则见有桐乡普安桥 M11 和新地里 M137 等大墓。虽然,上述大墓所在墓地的级别不及在古城社群中所见者,但亦足以显示出其各自所处的区域性中心位置。在良渚文化晚期,级别最高的墓葬出现在太湖北部地区的武进寺墩墓地,其中寺墩 M3 一墓出土玉琮 33 件(图 3-15:1),最引人瞩目。此外,无锡邱承墩的部分大墓级别亦颇高(图 3-15:2、3)。同期太湖东部地区的吴县草鞋山和青浦福泉山、金山亭林等墓地中也均见有本期大墓,太湖南部地区的良渚遗址群内同样还有良渚文化晚期大墓存在。这种现象显示出在环太湖地区内几个良渚文化社群权力的区域性中心均具有较强的延续性,而区域之间的实力差别及其历时性转变则是各个社群实力发展变化的体现,这或许同对资源的掌控,抑或神权中心的转移有关。

综上可知,墓葬和墓地资料显示出的良渚文化社会结构和政治形态,较之宏观聚落资料所展现出的更为全面和细化,即在良渚文化内部应当存在着几支相对独立的社群,社群内部的权力掌控并不固化于某一特定家族,权

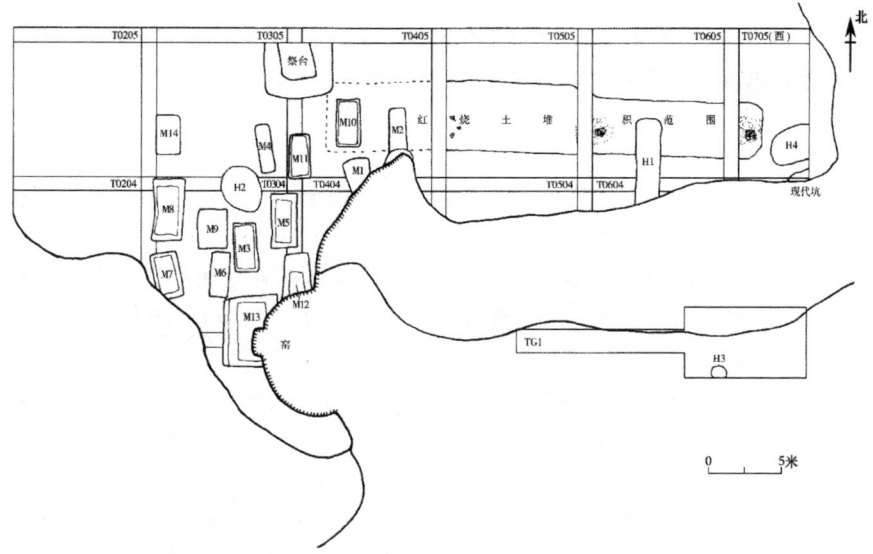

图 3-14　高城墩遗址平面图

资料来源：引自《高城墩》图六

力依血缘关系存在继承，但个人或家族在社群中的地位也具有较大的改变空间。此外，因由玉琮等特殊礼器显示出相同的宗教信仰，很可能是良渚文化诸社群之间相互联结的纽带，对此后文会有详述。

二、吴、越文化墓葬与墓地显示出的社会结构

晚商时期环太湖地区已出现一些土墩墓，前文将之归入南山类遗存，并指出其与武夷山脉两侧闽浙赣邻境地区的早期土墩墓关系密切，这种新兴的墓葬形式应当是由该地传入的。土墩墓在本区的发展和变化，构成了吴、越文化墓葬和墓地的重要特色。可供分析的相关墓地资料主要有：属于于

越文化的浙江德清独仓山[1]，湖州杨家埠[2]和堂子山[3]，长兴便山[4]和石狮[5]，安吉龙山[6]和笔架山[7]，杭州半山[8]，萧山柴岭山[9]，江苏武进腰沿山[10]，宜兴洑东[11]，无锡鸿山[12]，苏州上方山[13]和大真山[14]，以及常熟虞山[15]等

---

[1] 浙江省文物考古研究所、德清县博物馆：《独仓山与南王山——土墩墓发掘报告》，北京：科学出版社，2007年。

[2] 浙江省文物考古研究所、湖州市博物馆：《浙江省湖州市杨家埠古墓发掘报告》，《浙江省文物考古研究所学刊》第七辑，杭州：杭州出版社，2005年，第142～310页。

[3] 湖州市文物保护管理所：《浙江湖州堂子山土墩墓发掘报告》，《东方博物》第十一辑，杭州：浙江大学出版社，2004年，第17～23页。

[4] 浙江省文物考古研究所：《浙江长兴县便山土墩墓发掘报告》，《浙江省文物考古研究所学刊(1980—1990)》，北京：科学出版社，1993年，第128～169页。

[5] 浙江省文物考古研究所：《浙江长兴县石狮土墩墓发掘简报》，《浙江省文物考古研究所学刊(1980—1990)》，北京：科学出版社，1993年，第170～184页。

[6] 浙江省文物考古研究所：《浙江越墓》，北京：科学出版社，2009年，第104～168页。

[7] 浙江省文物考古研究所、安吉县博物馆：《浙江安吉笔架山春秋战国墓葬发掘简报》，《东南文化》2009年第1期，第48～56页。

[8] 杜正贤：《杭州石塘战国一号墓发掘简报》，《杭州考古》1994年第1、2合期，第21～23页；梁宝华：《杭州半山鸟儿山古墓葬群清理简报》，《杭州考古》总第12期，1997年12月，第8、9页。

[9] 杭州市文物考古研究所、萧山博物馆：《萧山柴岭山土墩墓》，北京：文物出版社，2013年。

[10] 常州市博物馆：《江苏省武进县潘家乡腰沿山土墩石室墓》，《东南文化》1989年第4、5合期，第60～69页。

[11] 刘建国：《江苏宜兴石室墓试掘简报》，《考古与文物》1983年第4期，第9～13页。

[12] 南京博物院、江苏省考古研究所、无锡市锡山区文物管理委员会：《鸿山越墓发掘报告》，北京：文物出版社，2007年。

[13] 苏州博物馆考古部：《江苏苏州上方山六号墩的发掘》，《考古》1987年第6期，第525～532页。

[14] 钱公麟、朱伟峰、陈瑞近编著：《真山东周墓地：吴楚贵族墓地的发掘与研究》，北京：文物出版社，1999年。

[15] 苏州博物馆、常熟博物馆：《江苏常熟市虞山西岭石室土墩的发掘》，《考古》2001年第9期，第22～34页。

墓地;已发现吴文化的墓葬主要分布于宁镇地区(详后),环太湖地区出现较为明确的吴墓始自两周之际,至春秋晚期在太湖东部已发现有苏州新塘墓地①和虎丘②、何山③等吴国大中型竖穴土坑墓。

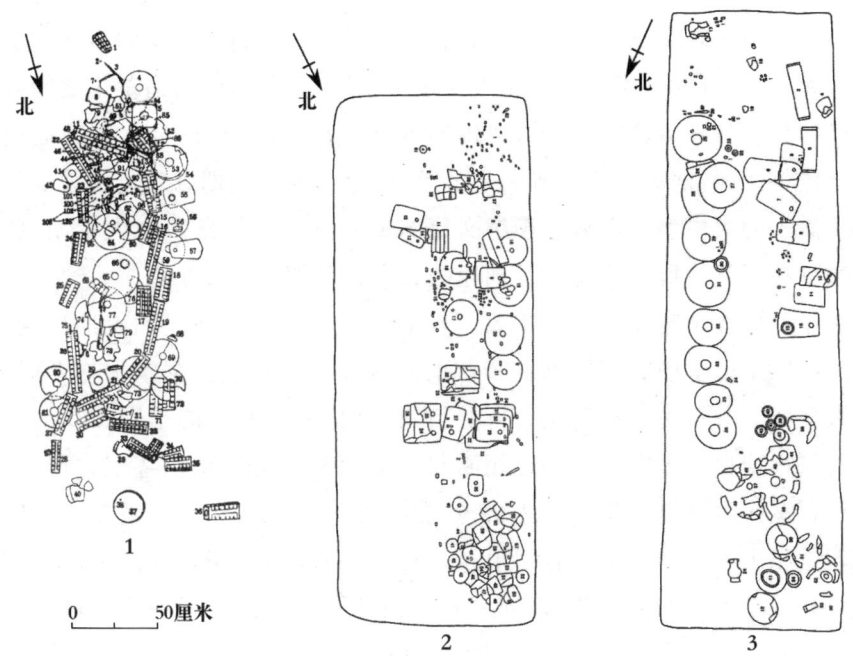

1.寺墩 M3　2.邱承墩 M3　3.邱承墩 M5

图 3-15　良渚文化晚期大墓举例

(一)于越墓地与墓葬

于越文化墓葬可主要分为土墩墓、土墩石室墓和竖穴土(岩)坑墓三种类型,其中土墩墓是发现数量最多的一种墓葬形式,其埋葬理念为"地上建

---

① 苏州博物馆:《苏州市长桥新塘战国墓地的发掘》,《考古》1994 年第 6 期,第 532～537 页。

② 苏州博物馆考古组:《苏州虎丘东周墓》,《文物》1981 年第 11 期,第 51～54 页。

③ 吴县文物管理委员会:《江苏吴县何山东周墓》,《文物》1984 年第 5 期,第 16～20 页。

墓、封土掩埋"。于越文化的土墩墓可据墓葬规模、形制及随葬品丰厚程度之差别,分为大、中、小三个等级。小型墓多为平地或挖浅坑埋葬,再封土起墩,晚期墓可利用早期已有之土墩,在其旁或其上建墓,逐渐形成"一墩多墓",故而于越文化的"一墩多墓"土墩内的墓葬布局大多是不规则形式的,这与宁镇地区吴文化流行的一类墩内墓葬呈"向心结构"形式的多墓土墩差别较大,后者可能是家庭中几代人共用之墓墩,而前者墩内诸墓主之间则很难确定具有特殊关联①。于越文化的大、中型土墩墓则以单体墓葬运用石材营建石床、石框等石构基础为最显著之特色,西周晚期以后也出现少量带熟土深坑的大中型土墩墓。于越文化的竖穴土(岩)坑墓多为大中型墓葬,其数量在于越族群华夏化进程加速的春秋中晚期方才逐步增多。

作为周代于越文化一项重要特征的土墩石室墓是在西周晚期出现的,是对本区土墩墓中石结构墓葬传统的一种发展与创造。据本书作者研究,绝大多数土墩石室的性质应为墓葬,但也不排除一些可能是同丧葬活动相关的祭祀遗存。土墩石室墓运用石材构筑起封闭的石结构墓室,再封土呈墩。石室作为这类墓葬的主体结构,规模大小不一,短者长度约二、三米,长者超过三十米。因石室具有门道可沟通内外,故而一座石室内可以存在年代具有一定差别的多座墓葬,同一石室内的墓主之间或存一定关联。因营建石室所需之人力、物力要高于营建一般的土墩墓,故而可推断使用类似墓葬形制的墓主应当是在社群中具有一定地位的人。土墩石室墓是西周晚期至春秋晚期江南地区于越精英最为流行使用的一类墓葬形制,并很可能是于越族正式形成的一项重要标志②。

于越文化的墓地大致可分为单纯的土墩墓地、单纯的土墩石室墓地、土墩墓与土墩石室墓杂处之墓地和单纯的竖穴土坑墓墓地四类。本书作者认为这四类墓地之间墓葬形制的差别,主要反映的是墓主生前身份地位之差别,此外年代的差异也是一个重要的影响因素。通过对江南地区与于越族群密切相关的墓葬及墓地资料进行梳理分析,可对当时的社会结构做出一些初步的认识与推断。

---

① 付琳:《试析江南周代土墩墓中"一墩多墓"的结构与形式》,《南方文物》2015年第3期,第115~121页。
② 付琳:《也谈土墩石室遗存的性质与归属问题》,《2015萧山·越文化学术研讨会论文集》,杭州:浙江人民出版社,2015年,第121~134页。

首先要确定的是在同一墓地内的诸墓主之间生前具有怎样的关系。浙江德清独仓山是一处资料发表较为完整的墓地,考古工作者在独仓山山顶及其北侧山脊和东南侧山脊发掘土墩石室 6 座、土墩 4 座(图 3-16),其中有 4 座土墩石室内存在"一墩多墓"之现象,其余均为"一墩一墓"。在独仓山"一墩多墓"的石室内可辨识出两到三组年代具有一定差距的随葬品,但由于人骨资料缺失不存,故而亦不能排除同一时段的随葬品是属于年代接近的多个墓主的情况。本书作者认为石室的形制结构显现出其性质更贴近于合葬墓,那年代接近或年代虽有差距但相隔不远的、葬于同一石室内的多位墓主之间很可能存在较为直接的血缘关系。从随葬品的数量分析,同一石室内安葬的墓主人数不会很多,充其量是家庭中两三代人的合葬场所,绝非大家族之合葬墓。而不同的土墩石室之间,虽相邻排列,但室门的方向尚存在完全相反者,似表明不同石室的墓主之间应不具备十分密切的血缘关系,这些石室可能分属于同一社群内具有一定实力的不同家庭。

位于独仓山东南山脊、海拔较低处的 4 座土墩墓,均为墓底带有石床、石框结构的中型土墩墓,年代均为西周时期,整体略早于其北侧海拔较高之土墩石室墓。综合各种情况来看,埋葬在独仓山墓地的诸位墓主在社群中的身份地位大致相当,这些人在西周时期主要使用墓底带石结构的土墩墓,从西周晚期开始流行使用土墩石室作为墓葬。这处墓地很可能并非是纯粹的家族墓地,墓地中以土墩为单位,同一土墩的同一石室可能是家庭合葬墓,不同土墩的墓主则很难说是来自同一个家族,不能排除仅具地缘关系的可能性。

若从较为宏观的层面来看,本书作者认为周代江南地区属于于越及其先民的墓葬,存在着一个逐步整合与内聚的趋势。在西周早中期,苏南地区、浙北地区、宁绍地区和更南的金衢盆地,均存在与于越族群有密切关联的墓葬相对独立的集群分布,从墓葬级别上各小区之间看不出明确的强弱差距。自西周晚期开始,在环太湖地区连同杭州湾以南的宁绍地区及更南的金衢盆地内,于越文化逐步整合,墓葬形制及其变化节奏开始渐趋一致。以环太湖及杭州湾地区西周晚期至春秋早期的墓葬为例,区内高级别人群开始流行使用土墩石室墓作为自身的墓葬形制。本期内最高规格的石室出现在太湖东北部地区的苏州上方山墓地和常熟虞山西岭墓地,在江阴缫墩

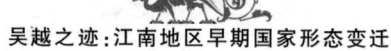

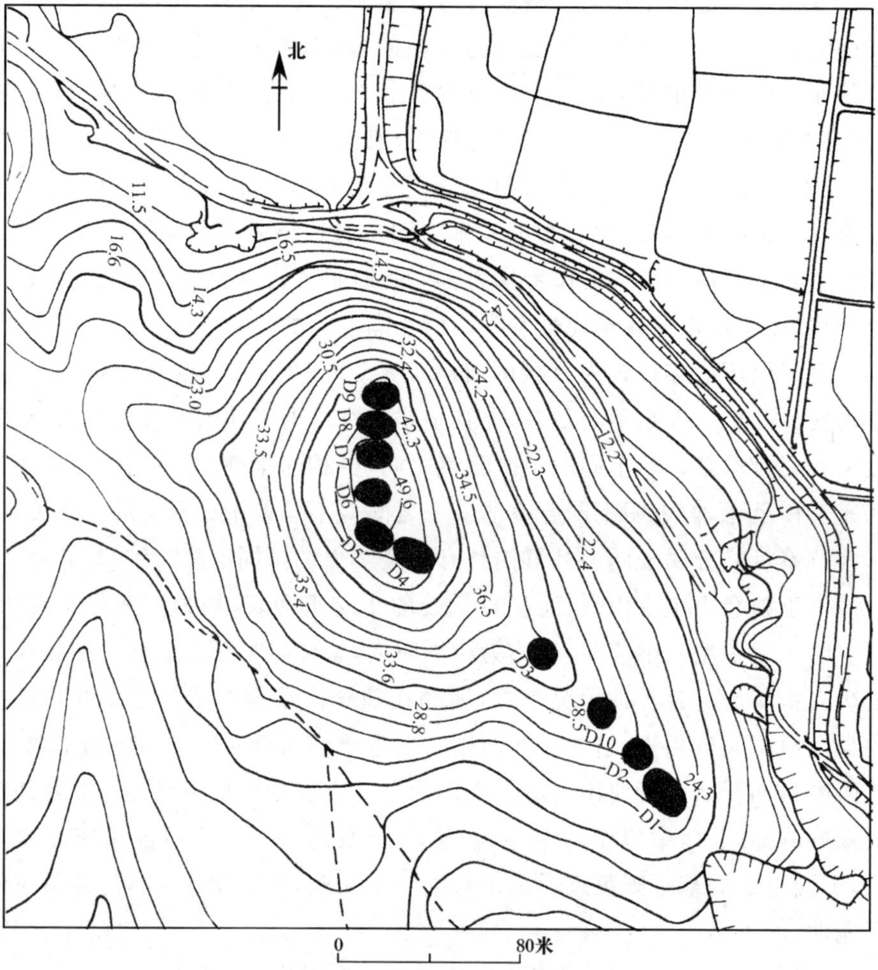

图 3-16　德清独仓山土墩分布图

资料来源:引自《独仓山与南王山》图二

也见有一座长达三十米的大型石室①。这类大型石室通常独占某一山巅,而太湖西南地区的长兴便山墓地和钱塘江以南的萧山柴岭山墓地则稍逊一筹,墓地中的土墩石室墓集群分布在山顶和几条山脊上(图 3-17)。

在春秋中晚期,越国的华夏化进程加速,最高级别的墓葬开始使用竖穴

---

① 早期被盗,室内空无一物,参见陈晶、陈丽华:《江苏省江阴县大松墩土墩墓》,《文物》1983 年第 11 期,第 92~93 页。

第三章　社会复杂化与国家化进程的考古学分析

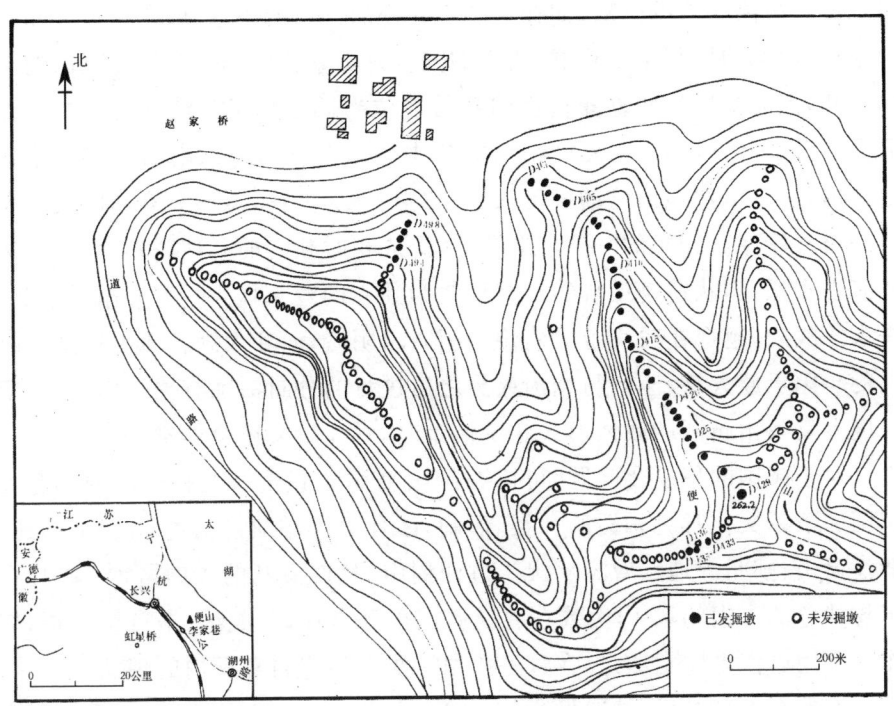

图 3-17　长兴便山土墩分布图

资料来源：引自《浙江长兴县便山土墩墓发掘报告》图一

土坑墓形制，而环太湖地区于越社群的权力中心，也进一步明确出现在苏州一带，苏州大真山 D9M1 有可能是现已发现的、年代略早于浙江绍兴印山越王陵①的一处王陵级别的于越墓葬。以往，发掘者认为大真山 D9M1 是吴王寿梦之墓②，张敏先生则指出其为越国低等级贵族墓③。就该墓规模而言，在这一阶段仅逊于印山大墓，且墓内残存的玉戈残件和玉钩形器，目前均仅见于印山大墓，故而我们认为大真山 D9M1 作为越国王陵级别的墓葬可能性更高。

值得注意的是，时至灭吴以后的战国前期，环太湖地区的越国贵族墓葬

---

① 浙江省文物考古研究所、绍兴县文物保护管理局：《印山越王陵》，北京：文物出版社，2002 年。

② 钱公麟、朱伟峰、陈瑞近编著：《真山东周墓地：吴楚贵族墓地的发掘与研究》，北京：文物出版社，1999 年，第 64～68 页。

③ 张敏：《吴越贵族墓葬的甄别研究》，《文物》2010 年第 1 期，第 61～72 页。

出现过一次离心式的分散,如在太湖东北部的无锡鸿山墓群、东部的苏州真山墓群、南部的杭州半山墓群、西南的安吉龙山墓群中均见有等级很高的越国墓葬,但需指出这些墓葬墓主的身份地位当低于越王。最近的考古工作显示,在这一阶段越王陵区很可能集中分布在杭州湾以南的绍兴平水盆地之内,在平水盆地内已勘探确认六座"中"字形大墓,每座大墓周围又分布有一至五座相对较小的"甲"字形墓葬,形成相对独立的墓地,每一墓地周边还有古水系、沟状遗迹或自然沟壑环绕为独立的陵墓区[①]。本书作者推测,夫椒之战后,越都在较长阶段内位于绍兴山阴城,而环太湖各地出现这一时期的越国贵族大墓,应当与越国灭吴之后进行的分封活动有关,可以在一定程度上反映出越国的政体形式和统治策略,对此后文还会详论。

对于越国的华夏化问题,可以在越国墓葬随葬乐器上有所体现。有关越国和于越文化常见乐器的种类、形制,已有学者详细讨论过[②],兹不赘述。浙江萧山、鄞州等地均曾零星出土过西周中、晚期形制的青铜甬钟[③]。具有于越特色的青铜句鑃[④],大致在春秋后期也已出现,多成编,据自铭分析,应作宴享用。值得注意的是,在这一阶段未见乐器出自墓葬内的现象。

大致在灭吴前后,情况发生了转变。江浙地区多座战国前期的越国贵族墓葬中均出土了大量精美的仿铜陶、瓷质乐器,并常单独置于墓内的壁龛或墓圹外的陪葬器物坑中。张敏先生和陈元甫先生均认为随葬仿铜陶、瓷质乐器是越国贵族墓葬的一项重要特征[⑤]。笔者通过梳理浙江长兴鼻子山M1、杭州半山石塘 M1、海盐黄家山墓、余杭崇贤 M1 以及江苏无锡鸿山邱

[①] 黄昊德:《浙江绍兴越国王陵及贵族墓葬调查与勘探成果丰硕》,《中国文物报》2015 年 12 月 18 日第 8 版。

[②] 费玲伢:《越国乐器研究》,《南方文物》2009 年第 2 期,第 71~79 页;俞珊瑛:《越文化青铜乐器初探》,《东南文化》2012 年第 1 期,第 83~90 页。

[③] 张翔:《浙江萧山杜家村出土西周甬钟》,《文物》1985 年第 4 期,第 90~91 页;杨琮、陈浩主编:《越魂闽魄》,福州:福建教育出版社,2008 年,第 19 页。

[④] 朱国伟:《句鑃国属新考》,《南方文物》2012 年第 2 期,第 77~80、208 页。

[⑤] 张敏:《吴越贵族墓葬的甄别研究》,《文物》2010 年第 1 期,第 61~72 页;陈元甫:《越国贵族墓葬制葬俗初步研究》,《东南文化》2010 年第 1 期,第 49~55 页;《越国贵族墓随葬陶瓷礼乐器葬俗探论》,《文物》2011 年第 4 期,第 33~40 页。

承墩、万家坟、老虎墩三墓出土的仿铜陶、瓷质乐器①,发现在于越贵族墓葬常见的仿铜乐器组合中,除存在华夏系统的编甬钟、编镈、编磬外,另见有越地特色的编句鑃、錞于、钲、振铎等。而且,各墓随葬的仿铜乐器在数量和质量上均存在着一定的差别,当与墓主身份等级相关,似形成了一定的"乐制"(表3-1)。

表3-1 战国前期于越贵族墓葬随葬仿铜乐器的等级推测

墓号	墓室底面积（m²）	墓道数量	随葬器物	随葬乐器	等级推测
无锡邱承墩	186.76	1	被盗,残余1098件	原始瓷乐器 105件	一
无锡老虎墩	56.76	0	被破坏,残余367件	原始瓷、硬陶乐器 91件	二
无锡万家坟	84.57	0	519件	硬陶乐器 88件	二
杭州石塘M1	80.46	1	80余件	原始瓷乐器 30余件	三
长兴鼻子山M1	56.17	1	109件	原始瓷、硬陶乐器 35件	三
海盐黄家山墓	不明	不明	被破坏,残余77件	原始瓷、泥质陶乐器 37件	三
余杭崇贤M1	不明	不明	被破坏,残余19件	原始瓷乐器 4件	四？

在战国时期以前的于越大墓中,虽然出现了仿铜原始瓷礼器,如原始瓷

---

① 浙江省文物考古研究所、长兴县博物馆:《浙江长兴鼻子山越国贵族墓》,《文物》2007年第1期,第4～21页;马时雍主编:《杭州的考古》,杭州:杭州出版社,2004年,第82～90页;浙江省文物考古研究所、海盐县博物馆:《浙江海盐出土原始瓷乐器》,《文物》1985年第8期,第66～72页;余杭县文物管理委员会:《浙江省余杭崇贤战国墓》,《东南文化》1989年第6期,第121～125页;南京博物院、江苏省考古研究所、无锡市锡山区文物管理委员会:《鸿山越墓发掘报告》,北京:文物出版社,2007年。

鼎、簋、尊、卣、筒腹罐等，但从未见有用仿铜乐器随葬的现象。从德清火烧山和亭子桥两处窑址烧造产品的嬗变，也可辅证仿铜陶、瓷质乐器在于越贵族墓葬中出现的时间当始自战国。火烧山是一处西周晚期至春秋晚期的原始瓷窑址群，烧造产品中不乏仿铜鼎、簋等礼器，但不见乐器。而战国早期的亭子桥窑址，除烧造仿铜原始瓷礼器外，仿铜原始瓷甬钟、句鑃、錞于、鼓座、缶等乐器也成为该窑烧制的重要产品。可见，越国在灭吴以后，一部分贵族墓葬的随葬品组合发生了重要变化，带有等级差别的仿铜乐器的加入，有可能是受到了吴国的直接影响，但反映的实际是于越贵族对于周礼秩序的学习。

这种极具特色的随葬仿铜陶瓷乐器的习俗，在越国灭国后仍有一定延续。如浙南沿海的温岭塘山 M1 是一座西汉初期东瓯建国后的贵族大墓①，在墓外的陪葬器物坑中出土仿铜陶质的镈、磬、錞于等乐器，连同墓葬形制等葬俗特点，均与战国早中期的于越贵族墓惊人相似，当可证明有一支于越贵族在亡国后来到此处，并成为后来东瓯国的统治阶层。不过该墓所出的仿铜乐器，无论种类、数量还是质量，均远不能同战国早中期于越贵族墓所出者相较。可见极具于越特色的仿铜陶、瓷乐器组合，已随着越国的灭亡成为强弩之末。此外，在广州南越王墓随葬乐器组合中，一组成编铜句鑃的出现②，反映出南越国统治者对于越文化的吸纳，以及自身乐制的创建。

另一个值得关注的问题是在灭吴以后，越国境内部分墓葬显示出墓主族属上的复杂性和特殊性，也可以成为越国社会复杂化超前的一个注脚。20世纪70年代至90年代，考古工作者在浙江绍兴皋埠镇凤凰山先后发现战国时期的竖穴土坑木椁墓三座③。从文化因素分析的角度来看，这三座战国墓的形制明显与楚墓更为接近，随葬品组合则展现出楚、越文化因素杂糅的状态。这种现象应当与墓主身份的特殊性有关。

陈元甫先生曾注意到绍兴凤凰山三墓的特殊之处，他指出在凤凰山

---

① 浙江省文物考古研究所、温岭市文化广电新闻出版局：《浙江温岭市塘山西汉东瓯贵族墓》，《考古》2007年第11期，第7~16页。

② 广州市文物管理委员会、中国社会科学院考古研究所、广东省博物馆：《西汉南越王墓》，北京：文物出版社，1991年，第36~70页。

③ 绍兴县文物管理委员会：《绍兴凤凰山木椁墓》，《考古》1976年第6期，第392~394页；绍兴县文物保护管理所：《浙江绍兴凤凰山战国木椁墓》，《文物》2002年第2期，第31~37页。

M3 中楚、越文化因素在同一座墓葬中共存,是越文化与楚文化的融合体,而凤凰山 M1、M2 是楚人墓葬,与楚国不断东扩和楚威王败越的历史背景紧密相关①。郑小炉先生则认为凤凰山 M1 的年代为战国早期,M3 的年代为战国中期②,与陈元甫先生的观点显然不同。田正标先生将凤凰山三墓之年代皆定在战国中期,并指出其年代范围约在公元前 379 年—前 333 年之间,下限至迟不晚于公元前 306 年③,即楚怀王灭越、郯江东之前。可见欲考证凤凰山三墓墓主的族属问题,首先需对墓葬进行更为精确的断代研究,其关键是厘清凤凰山三墓的年代与楚威王败越这一历史事件的先后关系。

《史记·越王句践世家》载:(公元前 333 年)"楚威王兴兵而伐之,大败越,杀王无彊,尽取故吴地至浙江"④,这是越国史上的重大事件。经此一役之后,越国一蹶不振,虽未灭亡,但实际上已丧失了作为诸侯国在当时政局中的作用。在《史记·楚世家》、《战国策·楚策》和《古本竹书纪年》中,又有公元前 306 年楚怀王"亡越"、"郯江东"之记载,说明楚国对越地的占领是持续的,这与之前的楚威王败越事件并不矛盾⑤。反映在考古材料上,集中表现为从楚威王败越开始,典型楚墓开始在吴越地区出现。不过,本书作者认为凤凰山三墓在随葬品组合及随葬品的具体形制方面,与楚败越后在本区所见的典型楚墓有着非常明显的差别,这种差别很可能是年代差异所导致的。

在凤凰山三墓的随葬品组合中除原始瓷器和印纹硬陶器外,还有泥质陶器、玉石器、青铜器和漆木器。其中凤凰山 M2、M3 随葬品组合完整,M1 随葬品组合不全,出土铜剑 1 件、铜戈 1 件、铜镞 2 件、铜圈 2 件、玛瑙环 1 件及印纹硬陶小罐 1 件。凤凰山 M3 出土的原始瓷盅和匜、印纹硬陶坛和罐,均与吴越地区战国早、中期越国墓葬中出土的同类器形制近同。M3 出

---

① 陈元甫:《宁绍地区战国墓葬楚文化因素考略》,《宁波文物考古研究文集》,北京:科学出版社,2008 年,第 88~97 页。
② 郑小炉:《吴越和百越地区周代青铜器研究》,北京:科学出版社,2007 年,第 28、30 页。
③ 田正标:《江、浙、沪地区战国墓分期初探》,《浙江省文物考古研究所学刊》第九辑,北京:科学出版社,2009 年,第 292~309 页。
④ (汉)司马迁:《史记》,北京:中华书局,2013 年,第 2100 页。
⑤ 李学勤:《关于楚灭越的年代》,《江汉论坛》1985 年第 7 期,第 56~58 页。

土的原始瓷长颈镂孔瓶 M3:14 是战国早、中期越国原始瓷的独有器形(图 3-20:13),在德清亭子桥原始瓷窑址有较多发现①。所出玉矛 M3:6 器表浅刻卷云纹,矛头正面在卷云纹之间竖刻鸟篆文两列,每列三字(图 3-18),据曹锦炎先生考释当为"戉王不·戉王光","不光"是越王翳的别名②。从墓葬规格上看,凤凰山 M3 不可能是越王翳的王陵,则这件玉矛是越王翳赏赐给墓主的可能性较大。越王翳于公元前 411 年—前 376 年在位,故 M3 的年代上限不会早于公元前 411 年,该墓年代很可能属于越王翳在位期间或稍后,是时楚威王尚未败越。凤凰山 M1 出土铜剑的两从近格一端基本平行,至剑身三分之二处明显内收,至近尖处收聚成锋,从形制分析属战国早、中期。共出的方格纹硬陶小罐 M1:3,口部微敛,弧腹近直,平底微内凹,与凤凰山 M3 出土的同类器 M3:32 形制相同(图 3-20:8)。故而,可以推定凤凰山 M1 之年代约略与 M3 同时,皆宜定在战国早、中期之际,楚威王败越之前。

在凤凰山 M2 的随葬品组合中泥质陶器所占比例更高,所见器形如鼎、盉、盘等,在战国早、中期的越国墓葬中多为原始瓷质地,如盆形鼎 M2:4、兽面鼎 M2:3,均是战国早、中期越国墓葬出土原始瓷中的典型器(图 3-19:5、6),而不见于楚败越后出现在本区的典型楚墓之中(参见图 2-16)。在吴越地区战国早、中期的越文化系统墓葬中,用泥质陶、印纹硬陶或原始瓷等不同质料去制作同类器形是比较常见的现象,且大多是仿制一些吴、楚、徐、舒文化的铜器器形。在江西贵溪崖葬水岩 M10 中,也出土一组类似的泥质陶器,从共出原始瓷器及陶器形制分析年代属于战国早期③。经过比较,可知凤凰山 M2 的年代应与水岩 M10 十分接近(图 3-19)。此外,凤凰山 M2 出土的附耳鼎、兽面鼎和盆形鼎鼎足细高而外撇(图 3-19:4~6),不似无锡

---

① 浙江省文物考古研究所、德清县博物馆:《德清亭子桥——战国原始瓷窑址发掘报告》,北京:文物出版社,2011 年,第 74~79 页。
② 曹锦炎:《越王不光矛跋》,原载于《古文字研究》第 24 辑,系《新出鸟虫书越王兵器考》之一,后收入曹锦炎:《吴越历史与考古论丛》,北京:文物出版社,2007 年,第 76~81 页。
③ 江西省历史博物馆、贵溪县文化馆:《江西贵溪崖墓发掘简报》,《文物》1980 年第 11 期,第 1~25 页。

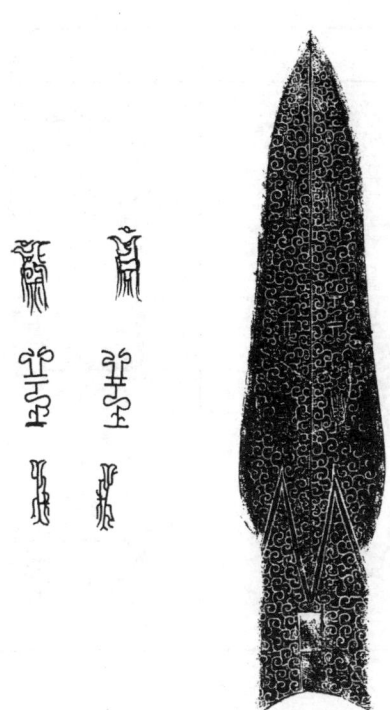

图 3-18 绍兴凤凰山 M3 出土刻鸟篆文越王玉矛

鸿山邱承墩 M1 等战国中期越墓中出土陶鼎的鼎足更为粗矮且聚拢①。所出陶盉 M2:11(图 3-19:1)亦较之邱承墩 M1 中出土的原始瓷盉,更为接近铜器中的祖型。共出的方格纹硬陶小罐 M2:23,较之凤凰山 M1、M3 出土之同类器口部更敛,器腹弧度更大,在这类器物的演变序列中年代较早。综上,可以判断凤凰山 M2 的年代可能比 M1 和 M3 更早一些,宜定在战国早期。

在战国早、中期,即楚威王败越以前,绍兴地区一直是越国最为重要的

---

① 这种演变规律最早由田正标先生发现,参见田正标:《江、浙、沪地区战国墓分期初探》,《浙江省文物考古研究所学刊》第九辑,北京:科学出版社,2009 年,第 292~309 页。在该文的分期研究中,田先生也指出了凤凰山 M2 出土陶鼎似乎更早,但是考虑到在其随葬品组合中泥质陶器比例较高,而将其归入晚段。本书作者认为,泥质陶器在随葬品组合中所占比例的高低也有可能是文化个性的体现,而分期仍应以典型器物形制的阶段性演变为主要标准。

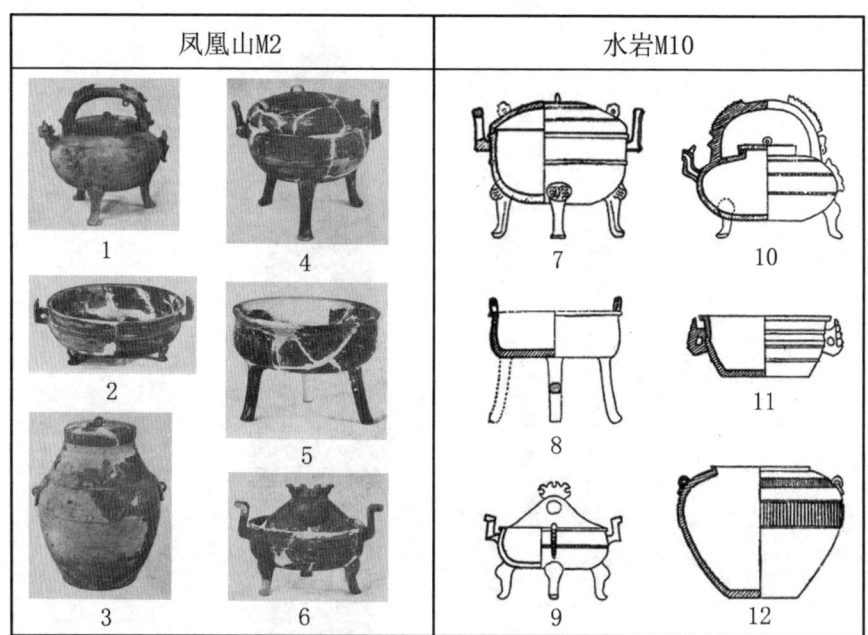

1、10.泥质陶盉(M2:11、M10:2) 2.泥质陶盘(M2:13) 3.泥质陶壶(M2:17) 4、7.泥质陶附耳鼎(M2:1、M10:8) 5、8.泥质陶盆形鼎(M2:4、M10:9) 6、9.泥质陶兽面鼎(M2:3、M10:18) 11.泥质陶盆(M10:6) 12.原始瓷双耳盖罐(M10:40) (1~6出自绍兴凤凰山 M2;7~12出自贵溪水岩 M10)

图 3-19　绍兴凤凰山 M2 与贵溪水岩 M10 出土随葬品比较

政治中心之一,但这三座处于越国中心地区的贵族墓却又表现出较为显著的"非越"文化因素,这些因素源出何地?又与墓主的族属有何特殊的关联呢?

从墓葬形制来看,凤凰山三墓均为典型的竖穴土坑木椁墓。其中凤凰山 M2 墓坑长度不足 4 米,墓坑深度超过 4 米,M1 规模大致与之相当。M3 木椁长约 8.4 米,墓坑长度当不超过 10 米,墓坑深达 6 米。在战国早、中期,大中型越国墓葬使用竖穴土坑墓的比例迅速超过使用土墩墓或土墩石室墓者。这应当是越国高层在灭吴前后主动谋求华夏化的重要表现之一①。不过,这一阶段越国竖穴土坑墓的墓坑深度大多在 1 米以内,坑深超

---

① 付琳:《百越"乐制"初探》,《百越研究》第四辑,厦门:厦门大学出版社,2015 年,第 366~375 页。

出 1 米的墓葬数量极其有限,且基本上都是如长兴鼻子山墓、安吉龙山 D141M1 等墓圹总长度超过 20 米的大型墓葬,其墓坑深度有的才超过 2 米。大部分越国的竖穴土坑墓墓坑深度较浅,这似乎是土墩墓建墓传统的一种变相延续,也是适合本区自然环境的选择。有趣的恰恰是,凤凰山三墓的墓坑形制,在本阶段的越国墓葬中显得颇为特殊,而与战国晚期在本区出现的典型楚墓更为一致。从棺椁形态来看,凤凰山 M1 和 M2 的葬具为一棺一椁,M3 葬具为分室木椁,前室为主室,后室放置随葬品。在三座墓葬的木椁四周,均填充有白膏泥。这种棺椁形态以及在墓内填筑膏泥的做法,均非本地土墩墓的建墓传统,学者普遍认为这是受到楚文化影响而出现的[1]。

从随葬品组合来看,属于越文化典型的印纹硬陶器和原始瓷器器形(图 3-20：A 组)和带有楚文化因素的器形(图 3-20：B 组)共存。所出泥质陶鬲 M2:5 和 M3:37、陶甗 M2:8、陶壶 M2:17 和 M3:5,是同期越国墓葬中少见的器形,它们的形制与楚文化的同类器更为接近。泥质陶附耳鼎 M3:49 和 M3:55 的器形取自楚文化铜鼎,但形制具有越文化特色。此外,凤凰山 M2 出土漆器 7 件,M3 出土漆器 22 件,也可归属楚文化的因素。

从随葬铜器的情况来看,凤凰山三墓在墓葬规格上均属于大中型墓,但在随葬品组合中仅见铜剑、戈、矢、镞、环等兵器和杂器,不见任何青铜礼器出土,这与同期或稍后的楚国大中型墓存在重大差异。如在江南地区战国早期的楚墓安徽青阳龙岗 M1 中,除了出土青铜兵器和工具外,还出土铜鼎 2 件、铜甗 1 件[2];在战国晚期的武进孟河徽州山墓[3]、苏州小真山 D1M1[4]

---

[1] 陈元甫：《宁绍地区战国墓葬楚文化因素考略》,《宁波文物考古研究文集》,北京：科学出版社,2008 年,第 88～97 页;田正标：《江、浙、沪地区战国墓分期初探》,《浙江省文物考古研究所学刊》第九辑,北京：科学出版社,2009 年,第 292～309 页。

[2] 青阳县文物管理所：《安徽青阳县龙岗春秋墓的发掘》,《考古》1998 年第 2 期,第 18～24 页。

[3] 镇江博物馆：《江苏武进孟河战国墓》,《考古》1984 年第 2 期,第 135～137 页。

[4] 钱公麟、朱伟峰、陈瑞近编著：《真山东周墓地：吴楚贵族墓地的发掘与研究》,北京：文物出版社,1999 年。

和无锡前洲墓①等典型楚墓内也出土不只一件青铜礼器。不使用青铜礼器随葬,是于越族群非常重要的一项葬俗传统②。处于越国腹心地区的凤凰山三墓,在埋葬过程中显然是遵循了于越族群的这一葬俗传统。

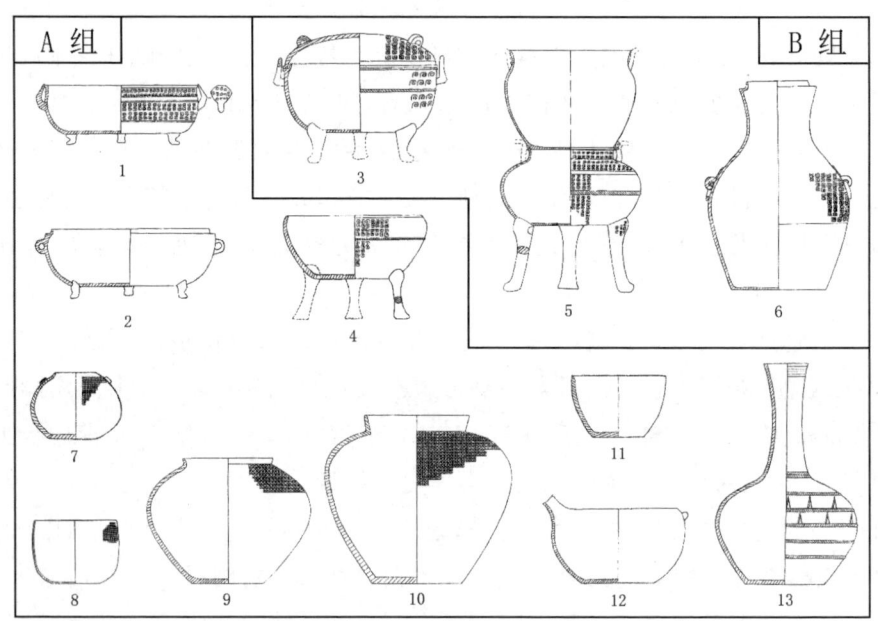

1.盘(M3:50)　2.盆(M3:26)　3.附耳鼎(M3:55)　4.盆形鼎(M3:27)　5.甗(M3:37)　6.壶(M3:5)　7.垂腹小罐(M3:16)　8.小罐(M3:32)　9.罐(M3:34)　10.坛(M3:18)　11.盅(M3:2)　12.匜(M3:17)　13.长颈镂孔瓶(M3:14)　(1~6为泥质黑陶;7~10为印纹硬陶;11~13为原始瓷)

图 3-20　绍兴凤凰山 M3 出土陶、瓷器分组

综上所述,凤凰山三墓的墓葬形制特点与楚墓更为接近,随葬品则展现出楚、越文化因素的杂糅。从共时的横向比较来看,凤凰山三墓与大致同一时期、相近规格的越墓和楚墓均存在明显差别;从纵向比较来看,其与战国晚期在吴越故地发现的典型楚墓也明显不同。这时便需要细化到考察墓主

---

① 李零、刘雨:《楚邦陵君三器》,《文物》1980 年第 8 期,第 29~34 页。
② 陈元甫:《越国贵族墓葬制葬俗初步研究》,《东南文化》2010 年第 1 期,第 49~55 页;付琳:《江南地区周代墓葬的分期分区及相关问题》,《考古学报》2019 年第 3 期,第 327~358 页。

的族属与身份,方有可能解释这一奇怪的现象。

在较为可靠的文献记载中,楚国与越国发生关系的年代远远早于公元前333年。《春秋》昭公五年(公元前537年)载:"冬,楚子、蔡侯、陈侯、许男、顿子、沈子、徐人、越人伐吴";《左传》昭公五年载:"冬十月,楚子以诸侯及东夷伐吴,以报棘、栎、麻之役。……越大夫常寿过帅师会楚子于琐"①。《春秋》昭公八年(公元前534年)载:"冬十月壬午,楚师灭陈。执陈公子招,放之于越"②。《左传》昭公二十四年(公元前518年)载:"楚子为舟师以略吴疆。……越大夫胥犴劳王于豫章之汭,越公子仓归王乘舟。仓及寿梦帅师从王,王及圉阳而还"③。从文献记载来看,越国在灭吴以前,长期保持与楚国的同盟关系,亦可理解为越国当时是听从楚国号令的服国。

至越王允常时,拓土始大,开始与吴国正面交锋,越王句践最终一举灭吴,成就霸业。据文献记载,辅佐句践的名臣范蠡、文种实际上均为楚人。《吕氏春秋·当染》云:"越王句践染于范蠡、大夫种",高诱注:"范蠡,楚三户人也,字少伯。大夫种,姓文氏,字禽,楚之邹人"。由于当时邹尚未属楚,许维遹先生据《太平寰宇记》江陵府人物云"文种,楚南郢人"等史料,考证《吕览》高注中文种当为郢人,至北宋本尤是,而南宋本已误④。鉴于前述文献中对于越、楚关系的描述,以及入仕越国的文种、范蠡族属的明确记载,可以推测在春秋晚期至战国中期,身为越臣、居于越地的楚人远不只此二人。而类似群体,较之只具有单纯族群与国家背景的人群而言,在国家政治与族群群体归属认识上显然存在一定的冲突性,反映在文化和葬俗上则更多的会表现出一种多元性与兼容性。

由于绍兴凤凰山三墓的年代在楚威王败越之前,故而墓主并非是以占领者身份进驻越地的楚人。笔者认为凤凰山三墓的墓主很可能是入仕越国的楚人或其后裔,其在文化因素构成上的特殊情况很可能是由于这种原因所造成的,而不宜简单地将之归为楚越文化交流。与凤凰山三墓墓主族属及身份类似的,可能还有绍兴茅家山战国墓⑤。

---

① 杨伯峻编著:《春秋左传注》,北京:中华书局,2009年,第1261、1270页。
② 杨伯峻编著:《春秋左传注》,北京:中华书局,2009年,第1300页。
③ 杨伯峻编著:《春秋左传注》,北京:中华书局,2009年,第1452、1453页。
④ 许维遹:《吕氏春秋集释》,北京:中华书局,2009年,第50页。
⑤ 蒋明明:《浙江绍兴皋埠任家湾茅家山战国墓清理简报》,《东方博物》第14辑,杭州:浙江大学出版社,2005年,第51~55页。

这一现象在东周时期的考古学研究中应当引起学者重视,尤其是在对东周时期都会性聚落内的贵族墓葬族属进行甄别与判定时,必须做细致考察。如对绍兴 M306①的族属讨论,此前即有"越墓"②与"徐墓"③两说僵持不下。鉴于其在墓葬形制、随葬品组合及葬俗方面与同期越墓差异巨大,我们更倾向于认为其墓主可能是流徙越国的亡徐贵族。又如战国早期的安吉上马山残墓④,其墓主很可能是吴人,但究竟是亡吴贵族,还是服务于越国的吴人官员则难以确定。前引文献中的越国大夫常寿,即为吴仲雍之后。从上述例子中可知,在当时越国的中心性城市内应不乏保留或使用其他葬俗的异国贵族,也是这一阶段江南地区社会复杂化程度出现大幅提升的一个考古学证据。

(二)吴国墓地与墓葬

吴国虽曾占领太湖东北部地区,并一度徙都苏州,但其王陵区似始终在宁镇沿江一带丹徒大港至谏壁一线的低山上⑤。在这里已经发现西周、春秋时期多座可能属于吴国王陵的墓葬,如西周中晚期的江苏丹徒母子墩

---

① 浙江省文物管理委员会、浙江省文物考古所、绍兴地区文化局、绍兴市文管会:《绍兴 306 号战国墓发掘简报》,《文物》1984 年第 1 期,第 10~26 页。

② 持越墓说者主要有牟永抗、钟遐、张敏等学者,详参牟永抗:《绍兴 306 号越墓刍议》,《文物》1984 年第 1 期,第 30~35 页;钟遐:《绍兴 306 号墓小考》,《文物》1984 年第 1 期,第 36、37 页;张敏:《吴越贵族墓葬的甄别研究》,《文物》2010 年第 1 期,第 61~72 页。

③ 持徐墓说者主要有曹锦炎、林华东、陈元甫等学者,详参曹锦炎:《绍兴坡塘出土徐器铭文及其相关问题》,《文物》1984 年第 1 期,第 27~29 页;林华东:《绍兴 306 号"越墓"辨》,《考古与文物》1985 年第 4 期,第 84~88 页;陈元甫:《越国贵族墓葬制葬俗初步研究》,《东南文化》2010 年第 1 期,第 49~55 页。

④ 安吉县文物保护管理所:《浙江安吉出土春秋青铜盉》,《文物》2006 年第 11 期,第 95、96 页。

⑤ 肖梦龙:《吴国王陵区初探》,《东南文化》1990 年第 4 期,第 95~99、55 页。

M1①、烟墩山 M1②和春秋晚期的丹徒北山顶大墓③、青龙山大墓④。说明吴国国都虽历经迁徙,但王陵区基本确定在其最初立国之地,吴王死后流行归葬。

这里有必要先分析一下宁镇地区吴国土墩墓形制结构的一些特点,可以发现作为吴国社会基层的扬越土著在自身的墓葬规制上发展出了一些"礼制",特别是向心结构形式的一墩多墓和部分与丧葬相关的祭祀遗存。

和于越文化常见的、墓主之间缺乏联系的一墩多墓土墩不同,吴国土墩墓中存在一种向心结构形式的一墩多墓。在向心结构布局的多墓土墩内,中心墓葬的形制通常比周围的墓葬更加复杂,往往具有熟土墓坑、墓道、石床、"墓下或墓上建筑"等特殊结构,而周围的墓葬至多仅有长方形或长梯形的墓坑,有的只具浅坑甚或无坑。从周围墓葬内发现的牙齿和人骨残迹推断,墓主的头向均朝向中心墓葬。从层位观察,中心墓葬一般是墩内最早埋葬的,但也有少量晚于周围墓葬者,如江苏金坛裕巷 D1 和薛埠晒土场 D2⑤等。周围的墓葬之间经常存在叠压或者打破关系,但却基本不侵扰中心墓葬。2005 年在江苏句容及金坛市发掘的 40 座土墩中有 14 座存在这一形式⑥。

以句容寨花头 D2 为例,中心墓葬 D2M22 开口于墩内第 5 层下,周围

---

① 镇江博物馆、丹徒县文管会:《江苏丹徒大港母子墩西周铜器墓发掘简报》,《文物》1984 年第 5 期,第 1~10 页。

② 江苏省文物管理委员会:《江苏丹徒县烟墩山出土的古代青铜器》,《文物参考资料》1955 年第 5 期,第 58~62 页;江苏省文物管理委员会:《江苏丹徒烟墩山西周墓及附葬坑出土的小器物补充材料》,《文物参考资料》1956 年第 1 期,第 45、46 页。

③ 丹徒考古队:《江苏丹徒北山顶春秋墓发掘报告》,《东南文化》1988 年第 3、4 合期,第 13~50 页。

④ 丹徒考古队:《丹徒青龙山春秋大墓及附葬墓发掘报告》,《东方文明之韵——吴文化国际学术研讨会论文集》,广州:岭南美术出版社,2000 年,第 10~35 页。

⑤ 南京博物院:《江苏金坛裕巷土墩墓群一号墩的发掘》,《考古学报》2009 年第 3 期,第 413~434 页;李虎仁、周润垦、原丰:《向心结构的多墓土墩》,《中国文化遗产》2005 年第 6 期,第 21~24 页。

⑥ 南京博物院考古研究所、镇江市博物馆、常州市博物馆:《江苏句容及金坛市周代土墩墓》,《考古》2006 年第 7 期,第 22~30 页。

埋葬最晚的墓是 D2M1,开口于第 2 层下①。简报中公布了这两座墓葬的出土遗物,考其年代 D2M22 约属春秋中期偏早、D2M1 约属春秋中期偏晚,可见土墩中各墓的年代均属春秋中期,年代差距不至很大。土墩中共发现墓葬 27 座、"祭祀器物群"2 处、灰坑 3 座、"墓下建筑"1 座。图 3-21 中可见,墩内除最晚形成的 H1 打破中心墓葬的墓道部分外,其余遗迹均未叠压或打破中心墓葬,反倒是与中心墓葬同样开口于第 5 层下的 14 座周围墓葬间竟出现了 6 次打破现象。这种情况似可表明周围墓葬的墓主对于中心墓葬的墓主存在某种从属关系,而周围各墓墓主之间的关系却不明显。论者推测类似布局应当代表一类家族墓地,中心墓葬属于家族长者,周围不同层位的墓葬分属家族内部两至三代的后人,如果有先于长者逝去的,通常只能临时埋葬,待长者逝去后再迁葬此墩②。由于尚未经过考古 DNA 等科技手段的检测,我们暂难确认这种推测是否正确。不过类似土墩内的墓葬布局结构明确、中心墓葬与周围墓葬间的主从关系明显、墩内各墓随葬品组合近似,墓葬年代相近或前后承接,可以确认是一种存在中心墓主权威的"一墩多墓"形式。

需要指出的是,简报中将 D2Q2 的性质判定为祭祀器物群似乎不当。简报如此判断应当是因为 D2Q2 未发现规整的墓坑,但墓坑绝非是判定土墩墓的必要条件,况且 D2Q2 出土陶鼎 1 件、陶罐 2 件、器盖 2 件,遗物组合与墩内其他墓葬并无明显差异,应当也是一座墓葬。反观 D2 中可能属于祭祀性遗存的,除了中心主墓下的 D2F1 外,D2H1 和 D2Q1 也具可能,论据详后。

另如句容鹅毛岗 D2③ 也是一座向心结构形式的"一墩多墓"土墩(图 3-22),与前例不同的是,位于墩内第 9 层下的中心主墓 D2M23 年代约属西周晚期偏晚阶段,开口于第 4 层下的周围墓葬 D2M7 年代约属春秋早期,开口于第 2 层下的周围墓葬 D2M5 则属春秋中期。这种现象不单表明在局部地

---

① 南京博物院:《江苏句容寨花头土墩墓 D2、D6 发掘简报》,《文物》2007 年第 7 期,第 20~38 页。
② 李虎仁、周润垦、原丰:《向心结构的多墓土墩》,《中国文化遗产》2005 年第 6 期,第 21~24 页。
③ 镇江博物馆、句容市博物馆:《江苏句容鹅毛岗土墩墓 D2 发掘简报》,《东南文化》2012 年第 4 期,第 38~50 页。

第三章 社会复杂化与国家化进程的考古学分析

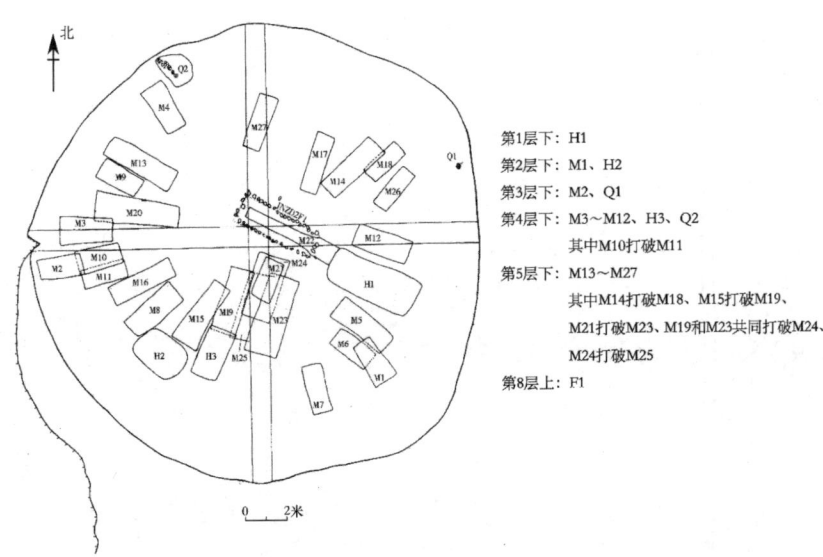

图 3-21 江苏句容寨花头 D2 总平面图及墩内遗迹的层位关系

区这种向心结构的形式具有较强的生命力,更加显示出导致这种埋葬形式出现的某种特殊的社会或文化规制的延续性。

必须说明,类似寨花头 D2 及鹅毛岗 D2 的向心结构,因为周围墓葬多具墓坑而较为明显。实际上,还有一些多墓土墩内同样存在着向心结构,却未能被辨识出来。可先以金坛连山三星墩 D1[①] 为例加以说明。在该墩内共发现 8 组遗物,报告将其判定为 1 座墓葬和 7 处祭祀器物群,其实这 8 组遗物应当属于 8 座墓葬的随葬品。图 3-23:1 中可见,中心主墓 D1M1 位于土墩中部第 4 层下,具有石床。其他 7 座墓则分别位于土墩周围较晚形成的层位之中或之下,有 5 座墓的随葬品均摆置于较平的墩面上,另外 2 座墓随葬品摆置的墩面略有高差。考各墓出土遗物之年代,均属春秋早期。整体来看,这 7 座墓葬从三面围绕中心主墓,显示出了明显的主从关系,理当属于"一墩多墓"的向心结构形式。类似情况在连山三星墩 D3(图 3-23:2)等土墩中同样存在。故而笔者要再次强调,墓坑既不是判定土墩墓的必要条件,同样也不是判定"一墩多墓"向心结构存在的首要参考。否则如何解

---

① 南京博物院、常州市博物馆、金坛县文物管理委员会:《江苏金坛连山土墩墓发掘报告》,《考古学集刊》10,北京:地质出版社,1996 年,第 161~194 页。

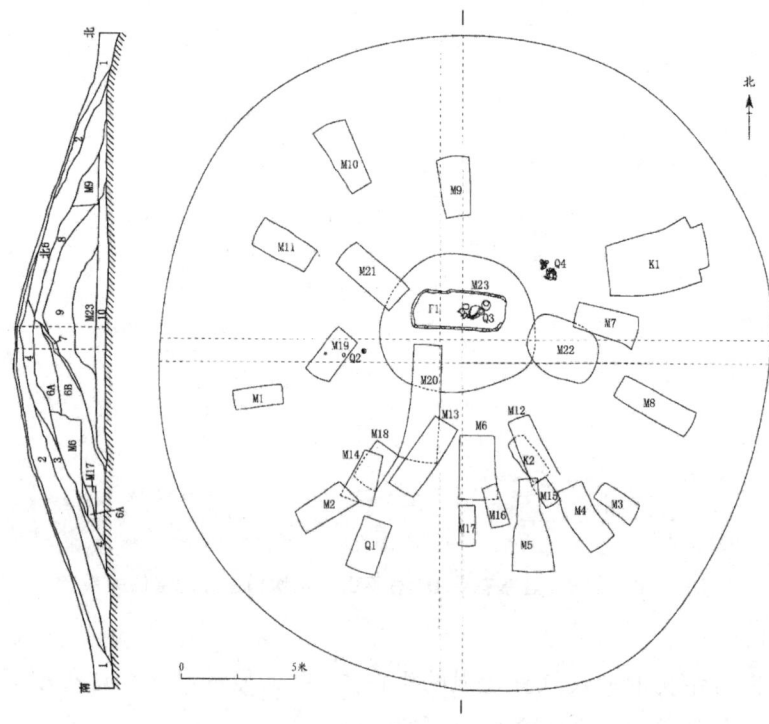

图 3-22　江苏句容鹅毛岗 D2 平、剖面图

释位于邻近地区相同时期的土墩内,有的主墓周围环绕的多是墓葬而少见或不见祭祀器物群,有的主墓周围环绕的均是祭祀器物群而不见墓葬?另外,对于"一墩多墓"土墩内部布局结构形式的判定,必须要从对各组遗迹、遗物的空间位置和整体布局情况出发来进行考察。

本书作者还曾梳理过江南地区周代土墩墓中几类与墓葬祭祀相关的遗存,其中"墓前祭祀"遗存、"墩上祭祀"遗存和"墩脚祭祀"遗存经常出现在吴国大中型土墩墓中。

"墓前祭祀"遗存是指在土墩封土过程中,于"墓下建筑"或墓葬构造的门道上方或门道朝向方的堆土层面上直接放置器物或挖坑放置器物进行祭祀。如句容中心山 D1Q1 即置于"墓下建筑"D1F1 门道上方土墩封土第 7

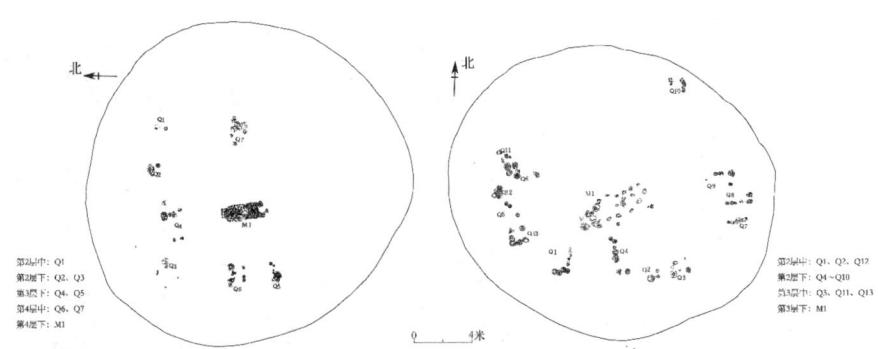

1、连山三星墩 D1　　2、连山三星墩 D3

图 3-23　江苏金坛连山三星墩 D1、D3 总平面图及墩内遗迹的层位关系

层的层面上(图 3-24)①。又如金坛裕巷 D1Q6、D1M2 分别在"墓下建筑"D1F1 门道朝向方土墩封土第 2 层和第 4 层下挖圆形土坑和簸箕状浅坑放置器物②。比较特殊的例子是江苏江宁陶吴 D1③,在墩内墓葬 D1M43 封门外原存木构通道上方的封土中发现了多处器物祭祀坑。以上现象说明"墓下建筑"或墓葬构造中的门道或通道,对于时人具有特殊意义,故而在土墩封土过程中会选择于此举行相应的祭祀活动。此外,在一些土墩遗存内的相似位置,还发现有不出遗物的土坑,如句容寨花头 D2H1④,或只见大量红烧土及炭屑的浅坑,如丹徒大墩 D1K1⑤,类似遗存的年代故难断定,但其性质则很可能与前述出器物者相仿。

---

① 南京博物院:《江苏句容下蜀中心山土墩墓发掘简报》,《东南文化》2011 年第 3 期,第 25～32 页。简报编写者已注意到 Q1 的位置选择应当是有意为之,惜未联系其他发现展开讨论。

② 南京博物院:《江苏金坛裕巷土墩墓群一号墩的发掘》,《考古学报》2009 年第 3 期,第 413～434 页。

③ 南京市博物馆、江宁区博物馆:《南京江宁陶吴春秋时期大型土墩墓发掘简报》,《东南文化》2011 年第 3 期,第 33～47 页。

④ 南京博物院:《江苏句容寨花头土墩墓 D2、D6 发掘简报》,《文物》2007 年第 7 期,第 20～38 页。

⑤ 南京博物院、镇江博物馆:《丹徒辛丰薛家村大墩、边墩发掘报告》,《印记与重塑:镇江博物馆考古报告集(2001—2009)》,镇江:江苏大学出版社,2010 年,第 80～91 页。

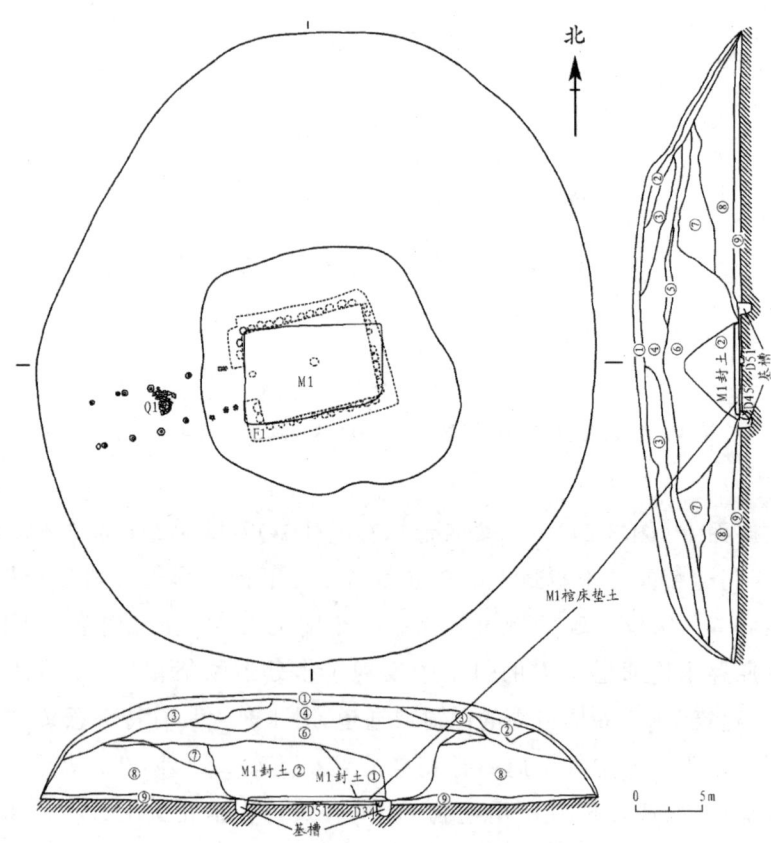

图 3-24　江苏句容中心山 D1 平、剖面图

"墩上祭祀"遗存是指在土墩二次或多次封土前,于之前一次封土的顶部放置器物进行祭祀。如丹徒四脚墩 M4[①],该墓位于墩内第 4 层下,墓主骨架周围存在一深仅 4 厘米且经过烘烤焙烧的浅坑,在墩内第 3 层封土顶部发现夹砂陶鬲和印纹硬陶坛各 1 件(图 3-25)。墩内所见第 4 层土为黄褐色土层,厚 0.85 米;第 3 层土为灰黑土层,厚约 0.15 米;第 2 层土为黄褐土与黄灰土间夹层,厚约 2 米;第 1 层为表土层。发掘报告执笔者林留根先生认为,墩内第 3、4 层土当为土墩的首次封土,第 2 层土则是土墩的二次封

---

① 镇江博物馆:《丹徒镇四脚墩西周土墩墓发掘报告》,《东南文化》1989 年第 4、5 合期,第 52～59 页。

土,并推断第3层土是由首次封土表面的腐殖质逐渐形成的,从其厚度判断两次封土间隔当为一年至若干年。这种在二次封土之前,于首次封土顶部摆置器物的行为,很可能与祭祀活动相关。

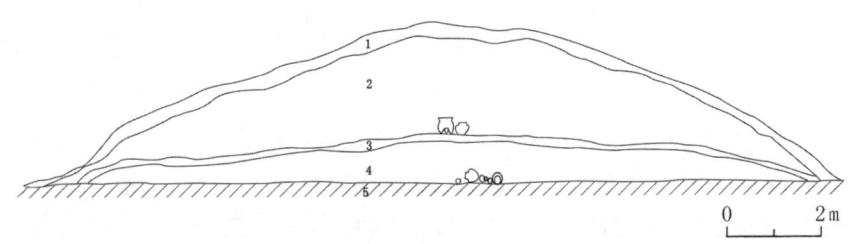

图3-25　江苏丹徒四脚墩M4南北剖面示意图

实际上在部分"一墩多墓"土墩中也存在类似的遗存有待细致辨识,如句容鹅毛岗D2Q3。鹅毛岗D2是一座典型向心结构形式的"一墩多墓"土墩,在中心主墓D2M23之上具有独立的小封土,D2Q3的器物正置于这处主墓封土的近顶部坡面上(见图3-22),应当是再次封土前于主墓封土上进行祭祀的遗存。这种祭祀习俗似不仅限于吴国的土著扬越,此前在对属于干越族群的安徽屯溪弈棋M3封土进行发掘的过程中,在距墩底高2.5~2.8米处发现一片小砾石层,小砾石层下的封土顶部置有一件原始瓷尊①,这应当也属于二次封土前摆放器物进行祭祀的遗存。

与之类似的器物祭祀形式,在宁镇地区部分属于吴国的竖穴土(岩)坑墓中也有存在,如在江苏丹徒四脚墩D2M1②和粮山M2③中均曾发现在墓坑填土之上摆置器物,再堆筑墓上封土的现象。虽然很难准确考证出墓坑填土与堆筑墓上封土之间存在着多久的时间间隔。但据常理推断,这种间隔不会太长,反映的可能只是填土与封土之间的仪式过程。与之类似的现象,在越国墓葬中也有发现,如在安吉垄坝D12M2墓口西侧的墩面上,

---

① 李国梁主编:《屯溪土墩墓发掘报告》,合肥:安徽人民出版社,2006年,第3页。
② 南京博物院、镇江博物馆:《江苏丹徒镇四脚墩土墩墓第二次发掘简报》,《考古》2007年第10期,第14~19页。
③ 刘建国:《江苏丹徒粮山春秋石穴墓——兼谈吴国的葬制及人殉》,《考古与文物》1987年第4期,第29~38页。

围置有 7 件遗物,应是完成墓坑填土之后,构筑墓上封土之前进行祭祀的遗存①。

土墩墓中的"墩脚祭祀"现象在吴越土墩墓中均较常见,是指在土墩底部边缘封土内浅埋少量器物进行祭祀。如在德清独仓山 D2 东部墩脚发现残碎的印纹硬陶瓿 1 件,与墩内墓葬随葬品的年代相当②。这种现象在德清独仓山与南王山 6 座土墩与土墩石室遗存的封土边缘均有发现,陈元甫先生和报告的主要编写者田正标先生均认为这很可能是与祭祀活动相关的遗存③,我们赞同这一意见。可惜仅据现有资料还无法确定这一活动是于土墩封土过程中进行的? 还是于土墩形成以后的一段时期之内进行的④? 句容鹅毛岗 D1Q3 即属于此种器物祭祀的形式,其叠压于土墩首次封土(第 5 层)的底部边缘,又被墩内较晚墓葬的封土再次叠压⑤,墩内各组遗物的年代均属于西周晚期至春秋早期,可知这种祭祀活动进行的时间当不会距下葬过久。

与作为吴国民众主体的土著扬越族群不同,吴国王族的族属问题比较复杂。以往学者大多认为宁镇沿江丘陵一带是吴国西周至春秋时期的王陵区,只有少数学者认为春秋晚期的吴国王陵在苏州一带,并不可取。需要指出的是,学者对于江苏丹徒青龙山大墓和北山顶大墓墓主身份的推断多存

---

① 浙江省安吉县博物馆:《浙江安吉垅坝 D12 土墩墓发掘简报》,《南方文物》2003 年第 3 期,第 28~31 页。

② 浙江省文物考古研究所、德清县博物馆:《独仓山与南王山——土墩墓发掘报告》,北京:科学出版社,2007 年,第 39 页。

③ 陈元甫:《土墩墓一墩多墓问题讨论》,《华夏考古》2007 年第 1 期,第 131~139 页;浙江省文物考古研究所、德清县博物馆:《独仓山与南王山——土墩墓发掘报告》,北京:科学出版社,2007 年,第 15、16 页。

④ 我们对遗物所做分期、编年的尺度不足以精细到研究此类问题,故而存在着墓主几代之内的后人对土墩进行拜祭时,在墩脚浅埋祭品的可能性。如此,这种器物祭祀当属于冢祭遗存,有关先秦时期"墓祭"与"冢祭"问题的研究,可参考董坤玉:《先秦墓祭制度再研究》,《考古》2010 年第 7 期,第 57~64 页。至今在江南地区的部分农村中,村民在上坟时依然有搬土培坟的风俗。当然,现今类似的风俗已不仅限于江南地区,但我们认为在对这一风俗起源的探索过程中,应对江南地区予以充分注意。

⑤ 镇江博物馆、句容市博物馆:《江苏句容鹅毛岗 1 号土墩墓发掘简报》,《江汉考古》2013 年第 2 期,第 22~30 页。

争议,焦点在于墓葬规模似乎达不到王陵级别,有学者认为它们只是附属吴国的小国国君、贵族一级的墓,如青龙山大墓可能是齐国逃臣庆封之墓①,北山顶大墓的墓主可能是逃亡吴国的舒国贵族②。

本书作者认为青龙山大墓和北山顶大墓是春秋晚期吴王陵墓的可能性很大,至于墓葬规模偏小的原因,则可能与这一时期吴王世系更迭频繁且失常有关。《史记·吴太伯世家》记载吴王寿梦欲传位于其第四子季札,季札的三位兄长诸樊、馀祭、馀眛亦均赞同,但季札不从,无奈之下季札长兄诸樊在即位之后把吴国的继承制度由"父死子继"改为"兄终弟及"。而诸樊、馀祭、馀眛均以"轻死为勇"③,其中诸樊、馀祭死于非命,不过最终季札仍避位不受,给后来阖闾弑僚埋下了祸根。这种失常且频繁的世系更迭,对于王陵的规划与营建应当会产生一定影响。

不过,西周至春秋时期吴国高等级墓葬在葬俗方面确实出现过一次较为重要的变化,其变化的原因是与吴王寿梦前后吴国自上而下的华夏化进程加速有关。这种变化在高等级墓随葬乐器和乐制上的体现较为明显。在属于西周至春秋早期的丹徒母子墩墓④、烟墩山一号墓⑤以及磨盘墩墓⑥中,均出有青铜礼器、车马器以及陶器、原始瓷器等随葬品。烟墩山一号墓和母子墩墓更因分别出土了宜侯夨簋和伯簋,而被一些学者认为有可能是吴国国君之墓⑦。值得注意的是,在这一时期的吴国贵族墓中,未见随葬有

---

① 钱公麟、徐亦鹏:《苏州考古》,苏州:苏州大学出版社,2000年,第126页。
② 曹锦炎:《北山铜器新考》,《东南文化》1988年第6期,第41~45页。
③ 相关金文及早期文献史料中均有这方面线索,详参董珊:《吴越题铭研究》,北京:科学出版社,2014年,第13~19页。
④ 镇江博物馆、丹徒县文管会:《江苏丹徒大港母子墩西周铜器墓发掘简报》,《文物》1984年第5期,第1~10页。
⑤ 江苏省文物管理委员会:《江苏丹徒县烟墩山出土的古代青铜器》,《文物参考资料》1955年第5期,第58~62页;《江苏丹徒烟墩山西周墓及附葬坑出土的小器物补充材料》,《文物参考资料》1956年第1期,第45、46页。
⑥ 南京博物院、丹徒县文管会:《江苏丹徒磨盘墩周墓发掘简报》,《考古》1985年第11期,第985~989页。
⑦ 张敏:《吴越贵族墓葬的甄别研究》,《文物》2010年第1期,第61~72页。

同期华夏贵族墓中常见的成编青铜乐钟①。联系到吴地时有形制为中原两周之际所流行的青铜甬钟出土②，另见春秋前期有铭吴钟存世③。可知，西周至春秋前期吴国贵族并非不具备或未接触到华夏编钟，而只是未将其纳入自身的随葬品组合之内而已。

时至春秋后期，情况发生了转变（表3-2）。在有可能是吴王馀眛墓的丹徒北山顶大墓中，出有两组乐器④：一组为礼乐器，计青铜编钟12件，由编镈5件和编钮钟7件组成，另配石质编磬12件；另一组为军乐器，计青铜錞于3件、丁宁1件、悬鼓1件（残存青铜悬鼓环）、鼓桴1件（残存石质鼓桴头）。青龙山大墓虽被严重盗掘，仍见有石磬残片出土，其附葬墓中亦出青铜振铎1件⑤。另外，丹徒谏壁王家山墓出土青铜錞于3件、丁宁1件⑥。六合程桥M1出土铜编钮钟9件⑦，M2出土铜编钮钟7件、编镈5件⑧。虽

---

① 据本书作者研究，丹徒母子墩墓的年代约属西周中期，烟墩山一号墓的年代约属西周晚期，磨盘墩墓的年代约属春秋早期，详参拙作《江南地区周代墓葬的分期分区及相关问题》，《考古学报》2019年第3期，第327～358页。

② 刘兴：《镇江地区近年出土的青铜器》，《文物资料丛刊》5，北京：文物出版社，1981年，第106～111页。

③ 者减钟共11件，现存4件，传1761年出自江西临江。据铭文可确认为吴钟，对其年代的判定，马承源、郑小炉等认为属春秋中期吴王寿梦之前，杜廼松认为属春秋早期。参见马承源：《关于翏生盨和者减钟的几点意见》，《考古》1979年第1期，第60～65页；郑小炉：《吴越和百越地区周代青铜器研究》，北京：科学出版社，2007年，第32页；杜廼松：《春秋吴国具铭青铜器汇释和相关问题》，《吴文化研究论文集》，广州：中山大学出版社，1988年，第133、134页。

④ 丹徒考古队：《江苏丹徒北山顶春秋墓发掘报告》，《东南文化》1988年第3、4合期，第13～50页。

⑤ 原报告中定为钲，不当。该器甬部为方銎，应为振铎。参见丹徒考古队：《丹徒青龙山春秋大墓及附葬墓发掘报告》，《东方文明之韵——吴文化国际学术研讨会论文集》，广州：岭南美术出版社，2000年，第10～35页。

⑥ 原简报中定为句鑃，不当。该器与北山顶墓所出丁宁形制相同，应为丁宁。参见镇江博物馆：《江苏镇江谏壁王家山东周墓》，《文物》1987年第12期，第24～37页。

⑦ 江苏省文物管理委员会、南京博物院：《江苏六合程桥东周墓》，《考古》1965年第3期，第105～115页。

⑧ 南京博物院：《江苏六合程桥二号东周墓》，《考古》1974年第2期，第116～120页。

然学者对于上述墓葬国别的推定,仍存有一些不同意见,但我认为以上各墓的墓主是吴国贵族的可能性最大。

表 3-2 春秋后期句吴贵族墓随葬乐器组合与墓主身份推测

墓号	墓室底面积（m²）	墓道数量	随葬品数量	随葬乐器组合	墓主身份
丹徒北山顶墓	26.1	1	被盗,残存380余件	编钟1套、编磬1套;军乐器1套	国君
丹徒青龙山M1	37.8	1	被盗,残存230余件	石磬残片;附葬墓出振铎1件	国君
丹徒王家山墓	18	0	132件	军乐器1套	军事将领
六合程桥M1	15.05	0	67件	编钟1套	贵族
六合程桥M2	22.95	0	50件	编钟1套	贵族

准此,可知吴国贵族使用华夏系统的青铜编钟随葬,大致始于春秋后期。而且值得注意的是,在有可能是一代吴王之墓的北山顶大墓中,除随葬礼乐器外,另随葬一组军乐器。王家山墓与程桥 M1、M2 则或只随葬军乐器,或只随葬礼乐器。

本书作者认为上述现象的出现有其社会背景。吴国开始积极参与中原事务,始自吴王寿梦。《吴越春秋·吴王寿梦传》载"寿梦元年,朝周,适楚,观诸侯礼乐。鲁成公会于钟离,深问周公礼乐,成公悉为陈前王之礼乐,因为咏歌三代之风。寿梦曰:'孤在夷蛮,徒以椎髻为俗,岂有斯之服哉?'因叹而去曰:'于呼哉,礼也!'"[①]。《左传·襄公二十九年》中则颇为详细地记载了寿梦第四子季札在鲁、齐、郑、卫、晋等中原上国访问时,对周人礼乐熟知并深为崇尚的言行[②]。文献记载显示出吴国贵族在寿梦、季札两代人时,与

---

① (汉)赵晔:《吴越春秋》,南京:江苏古籍出版社,1999年,第8页。
② 杨伯峻编著:《春秋左传注》(修订本),北京:中华书局,2009年,第1161~1167页。

诸夏间的关系陡然密切了许多。王明珂先生认为,吴国之所以能被彼时的华夏认同为"兄弟之国",不仅因为其表现得"知礼仪",更因为其日渐强大的军事实力可以牵制楚国北进中原的势头①。

在《国语·吴语》中曾描述过吴王夫差在黄池之会用兵时的情景,"昧明,王乃秉枹,亲就鸣钟鼓、丁宁、錞于、振铎,勇怯尽应,三军皆讙哗以振旅,其声动天地"②。故而可以推测,在春秋后期的吴国大墓中,礼乐器与军乐器的组合,可能是贵族身份与军事权力结合于一身的象征,有可能是吴国国君墓葬的专享之制。总之,自吴王寿梦时起,吴国贵族在礼制上推行华夏化,贵族墓的随葬乐器也反映出一种颇带自身特色的"乐制"。

在环太湖地区,尤其是苏州一带所见春秋晚期和战国晚期的吴、楚贵族墓,基本均为大中型的竖穴土坑墓,显示出吴、楚二国均于某一阶段实际控辖本区。春秋晚期属于吴国的苏州新塘、虎丘、何山等铜器墓,形制及随葬品组合已近乎于中原诸夏的贵族墓。战国晚期的苏州小真山 D1M1 级别颇高,虽尚不能确证是楚国春申君黄歇之墓冢,但至少应当是楚国封君一级的陵墓,亦为楚国大败越国后统辖"故吴地"的明证。

大致从春秋中晚期开始,区内所见最高级别的墓葬通常会独占某一山头,具有相对明确之墓域,并且会有一些陪葬墓。以上表明,在这一历史阶段中无论越国、吴国还是势力一度进入本区的楚国,均已是比较成熟的王权国家,不仅王陵区相对固定,而且王陵与王陵之间又相对独立,这与北方诸夏的发展趋势基本相同。

三、小　结

在漫长的中国古代文明史中,家族政治始终在国家政权和政治组织形式中扮演重要角色。从江南地区相关时段墓葬和墓地展现出的社会形态与政治结构发展与变迁情况来看,基本经历了从不固定的家族掌握社群权力到固定家族的固定支系掌握社群权力的过程,权力的归属由家族进一步细

---

①　王明珂:《华夏化的历程:太伯传说的考古与历史学研究》,《中国考古学与历史学之整合研究》,台北:"中央研究院"历史语言研究所会议论文集之四,1997年7月。

②　徐元诰:《国语集解》(修订本),北京:中华书局,2002年,第550页。

化到家庭,又进一步固化为具有血统沿袭的王室。在权力的顶端逐步强化血缘关系,但在基层权力上,血缘则与地缘相交织,并不断加强地缘关系。

良渚文化诸社群之间的联结,可以主要反映在环太湖地区良渚文化大墓共有的以神秘玉器为载体的宗教信仰上。到商周之际,受到外来青铜文化因素的重要影响,江南地区几支具有代表性的越族支系初步成型。主要包括以浙江瓯海杨府山墓和黄岩小人尖墓为代表的早期"瓯越",以福建浦城管九村土墩墓群为代表的早期"闽越",以安徽屯溪弈棋八墓为代表的"干越",以浙江萧山柴岭山D30M1等大墓为代表的"于越",和以江苏武进淹城头墩大墓为代表的一个越族支系。最近在浙江衢州庙山尖发现西周时期的大型土墩墓,也应代表一个越族早期支系,或许是文献中所见的"姑篾"①。大致在吴越争霸最为激烈的春秋中晚期,这些越族支系的墓葬遗存不断强化共性,可能暗示着他们已经联合到了越国政体之中。

另一个重要的变化体现在社群精英用于标榜并区分社会地位的礼器上,良渚文化的高阶层人群用神秘玉器区分等级,于越文化的高阶层人群主要用原始瓷礼乐器区分等级,后期亦开始使用华夏系统的玉器区分等级。与华夏关系更为密切的吴、楚贵族则用青铜礼乐器区分等级。显示出作为本区早期文明的良渚文化政体,可能是基于共同宗教信仰的一种社群联合。越国政体的建立,则是迫于北方华夏直接和间接军事压力的产物,虽然也是一种社群(部族)联盟,其联结却是基于抵抗外侮,故而无论是用原始瓷礼乐器,还是用"世俗"玉器作为等级标志,哪怕是如吴、楚贵族使用青铜礼器随葬以标榜身份,均只是外在表象不同,其根源是越族精英主动追求华夏化,也是周代华夏国家政体形式对本区土著越族政体产生影响的结果。

---

① "姑篾"又作"姑妹"、"姑末",早期文献中对于"姑篾"的记载主要有,《左传·哀公十三年》载:越伐吴,吴王孙弥庸"见姑篾之旗";《逸周书·王会解》载:成周之会,东南越族纳贡"姑于越纳,曰姑妹珍";《吴越春秋·句践归国外传》载:夫差增封句践国土"东至于句甬,西至于槜李,南至于姑末,北至于平原,纵横八百余里",参见钟翀:《释"姑妹"》,《浙江学刊》2001年第2期,第154~156页。

第四节

相关遗存认知层面的分析

考古学研究中对于精神与认知层面问题的讨论,往往因不得实证而众说纷纭。然而精神与认知层面的发展与变化,又的确是促成社会结构与文明形态变迁的重要原因之一。故而,若抓住某些与之相关的特殊遗存进行分析,也可以获得一些其他聚落资料难以提供的重要线索。

一、祭坛与祭台

在良渚文化的研究过程中,"祭坛"或"祭台"类遗迹的发现与辨识颇为学者所关注。相关发现主要有浙江余杭瑶山、汇观山、反山、卢村、子母墩,江苏昆山赵陵山、江阴高城墩等。需要指出的是,良渚文化遗址中所见人工土台遗迹的性质并不单纯。如张忠培先生所言,上海青浦福泉山良渚文化墓地中早于墓葬的建筑遗迹,并非祭坛,而是被火烧毁的房屋[①]。王宁远先生通过对仙坛庙遗址布局的精辟分析,进一步指出嘉兴地区的良渚文化遗址,诸如平湖戴墓墩、海宁达泽庙、大坟墩等原推定为"祭坛"的土台实际应为房屋建筑的土台,这些遗址和海盐仙坛庙、桐乡普安桥等一样,均为房屋和墓葬杂处的复合型墩台遗址[②],是很有见地的认识。这里可选取介绍一例,海宁大坟墩的土台由四重不同的纯净土覆合而成,平面大致呈正南北向的方形。其特点是每一重并非都以单一土堆积,往往呈现多种土色,但每重之间的界线均可分辨,各重土残存的外围面积分别为 4×3.5、8×7、12×11

[①] 张忠培:《良渚文化墓地与其表述的文明社会》,《考古学报》2012 年第 4 期,第 401~422 页。

[②] 详参王宁远:《遥远的村居:良渚文化的聚落和居住形态》,杭州:浙江摄影出版社,2007 年,第 79~98 页。

和 16×16 平方米①。但是,这种重回结构实际是土台顶部被削去之后呈现出的现象,其西部叠压土台边坡的 T8 第⑤层出土陶器、石器残片,性质应为坡向分布的生活废弃堆积,故而台上原本有房屋的可能性很大。

即便可以确认是与日常居住生活没有关系的良渚文化人工土台,其具体的性质与功能也未必完全相同。

余杭瑶山位于良渚遗址群东北角,良渚古城东北约 5 千米处,是天目山余脉凤凰山向东伸展的一处低矮山丘,海拔 35.7 米。瑶山遗址于 1987 年、1996—1998 年进行过多次发掘②。瑶山祭坛位于山丘顶部,平面大致呈方形(见图 3-12),里外三重土色,最里面一重土略偏于东部,是一座红土台,正南北方向,东边长 7.6 米、北边长 5.9 米、西边长 7.7 米、南边残长 6.2 米,台体不见夯筑迹象,台上也未见其他遗迹。第二重土为灰色土,围绕在红土台四周,平面呈"回"字形,堆积剖面呈方角沟状,沟底及沟壁平直,现存深度 0.65~0.85 米、宽度 1.7~2.1 米,沟内填土疏松,未见任何遗物。祭坛内两重的面积约 110 平方米。第三重土是由黄褐色斑土筑成的土台,围绕在第二重土的西、北、南三面,第二重土的东面为自然山土,或因地形东面本高,祭坛为取平而未在东面继续筑土。祭坛西、北两壁外侧尚残存整齐石坎,后期发掘又在祭坛北、西、南外围发现多重残存的石坎,基本探明祭坛原本呈阶梯覆斗状,石坎的作用应当是防止漫坡地的水土流失,以保护祭坛主体。坛上南北两列共 13 座良渚文化大墓部分打破祭坛。

余杭汇观山位于良渚古城西北外约 2 千米,是一座孤立的自然山丘,海拔约 22 米,东距瑶山约 7 千米。汇观山遗址于 1991 年和 1999 年进行过两次发掘③。汇观山祭坛位于山丘顶部,平面基本呈长方形(图 3-26),正南北

---

① 浙江省文物考古研究所、海宁市博物馆:《浙江省海宁市大坟墩遗址的发掘》,《浙江省文物考古研究所学刊》第七辑,杭州:杭州出版社,2005 年,第 117~141 页。

② 浙江省文物考古研究所:《瑶山》,北京:文物出版社,2003 年。

③ 浙江省文物考古研究所、余杭市文物管理委员会:《浙江余杭汇观山良渚文化祭坛与墓地发掘简报》,《文物》1997 年第 7 期,第 4~19 页;浙江省文物考古研究所、余杭市文管会:《浙江余杭汇观山良渚文化祭坛与墓地发掘报告》,《浙江省文物考古研究所学刊(1997)》,北京:长征出版社,1997 年,第 74~93 页;浙江省文物考古研究所:《良渚文化汇观山遗址第二次发掘简报》,《文物》2001 年第 12 期,第 36~40 页。

向,东西长约 45 米、南北宽约 33 米。在中部偏西的位置是祭坛中心的灰土方框,东西 7~7.7 米、南北 9.5~9.8 米。该灰土框以挖沟填筑的方式,用青灰色黏土填充,从而在平面上形成了"回"字状的内外三重土色形态。构筑灰土方框的围沟直接开凿于基岩上,宽约 2.2~2.5 米,口部较为整齐,边壁与沟底凹凸不平,沟深亦不等。祭坛内两重的面积约 70 平方米。在东沟内,存 3 个东西向平面呈长方形的灰坑,其东西两端与坑底均超出了东沟的统一规格,但填土与东沟不可区分,应当是在凿沟建坛过程中有意为之,填土时又一并掩埋。汇观山遗址第二次发掘认为,祭坛原本呈阶梯状的三层台面,第三级台面低于坛顶部约 2.2 米,在祭坛北侧有三道阶梯状石坎,由此推测北侧可能原有通往山顶祭坛中心的台阶通道。在祭坛西南部发现良渚文化大墓 4 座,其中 M4 打破了祭坛中心的灰土沟。

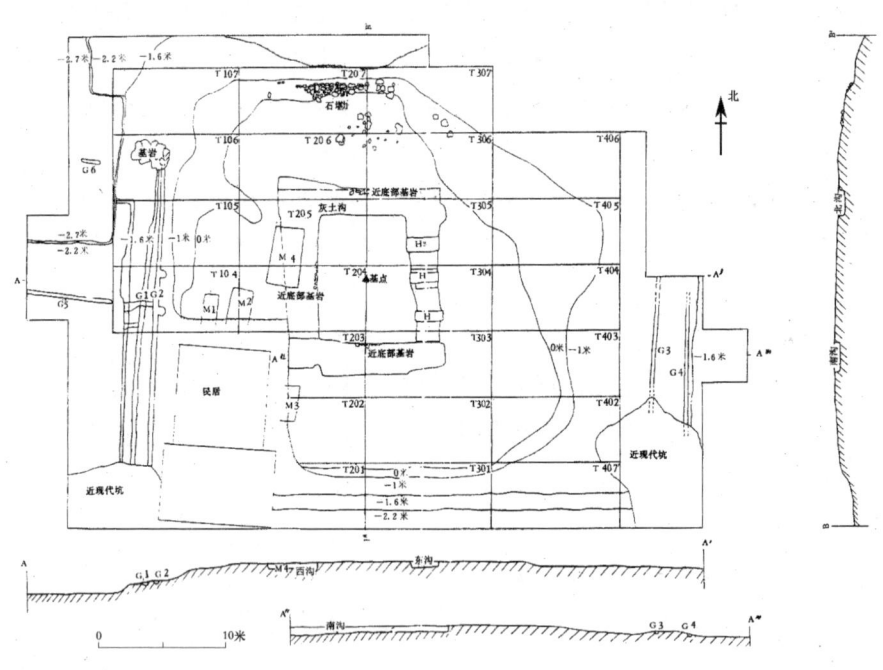

图 3-26 汇观山祭坛平、剖面图

资料来源:引自《浙江余杭汇观山良渚文化祭坛与墓地发掘报告》图二

余杭卢村遗址北依天目山余脉,南距东苕溪约一华里,是一处山前台地遗址(见图 3-3),于 1988 年和 1990 年分前后两阶段发掘①。发掘者区分出前后两期土台式祭坛遗迹,前期土台以纯净黄土筑成,边角十分规整,呈上小下大的覆斗状,平面为东西长、南北短的长方形,顶面东西残长 8 米、南北宽约 5 米,其东北角保留垂高 1.9 米、坡高 2.1 米。后期土台直接在前期土台基础上扩建而成,从发掘部分看,原台表应以多种土色构成平面布局,其上所见灰坑、灰沟形制均较规整,且填土均为无任何包含物的黑色黏土。由于在两期土台附近未见任何与日常生活相关的遗迹或遗物,加之此前村民在土台西南角盖房时曾出土琮、璧、钺等属于良渚文化大墓的重要玉器,故而可以推断两期土台的性质很可能是土筑的祭坛。这种在台地上堆土营建祭坛的形式与瑶山、汇观山在山顶营建祭坛不同。

与卢村祭坛形式相似的遗迹在其西南约 2 千米的子母墩也有发现。该墩现仍兀立于农田之中,相对高度约 11.5 米,底座方正。通过 1998 年的局部解剖,发现这座祭坛主体由各色花土分层堆筑而成,顶面铺设结实的铁锈斑褐土②。

上述这类良渚文化祭坛,主要特征有以下几点:第一,坛体近正南北向;第二,平面呈正方形或近正方形的矩形,整体呈覆斗状堆筑;第三,祭坛主体面积均不太大,但规格或略有差别;第四,通常与墓葬共见,墓葬局部打破祭坛,即晚于祭坛,但埋墓与祭坛原始功能废弃的时间应间隔不久;第五,高规格的祭坛主体常用不同颜色的土构筑,以凸显中心方框,明确坛体中心;第六,祭坛主体上罕见遗迹或遗物,若有坑、沟类遗迹,平面也以矩形居多,绝非是日常生活遗迹;第七,同时段内很可能不只存在一处祭坛。

以往的考古发现显示,在江南地区土筑的方形祭坛从崧泽文化时期已经开始出现,如在浙江嘉兴南河浜③、江苏无锡邱承墩④均发现了崧泽文化晚期至末期的相关遗迹,证明良渚文化流行的祭坛形式应当同崧泽文化一

---

① 刘斌:《余杭卢村遗址的发掘及其聚落考察》,《浙江省文物考古研究所学刊(1997)》,北京:长征出版社,1997 年,第 113~119 页。
② 浙江省文物考古研究所:《良渚遗址群》,北京:文物出版社,2005 年,第 117、119 页图三五。
③ 浙江省文物考古研究所:《南河浜——崧泽文化遗址发掘报告》,北京:文物出版社,2005 年。
④ 南京博物院、江苏省考古研究所、无锡市锡山区文物管理委员会:《邱承墩:太湖西北部新石器时代遗址发掘报告》,北京:科学出版社,2010 年。

脉相承。有关祭坛主体近正方向的朝向问题,显然是有意为之。刘斌先生认为瑶山祭坛坛体的四角、汇观山祭坛坛体的四角与灰坑,均具有观象测年之具体用途。瑶山和汇观山祭坛主体"回"字形的四角所指方向分别约为北偏东45度、135度、225度和305度,经观测与夏至日出、冬至日出、冬至日落和夏至日落的方位一致。而且灰土框的位置是综合考虑周边山形加以选定的,若将灰土框在遗址内位移,则会因山脉遮挡而无法在同样角度看到两至时令的日出、日落①。

江阴高城墩是一座兀立于太湖西北部平原边缘的人工土墩,原面积较大,后遭不断破坏蚕食。1999年至2000年抢救性考古发掘,发掘面积约1100平方米,发现良渚文化墓葬14座、方形祭台1座。这处祭台本身可分内外两个台面,台体由两种土质筑成(图3-27)。内台宽3.25米、揭露长度3米,土色呈黄褐色,土质纯净坚硬。外台宽6.5米、揭露长度4.75米,系用坚硬的黄花土将内台的护坡在四面包裹,以形成更大的台面。祭台现存顶面同遗址堆积第4层相当②。所见良渚文化墓葬,均大致位于祭台南部(见图3-14)。

昆山赵陵山是位于太湖东部平原的一座人工土墩,1990年至1995年之间开展过三次考古发掘,确认为一处新石器时代晚期至商周时期的重要遗址。在遗址中部崧泽文化晚期至良渚文化早期的人工土台顶面偏东部,发现一座以多重土色营建的祭台。从已揭露的部分显示,祭台从里到外分别由五花土、黑淤土、褐土和粉黄土四种颜色土质堆筑构成。五花土台心和外围的黑色淤土覆土层构成了早期祭台。据发掘报告推断,早期祭台大致为东北—西南方向长方形,面积近200平方米,后又有至少两次扩建③。所见良渚文化墓葬,主要分布在祭台西部和南部。

在余杭反山墓地的发掘过程中,在土台顶面北列墓葬M20、M22和M23北侧,存在一处南北长约10米、东西宽约8米的长方形硬面。该硬面主要呈暗红色,由不规则的小块红烧土和黄土夹杂铺成,厚3~5厘米,极其

---

① 刘斌:《良渚文化的祭坛与观象测年》,《浙江省文物考古研究所学刊》第八辑,北京:科学出版社,2006年,第428~438页。

② 南京博物院、江阴博物馆:《高城墩》,北京:文物出版社,2009年,第21~22页。

③ 南京博物院:《赵陵山:1990—1995年度发掘报告》,北京:文物出版社,2012年,第37~40页。

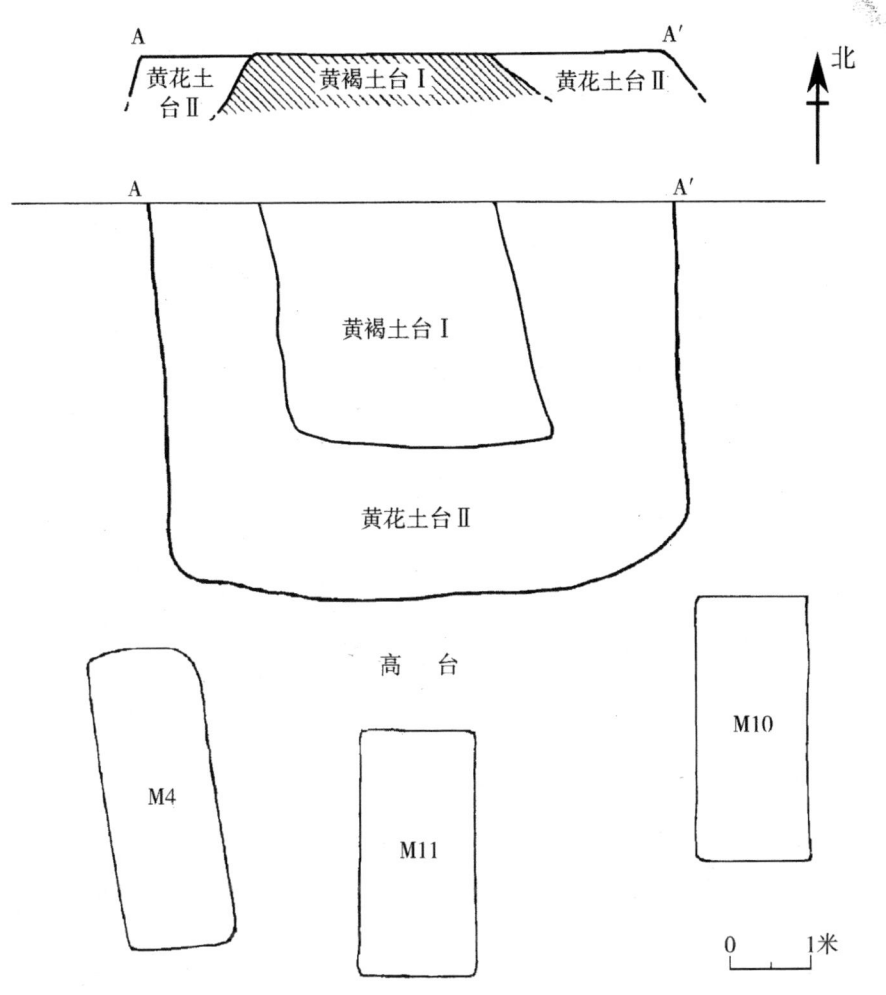

图 3-27　高城墩祭台平、剖面图

资料来源:引自《高城墩》图二五

坚硬,其南缘被 M22、M23 部分打破(见图 3-13)①。这一硬面的性质,很可能与高城墩的祭台性质相近。

陆建方先生认为在良渚文化高级别墓地中,最高贵的死者通常葬在祭

---

①　浙江省文物考古研究所:《反山》,北京:文物出版社,2005 年,第 16 页、第 12 页图四。

台南部且头向南,祭台的方位当与后人祭奠逝者相关①。诸如上述在高城墩、赵陵山和反山发现的遗迹,应当与祭奠先人的活动相关,祭台的年代至少与墓地中的部分墓葬是共时的。限于考古学所提供的年代信息,我们还不能确定如瑶山、汇观山这类祭坛,在墓地形成后,是否也变更了功能,用作凭吊祖先的祭台。

需要说明的是,这种对于已逝先人的祭祀行为属于家族内部的祭祀。即便良渚文化各社群基于神权而联结的政治组织形式,很可能均已凌驾于家族组织之上,但超越家族组织的祖先祭祀似乎还未出现。良渚文化诸社群中各个权势家族对于祖先的祭祀,并未达到夏商周时期"家天下"的宗庙祭祀阶段。这种祭祀行为与良渚文化的宗教信仰或许并不相关,类似莫角山土台上的宗教建筑或许可能是良渚文化或其局部阶段,整个环太湖地区或其一大部分区域的宗教(神权)中心,但诸如上述反山或瑶山、汇观山等祭台(坛)的影响,则仅限于古城社群中的某些权势家族内部。此外,瑶山祭坛和汇观山祭坛所具观象授时之功能,同样很可能限于墓地所代表的特定家族所使用,这与在山西襄汾陶寺遗址所见龙山时代"敬授民时"的天文观象遗迹性质不同。一方面是良渚文化祭坛的规模通常有限,更为重要的是它们不具备同时段内的唯一性,说明这种权力是分散的。

值得注意的是,良渚遗址群内汇观山、卢村、子母墩祭坛的位置均处于天目山余脉大遮山与良渚古城之间的一线,而古城社群的政治组织又将如何防御大遮山的山洪作为一项非常重要的工作,故而类似祭坛选址及其功能寓意是否与此相关,也是需要我们在今后的工作中注意并思考的。海岱地区的教场铺城址和景阳岗城址是当地龙山文化城址中规模较大的两座,面积分别为33万平方米和38万平方米,在这两处城址中均发现与祭祀相关的土台。刘莉即指出这两处城址沿古济水分布,且这一地区长期洪水泛滥,城墙及祭坛的修建,可能与控制洪水有关②。

在钱山漾类型、广富林类型、马桥文化及本区晚商期诸类遗存中,还均未发现性质可以明确判定为祭坛或其他进行祭祀活动的遗迹,在本区周代

---

① 陆建方:《良渚文化墓葬研究》,《东方文明之光——良渚文化发现60周年纪念文集》,海口:海南国际新闻出版中心,1996年,第176~217页。

② [澳]刘莉著,陈星灿、乔玉、马萧林、李新伟、谢礼晔、郑红莉译:《中国新石器时代:迈向早期国家之路》,北京:文物出版社,2007年,第188、189页。

考古中常见的祭祀遗存大多都是与丧葬活动密切相关的,尤以前述土墩墓中的祭祀遗存最为常见①。

在地处太湖平原与宁镇地区相交接的江苏丹阳神河头遗址②曾发现一处规模较大、延续时间较长的大型祭坛遗迹。祭坛坛体平面略呈圆角长方形,正南北向,近覆斗状堆筑,坛底南北长81.5米、东西宽68米,占地面积5500余平方米,现仍高出周围地面约4.8米。在祭坛四周尚存一宽约20~35米的环壕,形制较为规整(图3-28:1),现今其内有水。考古工作者在神河头祭坛坛面上发现周代祭坑30处,其中1号祭坑(K1)位于祭坛中心,面积最大,平面略呈圆角方形,南北长17.9米、东西宽16.1米(图3-28:2),其余29处祭坑围绕K1分布,排列未见明显规律,部分祭坑之间尚存在打破现象,但未见侵扰祭坛中心的K1者。

从对神河头K1的发掘情况来看,其坑壁处理得十分规整,且在坑壁和坑内堆积分层层面上均发现用火燎烧的烧土面。从坑内堆积分层及出土的大量完整陶器来看,K1沿用时间很长,其中K1⑥层和⑤层堆积年代属西周早中期,见有属于同期吴文化比较典型的陶鬲和泥质陶器,K1④层年代约属西周晚期至春秋早期,K1③层年代应为春秋中晚期,均见同期吴文化典型遗物,K1②层和①层出土遗物的年代则可晚至战国中期。其他29处祭坑使用的年代各不相同,但部分祭坑也存在延续使用的迹象。K12东北紧邻K1,坑口平面近椭圆形,南北长0.48米、东西宽0.34米、深0.6米,坑壁较直,坑底呈尖圜底状,坑内填土呈黄褐色,质稍硬。K12内斜插青铜附耳剑一把,剑身的二分之一深入坑内(图3-28:3),铜剑年代约属春秋早中期。

本书作者认为,神河头所见遗迹是一处西周至春秋时期吴国的高规格祭坛。在祭坛东南约1.5千米处,即为丹阳葛城遗址③,这处城址很可能在西周晚期至春秋早期曾一度作为吴国都城,是吴国势力由宁镇地区向环太湖地区挺进的一个重要节点,祭坛与城址之间应具密切关联。这处吴国祭坛与前述良渚文化的祭坛相比,差别主要表现为:祭坛规模巨大;祭坛上不

---

① 付琳:《土墩墓祭祀遗存考辨》,《东南文化》2015年第3期,第68~76页。
② 南京博物院、丹阳市文化局:《江苏丹阳神河头遗址发掘简报》,《东南文化》2010年第5期,第36~41页。
③ 南京博物院、镇江博物馆、丹阳市文化局:《江苏丹阳葛城遗址考古勘探与发掘简报》,《东南文化》2010年第5期,第30~35页。

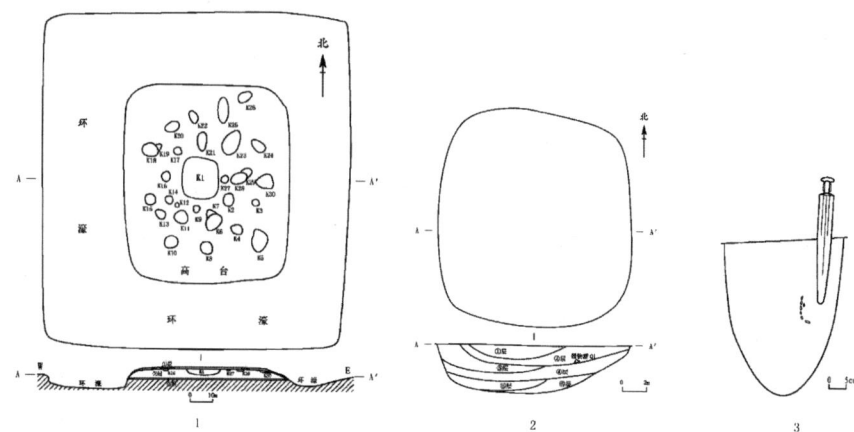

1. 神河头祭坛 2. K1 3. K12

图 3-28 神河头祭坛与其上祭坑

见墓葬,而以挖掘祭坑并摆放祭品为主要的祭祀模式;祭坑分布呈向心结构,类似结构在前述宁镇地区吴国的"一墩多墓"土墩中也曾发现,理念相通,符合吴国的礼制。更为重要的是,这一祭坛很可能并非是属于某一家族进行祭祀的场所,或许与当时吴国国家政体相关的某类祭祀活动有关。即便吴国都城历经迁徙,但在神河头祭坛的祭祀活动并未中断。至于为何在吴国灭亡后的战国早中期,这里的祭祀活动仍有一定的延续迹象?这种现象是否与越国统治故吴地的策略相关,尚难知晓。

二、神人与动物

在良渚文化诸社群中共同信奉的、最为重要的神祇,是玉礼器上的"神人兽面纹"。这一神秘的纹样母题是良渚文化的一种创造,也是良渚文化社会组织形式超越此前时期的一项重要标志。1986 年在余杭反山墓地的发掘和资料整理过程中,发现并确认了完整形态的神人兽面纹(图 3-29),并认为是良渚人所崇拜的"神徽"①。这一发现旋即引起学界高度关注,学者对于这种纹饰的构图、含义和形象来源等问题有着长期讨论。

---

① 浙江省文物考古研究所反山考古队:《浙江余杭反山良渚墓地发掘简报》,《文物》1988 年第 1 期,第 1~31 页。

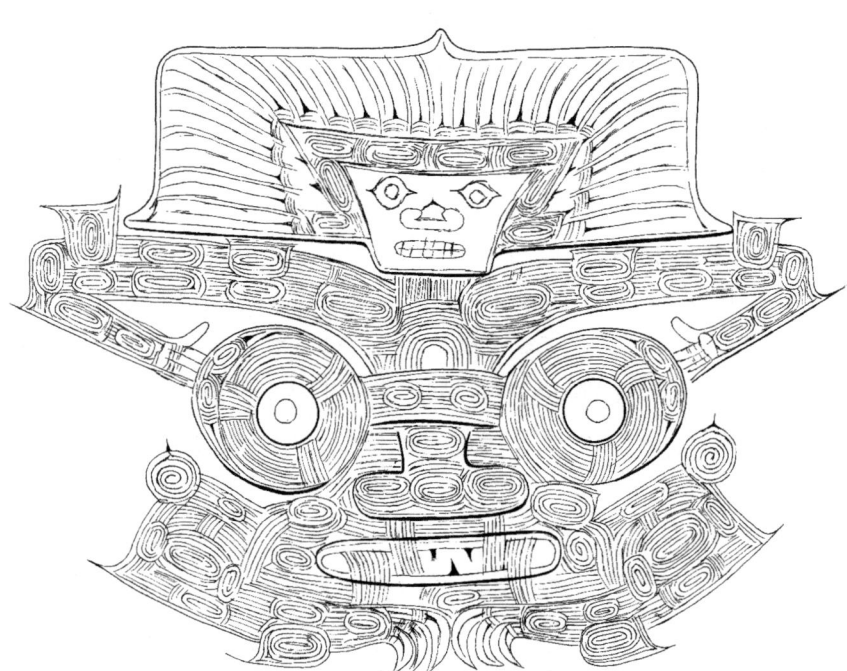

图 3-29 反山玉琮(M12:98)上的神人兽面纹

资料来源:引自《反山》图三八

最初,学者多认为这一图案所表现的是一下肢呈蹲踞状的神人,认为可以将这种人形和兽面的复合图像解读为"一位头戴羽冠的英俊战神,其胸腹部位隐藏在兽面盾之后,作冲击前跳跃动作。另外一种解释是兽神的人形化,既可以作在兽面的表象里包含着人形的精灵,或是兽的精灵已具有人的形状"[①]。但事实上还发现有单独的兽纹,其前肢呈蹲踞状(图3-30:2、3),故而有学者提出所谓神人的下肢,当为兽面的前肢[②],即神人系凌驾于兽面之上,这一观点现已得到多数学者承认。

---

① 牟永抗:《良渚文化玉器上神崇拜的探索》,《庆祝苏秉琦考古五十五年论文集》,北京:文物出版社,1989年,第187页。

② 邓淑蘋:《考古出土新石器时代玉石琮研究》,《故宫学术季刊》(台北)第6卷第1期,1988年2月,第718页;方向明:《良渚文化玉器所反映的原始宗教》,《江西文物》1991年第1期,第54~59页。

对于神人与兽之间的关系,张光直先生认为当是巫师与其役用之蹻①,杨伯达先生认为是觋与其用之道具兽②,类似推测是有道理的。目前,完整的神人兽面纹图像发现数量并不多,主要见于良渚文化早中期余杭瑶山、反山墓地出土的高规格玉礼器上,特别是琮这类法器。刘斌先生曾指出神人兽面纹是构成良渚式玉琮的核心因素,是其灵魂,从一定意义上讲琮体本身不过是为表现这一灵魂而设的躯壳③。另外,在良渚文化晚期的上海青浦福泉山吴家场M207出土的象牙权杖上也见有多幅神人兽面纹图像。相关考古发现显示出这种宗教意味极强的纹饰,很可能诞生于当时良渚文化的宗教(神权)中心,其最早产生自古城社群的可能性最大。方向明先生认为琮体形态和神像构图在良渚文化形成之初即已设计好了④,完整的神人兽面纹应当是其各种变体形式和简化形式的来源和母题,是信奉相同神祇的良渚文化各个社群进行纹饰造像的规范与依据(图3-30)⑤。

我们认为这一形象展现的应当是巫师借助神兽沟通天地的场景。部分神人兽面纹或其简化变体两侧配有鸟纹,故而鸟应当也是巫师沟通天地的重要凭借。这种几乎占据良渚文化最高规格遗物的神秘纹饰,所代表的应是一种近乎统一的宗教意识形态。不过,伦福儒(Colin Renfrew)认为以神人兽面纹作为良渚古城甚或是以良渚古城为中心的更大社会单元的社群共同体的标志是有可能的,但其含义未必是宗教性的,可能是社会性的⑥。本书作者认为单就玉琮这类神人兽面纹最重要的载体而言,其作为宗教法器的功能性是很明确的。在良渚文化中,这种近乎统一的宗教信仰是促成诸社群相互联结的根源所在。

饶有兴味的是,牟永抗先生于1993年曾撰文指出良渚文化的神徽形象

---

① 张光直:《濮阳三蹻与中国古代美术上的人兽母题》,《文物》1988年11期,第36~39页。
② 杨伯达:《反山12号墓墓主生前身份考》,《巫玉之光》续集,北京:紫禁城出版社,2011年,第164~201页。
③ 刘斌:《良渚文化玉琮初探》,《文物》1990年第2期,第30~37页。
④ 方向明:《维系良渚社会稳定的唯一标识——良渚玉器神像的起源和含义》,《中国文物报》2017年11月3日第5版。
⑤ 方向明:《神人兽面的真像》,杭州:杭州出版社,2013年,第89页。
⑥ [英]科林·伦福儒、刘斌著,陈明辉、朱叶菲、宋姝、姬翔、连蕙茹译:《中国复杂社会的出现:以良渚为例》,《南方文物》2018年第1期,第63~68页。

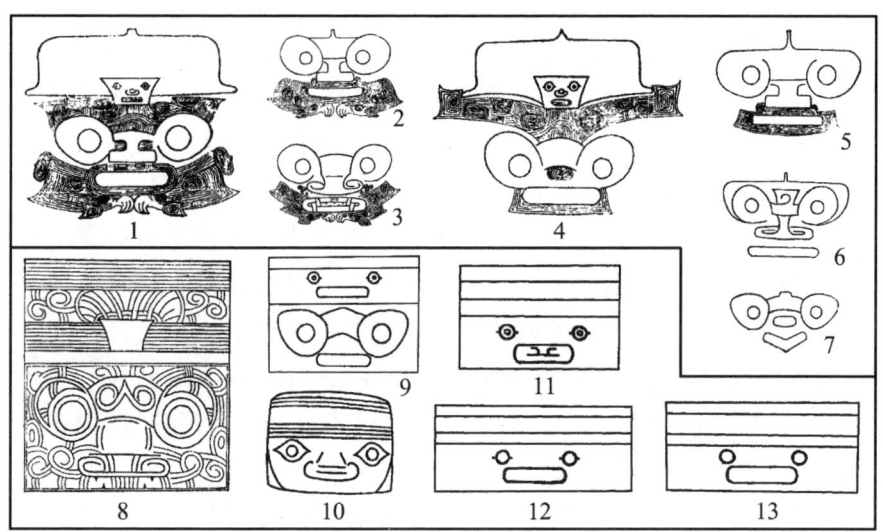

1.反山 M22:20　2.反山 M12:87　3.反山 M17:8　4.反山 M22:8　5.反山 M22:11　6.反山 M12:85　7.反山 M23:67　1~7.神人兽面纹的简化省略图形　8.瑶山 M12:1　9.反山 M17:2　10.瑶山 M7:50　11.反山 M14:180　12.反山 M14:181　13.反山 M21:4　8~13.玉琮转角处神人兽面纹的省略和简化图

图 3-30　神人兽面纹的简化和变体图形举例

资料来源:改自牟永抗《良渚文化玉器上神崇拜的探索》图三、图四

是"人形化的太阳神"①。而此前公认的一神教或独神信仰的出现,大约始自公元前十四五世纪埃及法老埃赫那顿从众神之中认定太阳作为独一无二的真神"阿顿"②。良渚文化神徽所代表的统一宗教信仰,如果也是对太阳神的崇拜,便不单从时间角度上将一神教宗教形态的历史向前推进了近两千年,也为讨论东、西方宗教发展及其在古代文明传统形成过程中起到的作用提供了非常重要的对比资料。埃赫纳顿的宗教改革虽然失败了,而独神信仰的观念却对后来的犹太教和基督教产生了重要影响。良渚文化这一族群宗教之本体伴随着良渚早期文明的消亡而匿迹,或许在形式上对华南地

---

① 牟永抗:《东方史前时期太阳崇拜的考古学观察》,原载于台北《故宫学术季刊》第 12 卷第 4 期,后收录于《牟永抗考古学文集》,北京:科学出版社,2009 年,第 413~436 页。

② 许倬云:《中西文明的对照》,杭州:浙江人民出版社,2016 年,第 60 页。

区古老的傩文化有一定影响①。

良渚文化部分高级别玉钺、钺瑁及钺镦上也有神人兽面纹,若作为法器的玉琮是神权的象征物,那玉钺象征何种权力？林沄先生认为斧钺是王权的象征物,而在此之前则是军事民主制时期军事酋长的权杖,是军事统帅权的象征②。张忠培先生认为玉钺直接象征的当仅是军权,在什么情况下同时又象征王权,仍值得研究③。还有学者指出良渚文化的玉钺应是王权的象征,很难与军权进行直接联系④。笔者认为玉钺从象征军权到象征王权的转变过程与途径,可能在不同的文化传统中存在差异。反山 M12:100 饰有神人兽面纹的玉钺,以及瑶山 M7 玉钺出土时在瑁、镦附近各见琮式管（小琮）1 件作为钺杖的装饰⑤,均为我们提供了很好的解释线索,即在良渚文化中无论军权抑或王权,均来源并从属于神权。良渚文明属于神权政体。本书作者认为,要维系良渚宗教持独神信仰的神权政体稳定运行,无疑需要具有杀伐权力,故而在良渚文化社群中拥有玉钺的权贵,应具备号召武力或实际掌握一定军权⑥。

在良渚文化遗址得以少量保存下来的人骨遗存中,已显示出有用人头

---

① 卜工先生认为良渚神徽所表现的即为傩,良渚文明的礼制特点亦为傩,参见卜工:《良渚礼制研究》,《浙江省文物考古研究所学刊》第八辑,北京:科学出版社,2006 年,第 316~334 页。本书作者认为两者之间或存关系,但应是间接的,就像周汉王朝所赋予琮的含义与良渚文明中琮的含义存在很大差距,因其间经过了龙山时代对于琮内在含义的改造。

② 林沄:《说"王"》,《考古》1965 年第 6 期,第 311~312 页。

③ 张忠培:《良渚文化墓地与其表述的文明社会》,《考古学报》2012 年第 4 期,第 401~422 页。

④ 秦岭:《权力与信仰——解读良渚玉器与社会》,《权力与信仰:良渚遗址群考古特展》,北京:文物出版社,2015 年,第 20 页;方向明:《聚落变迁和统一信仰的形成:从崧泽到良渚》,《东南文化》2015 年第 1 期,第 102~112 页。

⑤ 这两套玉钺杖的详细情况可参方向明:《良渚玉器线绘》,杭州:浙江古籍出版社,2018 年,第 189~197 页。

⑥ 戴向明先生称之"军事保障权",有一定道理,参戴向明:《简论中国早期国家形成的动力机制》,《新果集（二）:庆祝林沄先生八十华诞论文集》,北京:科学出版社,2018 年,第 118~135 页。

骨制器这一特殊习俗。在浙江余杭下家山大灰沟①和上海青浦吴家场M207②中均出土有良渚文化晚期的人头盖骨容器(图3-31),这比在河北邯郸涧沟遗址发现的龙山时代的人头盖杯③年代还要略早,是目前我国发现此类特殊遗物年代最早的记录。也显示出良渚文化的社群生活,可能不如我们想象中那般温和平顺。限于相关资料较少,还不能确定这是否与曾广泛流行于华南和东南亚地区土著族群中的猎首习俗有关。不过,在春秋末期河南固始侯古堆一号墓中也出土了用人头盖骨加工制作的器皿④,而该墓墓主很可能是某位吴王的夫人。这无疑提示我们在今后的工作中要注意江南地区先秦时期土著族群与类似风俗起源之间的关系。

以神人兽面纹为神徽的良渚文明消亡以后,在江南地区这种极富特色的宗教信仰已基本绝迹。虽然广富林类型发现有玉、石琮,钱山漾类型中也可能有琮,但均只空留退化的"躯壳",而丧失了其原有之"灵魂"。本书作者相信当良渚文明的宗教信仰在本区终结以后,区内龙山时代至夏商时期诸文化类型的社群应当也具有自身的宗教信仰,但还没有充足材料可供我们探讨这一问题。值得注意的是,龙山时代开启的近乎素面形制的琮,已超越江南地区广泛分布,并对商周王国和汉帝国的深远影响,其起源地在哪?十分值得探究。本书作者认为这一考古学现象背后所展现出的是,持非良渚文明宗教信仰的群体对于琮功能含义的重塑,将琮由凌驾于世俗权力之上的法器,转化为附属并配合世俗权力的祭器。

良渚文化玉器和刻纹黑陶中还有龙的形象。玉器中的龙首纹应直接源自区内先行的崧泽文化,并显示出与凌家滩文化及更为遥远的红山文化具有一定关系。对于"龙"的崇拜在良渚文化初始阶段,有可能是独立于神人

---

① 浙江省文物考古研究所:《下家山》,北京:文物出版社,2014年,第312、313页。
② 上海博物馆:《上海福泉山遗址吴家场墓地2010年发掘简报》,《考古》2015年第10期,第46~65页。
③ 严文明:《涧沟的头盖杯和剥头皮风俗》,原载于《考古与文物》1982年第2期,后收入严文明:《史前考古论集》,北京:科学出版社,1998年,第334~338页。
④ 中国社会科学院考古研究所:《新中国的考古发现和研究》,北京:文物出版社,1984年,第315页。

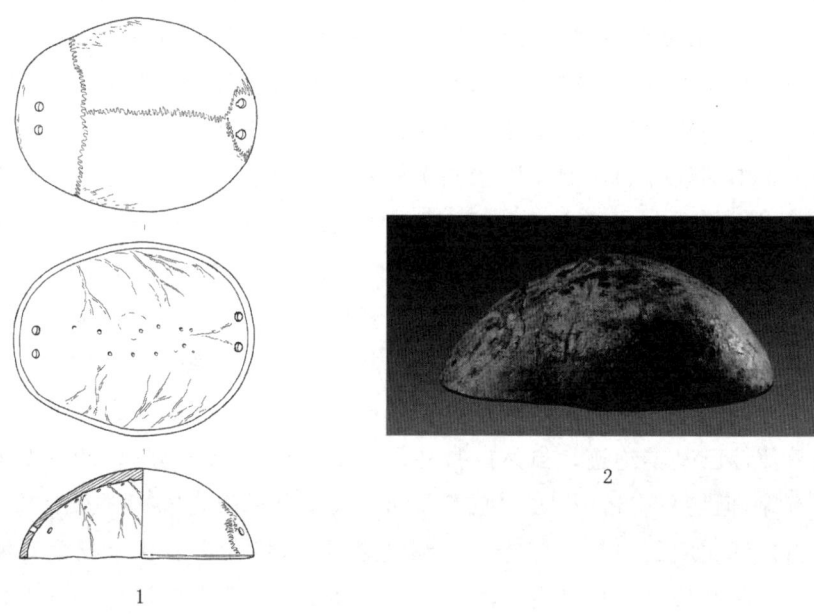

1. 卞家山 G1②:223 2. 吴家场 M207:89

图 3-31　良渚文化中的人头盖骨容器

兽面纹体系之外的①。但龙首纹在良渚文化玉器中保留的时间并不长,后融入神徽的兽面形象之中②。相较而言,在刻纹黑陶中保留龙的形象则更为持久。随着环太湖地区与南部山地文化交流的日趋紧密,对于蛇的特殊崇拜,愈发体现在江南地区于越族群的精神领域,将蛇视为于越的图腾物似不为过。考古发现中东周越国遗物上蛇的形象和以蛇为纹饰的例子比比皆是(图 3-32)。

2002 年浙江省博物馆从民间征集到一柄出土的越王州句铜剑,年代为战国早期。该剑出土时附完整的漆木剑鞘与剑匣,十分难得。在剑鞘上存

---

① 刘斌:《法器与王权:良渚文化玉器》,杭州:浙江大学出版社,2019 年,第 115 页。

② 详参方向明:《神人兽面的真像》,杭州:杭州出版社,2013 年,第一章第五节。

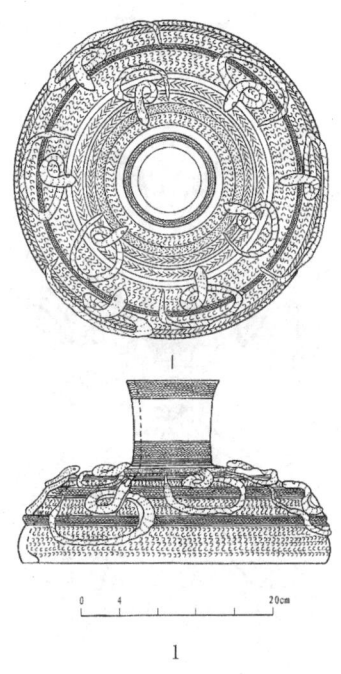

1.原始瓷鼓座 DⅧM1:1053　2.玉带钩 DⅧM1:21（均出自无锡鸿山 DⅧM1）

图 3-32　战国时期越国遗物上的蛇形象和蛇纹举例

有朱漆绘制的一幅"神人操蛇"图案（图 3-33）①。图案中神人头饰羽毛，身体赤裸，左手操蛇，右手执一戈状兵器（或为靴形钺），大腿内侧和脚部抽象为卷云状，腿部饰点纹。值得注意的是，神人头部形态与其所持蛇头的形态相近，腿部所饰之点纹也与蛇身所饰者相同。

蛇为于越族的象征，在早期文献中存有大量记载，如《吴越春秋·阖闾内传》载：吴"欲东并大越，越在东南，故立蛇门以制敌国……越在巳地，其位蛇也，故南大门上有木蛇，北向首内，示越属于吴也"②。越王州句剑剑鞘上的这幅神人操蛇图案发现的意义在于，其表现出了神人与蛇之间的互动，笔者认为这一图像所展示的并非是神人制蛇或欲斩蛇，而应当是蛇与神人相

---

①　杨琮、陈浩主编：《越魂闽魄》，福州：福建教育出版社，2008 年，第 133、135 页。

②　（汉）赵晔：《吴越春秋》，南京：江苏古籍出版社，1999 年，第 31 页。

1　　　　　　　　　　　　　　2

图 3-33　越王州句铜剑上的神人操蛇图案

资料来源：采自《越魂闽魄》，第 133、135 页

伴，蛇很可能是神人的一种工具。在这柄州句剑的剑身上，也满饰两蛇交缠之暗纹，亦表现出蛇的工具性含义。据此，笔者推测这幅神人操蛇图案所表现的很可能是于越战神的形象。

江南地区新石器时代的先民和商周时期的越族均有鸟崇拜，对此学者已有详论①。实际上，对于鸟的崇拜，是古代东方夷、越族群共有的倾向。对于古代东方鸟图像的象征意义，可以在相关考古材料与古史传说中找到

---

① 蒋乐平：《浙江史前鸟像图符的寓意及流变》，《浙江省文物考古研究所学刊（1997）》，北京：长征出版社，1997 年，第 219～226 页；林华东：《再论越族的鸟图腾》，《浙江学刊》1984 年第 1 期，第 94～97 页。

多组平行式的关系①。值得注意的是,在良渚文化和吴越文化较为重要的遗物中出现的立鸟形象,含义应当有所差别。

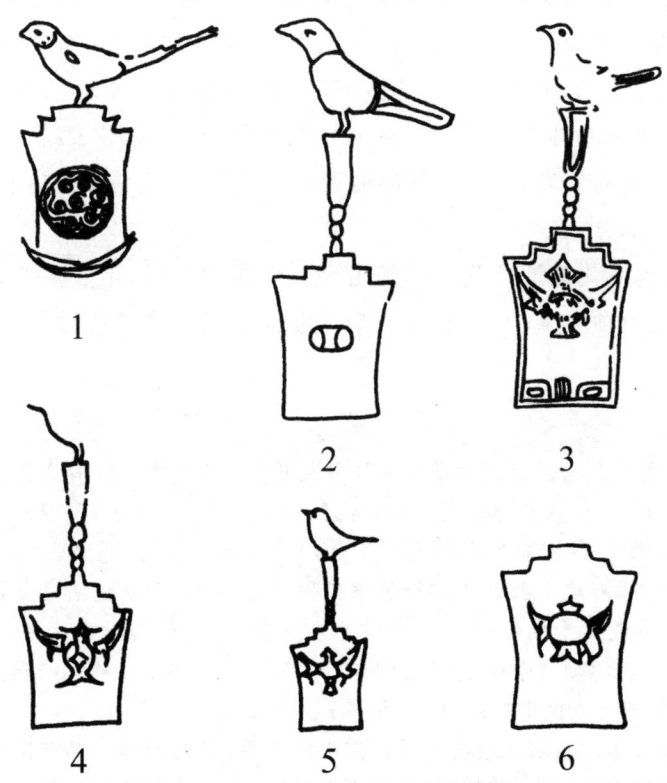

1~3.美国弗利尔美术馆藏璧　4.台北故宫博物院藏琮　5.首都博物馆藏琮　6.余杭安溪百亩山璧,图像来源均引自《试论良渚文化玉璧》图二

图 3-34　良渚文化玉璧、琮上的立鸟刻符及相关纹饰

在传世疑似良渚文化的重要玉器上,见有多例刻画"立鸟"形象的图案

---

① 详参巫鸿:《东夷艺术中的鸟图像》(1985年),收入《礼仪中的美术:巫鸿中国古代美术史文编》,北京:生活·读书·新知三联书店,2016年,第11~28页。

化符号(图 3-34)①。立鸟本是描摹自然界常见的场景,但由于其所立高台之形象应当与部分良渚文化重要祭坛的原貌或上有宗教建筑的多级土台接近,类似图案又多集中出现在古城社群的重要玉器上②,很可能寄托精神含义。加之部分神人兽面纹左右两侧或下方表现鸟的形象(如余杭瑶山 M2:1 玉冠状器、反山 M12:100 玉钺),玉三叉形器很可能取象于鸟③,瑶山 M10:20 玉牌饰整体表现的似是神人驾驭鸟兽合体(见图 2-2:4),显示出鸟既是天地之间的使者,又为巫师沟通天地的凭借,是良渚文化宗教内容的一个重要组成部分。

在吴、越文化遗址及墓葬中曾出土五件青铜鸠杖,十分重要,分别见于江苏丹徒北山顶大墓④、青龙山大墓⑤、浙江绍兴漓渚中庄村⑥、吴兴埭溪⑦

---

① 对此类刻符已有很多学者关注并讨论过,参张弛:《良渚文化玉器"立鸟"刻符比较研究一例》,《文物季刊》1998 年第 4 期,第 54~62 页;蒋卫东:《试论良渚文化玉璧》,《浙江省文物考古研究所学刊(1997)》,北京:长征出版社,1997 年,第 227~237 页;邓淑蘋:《由良渚刻符玉璧论璧之原始意义》,《良渚文化研究——纪念良渚文化发现六十周年国际学术讨论会文集》,北京:科学出版社,1999 年,第 202~214 页;李学勤:《余杭安溪玉璧与有关符号的分析》,《文明的曙光——良渚文化》,杭州:浙江人民出版社,1996 年,第 240~246 页。

② 1992 年出自浙江余杭安溪百亩山的玉璧,是目前唯一具有出土地点信息的带有类似刻符的玉器。但根据相关线索可知,带这类刻符的玉器均与良渚遗址群内的安溪有关,也有学者推测它们应源出于同一地点,参邓淑蘋:《良渚玉器上的神秘符号》,《故宫文物月刊》1992 年第 10 期,第 26~47 页。

③ 刘斌:《关于良渚玉器分类与定名的几点认识》,《文明的曙光——良渚文化》,杭州:浙江人民出版社,1996 年,第 226~239 页;刘斌:《良渚文化的鸟与神》,《纪念浙江省文物考古研究所建所二十周年论文集(1979—1999)》,杭州:西泠印社,1999 年,第 89~95 页。

④ 丹徒考古队:《江苏丹徒北山顶春秋墓发掘报告》,《东南文化》1988 年第 3、4 合期,第 13~50 页。

⑤ 丹徒考古队:《丹徒青龙山春秋大墓及附葬墓发掘报告》,《东方文明之韵——吴文化国际学术研讨会论文集》,广州:岭南美术出版社,2000 年,第 10~35 页。

⑥ 蔡晓黎:《浙江绍兴发现春秋时代青铜鸠杖》,《东南文化》1990 年第 4 期,第 116、39 页。

⑦ 浙江省博物馆:《浙江文物》,杭州:浙江人民出版社,1987 年,图版 38。

和德清武康龙山村①(图 3-35),年代均属春秋晚期至战国早期。前文已述宁镇地区这两座吴国墓葬很可能均为一代吴王之陵墓,绍兴漓渚和吴兴埭溪所见两件鸠杖的形制规格与之近似,应归属于越国内级别很高的权贵。德清武康所出鸠杖形制略有差异,杖首亦存一人形,头顶应为立鸟,惜已残断。大多数学者认为这类器物的功能是权杖,邹厚本先生认为是悬鼓上的"鸠柱"②,可备一说。笔者认为此类器物的具体用途,无论是象征权力的"鸠杖",还是与悬鼓相配"鸠柱",均应当与军事权力有密切关系。悬鼓与军权的联系,可参前文对吴国贵族墓随葬军乐器的论述。

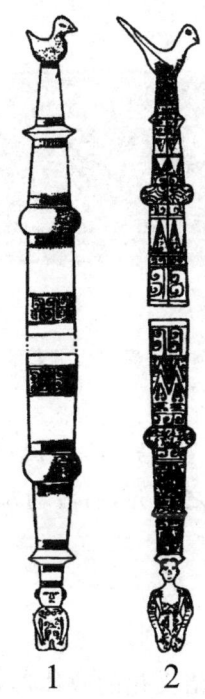

1.丹徒北山顶 M1:24　2.绍兴漓渚中庄村
图 3-35　吴、越文化的青铜"鸠杖"

---

① 周建忠:《德清出土春秋青铜权杖考识》,《东方博物》第十三辑,杭州:浙江大学出版社,2004 年,第 58～60 页。
② 邹厚本:《青铜"鸠杖"辨析》,《吴越地区青铜器研究论文集》,香港:两木出版社,1997 年,第 275～278 页。

1971年出土于广西恭城秧家的一件春秋、战国之际的铜尊①,纹饰十分重要,可为这一推测提供证据。该尊纹饰表现的主题为蛇噬蛙,也见鳄鱼和蜥蜴游走于蛇、蛙之间,可以确定鳄鱼、蜥蜴也参与了噬蛙活动。在动物纹样之间的醒目位置,便存在一件鸠杖和一件带鸠柱的悬鼓形象,与上述吴越地区出土的实物形态非常接近(图3-36)。正是这两件器物形象的出现,使得这幅图景不可能再是对于自然界场景的单纯描绘,而显然是用图腾物蛇、蛙、鳄鱼、蜥蜴之间的互动,表现图腾背后所代表族群之间的战争和联盟行为②。据此,可知吴越文化中的立鸟形象与军事权力密切相关。

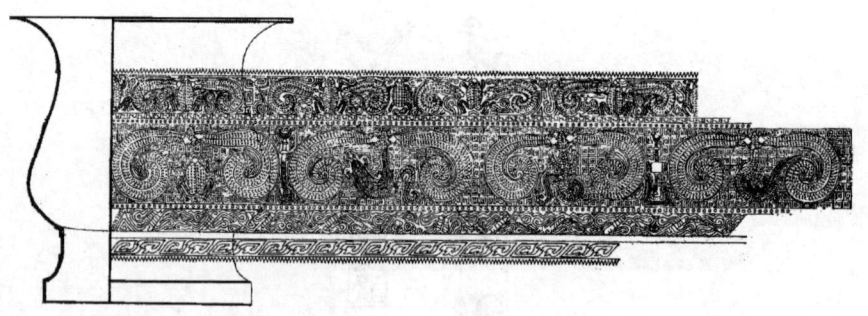

图3-36 恭城秧家出土铜尊纹饰展开图

可见,古扬州之域悠居的"阳鸟"③,在良渚文化和吴、越文化表现权力的情境中,很可能前者是神权之媒介,后者为军权的象征。

三、小　结

通过比较可以发现,在良渚文化的政体形式中世俗权力(军事、资源、技术)可能掌握在社群中以家族为代表的单位内,但统一的宗教信仰为良渚文

---

① 广西壮族自治区博物馆:《广西恭城县出土的青铜器》,《考古》1973年第1期,第30~34页。
② 对秧家尊及相关铜器纹饰的解析,笔者拟另文专论。
③ 多家注解《尚书·禹贡》均采用"阳鸟,鸿雁之属"。巫鸿先生认为阳鸟代表长江下游东夷族的一个以鸟为名的分支,参巫鸿:《东夷艺术中的鸟图像》(1985年),收入《礼仪中的美术:巫鸿中国古代美术史文编》,北京:生活·读书·新知三联书店,2016年,第11~28页。

化家族、社群的联合提供了基础。良渚文化的家族、社群及社群联盟的联结纽带,正是信奉相同的宗教。近乎一神教的宗教形态深刻影响着良渚文化的政治组织形式,并凌驾于当时的社群政体之上。基于此,使得掌控神权的社群可以通过某种对神权进行再分配的方式,如对神徽和法器进行分配[①],在较长阶段内引领跨区域的社群联盟。

东周时期的吴、越两国均已建立相对成熟的王权政体,宗教信仰附属于政体之下。如果说良渚文化社群以宗教活动为其最重要内容,良渚文化的早期文明是由宗教促成和保障的,那于越族和由其建立的越国则自始至终均与战争相伴。前述越国的建立很可能是由于外部军事压力,导致内部社群走向联合,战争是促成于越走向国家文明的直接根源。如此,便不难理解在越王兵器上出现于越战神的形象。即便是基于相同的自然地理环境和密切的群体基因关系,立鸟的形象出现在良渚文化玉器和吴越文化铜器上,所彰显的却分别是神权与军权。

---

① 可参秦岭:《良渚玉器纹饰的比较研究——从刻纹玉器看良渚社会的关系网络》,《浙江省文物考古研究所学刊》第八辑,北京:科学出版社,2006年,第23~52页;[日]中村慎一著,刘恒武译:《良渚文化的遗址群》,《古代文明》第2卷,北京:文物出版社,2003年,第53~64页。

第四章

东亚陆海边疆发展与变革中的"江南"

> 驩兜进言共工,尧曰不可,而试之工师,共工果淫辟。四岳举鲧治洪水,尧以为不可,岳强请试之,试之而无功,故百姓不便。三苗在江淮、荆州数为乱。于是舜归而言于帝,请流共工于幽陵,以变北狄;放驩兜于崇山,以变南蛮;迁三苗于三危,以变西戎;殛鲧于羽山,以变东夷:四罪而天下咸服。①
>
> ——《史记·五帝本纪》

东亚大陆不同区系的考古学文化之间,自距今6000年前后开始频繁互动。到距今5000年前后出现一些如星斗般散布的早期文明,并可能已存在跨区域的竞争活动。约至距今4000年前后,逐鹿中原已成大势,不同区域不同传统的早期文明碰撞交融,华夏王权国家初成。本章将在东亚大陆的宏观背景下,考察江南地区的土著文明发展史,并从考古学文化演进与文明发展大势等角度做些初步的跨区域比较研究。

---

① (汉)司马迁:《史记》,北京:中华书局,2013年,第34页。

第一节

中原地区的文明进程与差序格局的形成

中原地区因在较长阶段内占据中华文明主脉的历史地位,而得到中国历史学家和考古学家的特别重视,这也为我们从考古学文化研究角度剖析"华夏中国"的发展历程提供了较为充足的资料。

考古学上的中原地区通常指黄河中游地区,包括今河南省大部、河北省和山西省的南部,以及陕西省的东部地区。中原地区的考古工作在我国起步最早,相关的文化史研究亦最为深入。相较于周边地区,中原地区的考古学文化面貌更为复杂,不同的小区内部存在不同的类型分支。本节主要侧重于在较为宏观的视野下考察并分析中原地区的文明化进程和地位,故而删繁就简,大致将中原地区自新石器时代晚期以来的先秦文化序列归纳为:庙底沟文化、庙底沟二期文化、龙山期诸文化类型、二里头文化和下七垣文化、二里冈期早商文化、殷墟期晚商文化和先周文化、西周文化及东周诸夏文化。

一、中原文化的辐射与吸收

庙底沟文化是中原地区仰韶时代中期的一支重要文化类型,不同的研究者也有将其称为"西阴村文化"或"西阴文化"的[①]。该文化以双唇口尖底瓶和平底瓶、曲腹盆、夹砂罐、圜底釜、灶为基本陶器组合,具有十分发达的弧线几何形彩陶纹样,而像生形的动物纹样则较半坡文化时期减少,其存续年代大致为公元前4000年至前3000年。与半坡文化时期中原地区较为纷杂的文化格局不同,至庙底沟文化时期,整个中原地区的文化面貌趋于统一。

张忠培先生指出庙底沟文化势力向周边地区扩张的范围,向东可达华

[①] 余西云:《西阴文化》,北京:科学出版社,2006年。

北平原北部、向西可达甘青湟水谷地、向南进入汉水中游与鄂北、向北推进至河套地区①。而庙底沟文化的部分彩陶器形和彩陶纹样向周边地区的扩散范围则更加广泛②。有学者认为庙底沟时代的到来标志着"早期中国文化圈"或文化上"早期中国"的形成③。本阶段中原地区这种文化上的强势表现,是以人口数量的增加和聚落发展为基础的。有学者将庙底沟文化的聚落分为三个不同等级:第一等级的聚落遗址面积超过30万平方米;第二等级聚落遗址的面积在10万至30万平方米之间;第三等级聚落遗址的面积为数千至万余平方米④。

在陕晋豫邻境地区,陕西华县泉护村遗址面积达93.5万平方米⑤,河南灵宝铸鼎原上的北阳平遗址面积达到90万平方米,与之邻近的西坡遗址虽已遭到破坏,但面积仍余约40万平方米⑥。同时,在泉护村和西坡等遗址内还发现有面积达二三百平方米的大型单体房屋建筑,显示出并非基层聚落的气相。在郑洛地区的郑州西山则发现一座黄河中游年代最早的城址⑦,该城大致始建于庙底沟文化晚期,平面近圜形,直径约180米,因南部已被冲毁,估计原城内面积约为25000平方米(图4-1)。余西云先生从文化格局与地理角度推断,西山城址可能是迫于大汶口文化西进的强大压力而

---

① 张忠培:《仰韶时代——史前社会的繁荣与向文明时代的转变》,《故宫博物院院刊》1996年第1期,第1~44页。

② 王仁湘:《史前中国的艺术浪潮——庙底沟文化彩陶研究》,北京:文物出版社,2011年。

③ 韩建业:《庙底沟时代与"早期中国"》,《考古》2012年第3期,第59~69页。

④ 赵春青:《郑洛地区新石器时代聚落的演变》,北京:北京大学出版社,2001年;魏峻:《中原地区的史前聚落演变与早期文明》,《聚落演变与早期文明》,北京:文物出版社,2015年,第1~106页。

⑤ 陕西省考古研究院、渭南市文物旅游局、华县文物旅游局:《华县泉护村:1997年考古发掘报告》,北京:文物出版社,2014年,第4页。

⑥ 中国社会科学院考古研究所、河南省文物考古研究所:《灵宝西坡墓地》,北京:文物出版社,2010年,第10页。

⑦ 国家文物局考古领队培训班:《郑州西山仰韶时代城址的发掘》,《文物》1999年第7期,第4~15页。

修筑的①。值得注意的是,这种近圜形的城址结构,很可能是受到同期两湖地区遗址由环壕聚落演化到城址的影响和启发。近些年,长期开展考古工作的陕西高陵杨官寨遗址,总面积达 100 多万平方米,在遗址中发现一处庙底沟文化的大型环壕,围绕面积 24.5 万平方米,环壕中心为一大型水池遗迹。遗址东段环壕外存一处面积达 9 万余平方米的大型公共墓地,在已揭露的 3800 平方米范围内共发现 343 座史前墓葬②。这处遗址应为关中地区庙底沟文化中晚期某一社群的中心聚落。

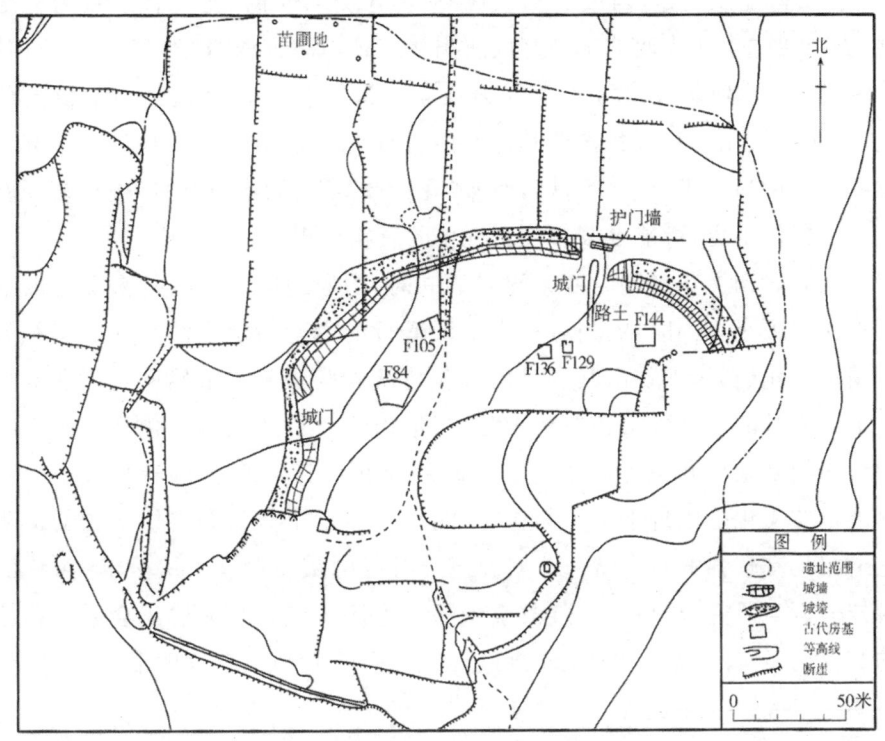

图 4-1　河南郑州西山城址平面图

资料来源:引自《郑州西山仰韶时代城址的发掘》图一〇。

---

① 余西云、赵新平:《西山城的情境分析》,《考古学研究》(十),北京:科学出版社,2012 年,第 317~323 页。
② 杨利平:《试论杨官寨遗址墓地的年代》,《考古与文物》2018 年第 4 期,第 53~60 页。

相较于大型聚落、早期城址和高规格单体建筑的发现,庙底沟文化阶段中原地区墓葬显示出的社会分层和复杂化程度似不及同期的东部地区,或在社会复杂化的道路上显示出了与众不同的取向。在以灵宝西坡 M27、M29 为代表的庙底沟文化大型墓中却罕见同期东部地区红山文化、大汶口文化和崧泽文化群大墓中所见的玉礼器或其他奢侈品,也不似屈家岭文化大墓用大量程式化陶器随葬。西坡 M27、M29 的随葬品显得十分质朴,均仅以少量陶器随葬,仅 M27 所见一对大口陶缸应是代表身份的礼器(图 4-2)①。值得注意的是,西坡 M8、M11 等中型墓②内却出土有代表权力的玉钺,方向明先生认为西坡中型墓内所出之玉钺与凌家滩遗存关系密切,可备一说③。上述现象大致可以解释为在庙底沟文化中社会权力与地位的彰显,并非是依靠随葬玉礼器或其他奢侈品而实现的,在这一阶段社群中有地位的人或许尚处于"贵而不富",而非"既贵且富"的状态,构建高规格墓葬所耗费的集体工力,可能是墓主社会地位的真实体现。

在庙底沟文化彩陶向四方辐射的同时,中原地区所见的外来文化因素所占比例很小,尤其罕见当时东方地区盛行的带有特定宗教观念的玉礼器等精英文化因素,展现出其自身的文化传统较为强势。虽然通过墓葬资料显示出当时的社会分层还并不十分明显,尚不宜对庙底沟文化社群政治组织结构的复杂性和文明程度做过高估量,但可以肯定的是,其已脱离了中原地区半坡文化阶段近乎平等的氏族社会,并显示出其社会组织结构的文明化道路具有较强的自身特色。刘莉通过对偃师灰嘴遗址大房子 F1 采样的科技分析与研究,指出这一阶段至少部分大房子应是与宴饮集会活动相关的礼仪场所④,并指出尖底瓶的功能是酿酒、贮酒和供群饮咂酒的饮酒器。

---

① 中国社会科学院考古研究所河南一队、河南省文物考古研究所、三门峡市文物考古研究所、灵宝市文物保护管理所、荆山黄帝陵管理所:《河南灵宝市西坡遗址 2006 年发现的仰韶文化中期大型墓葬》,《考古》2007 年第 2 期,第 3~6 页。

② 河南省文物考古研究所、中国社会科学院考古研究所河南一队、三门峡市文物考古研究所、灵宝市文物保护管理所、荆山黄帝陵管理所:《河南灵宝市西坡遗址墓地 2005 年发掘简报》,《考古》2008 年第 1 期,第 3~13 页。

③ 方向明:《琮·璧:良渚玉文明因子的接力与传承》,《大众考古》2015 年第 8 期,第 41~48 页。

④ 刘莉:《仰韶文化大房子与宴饮传统:河南偃师灰嘴遗址 F1 地面和陶器残留物分析》,《中原文物》2018 年第 1 期,第 32~43 页。

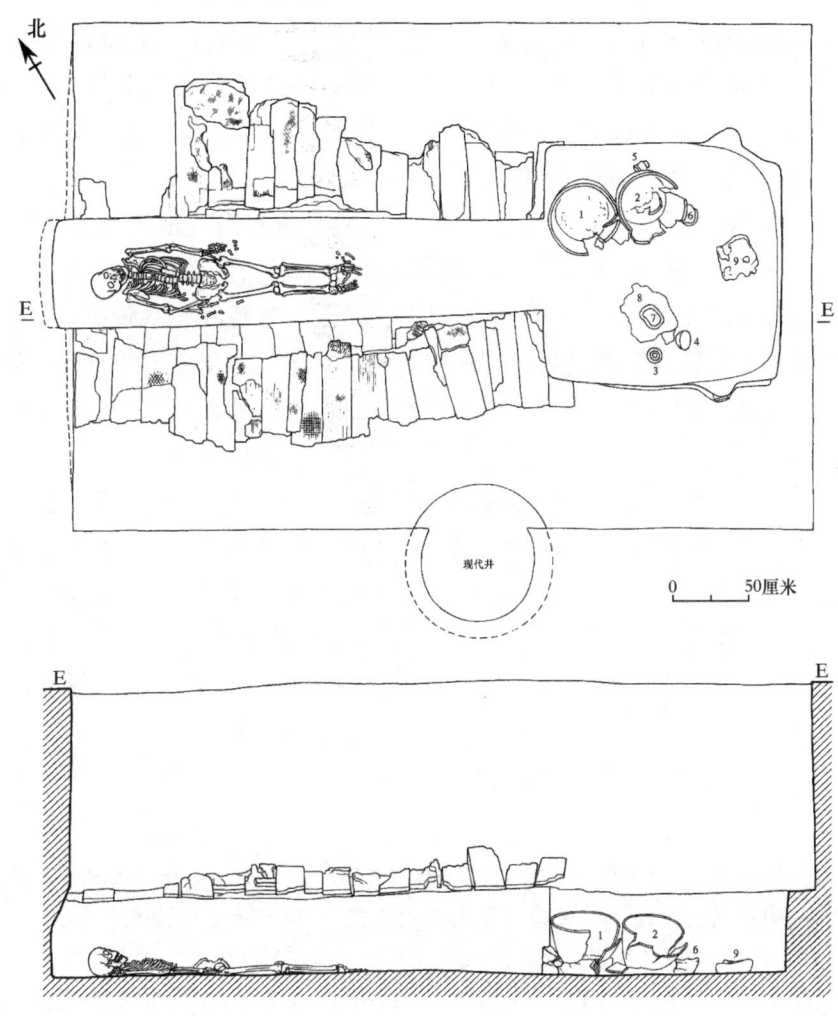

图 4-2 灵宝西坡 M27 平、剖面图

资料来源:引自《灵宝西坡墓地》图 2-27b

果若此,从酒器上也显示出与东部地区大汶口文化陶鬶等代表个人取向的酒器全然不同,是一种强调和维护群体利益的社会价值取向[①]。

---

① 刘莉:《早期陶器、煮粥、酿酒与社会复杂化的发展》,《中原文物》2017年第2期,第24~34页。

庙底沟二期文化①时期彩陶传统在中原地区已大幅衰落,陶器以夹砂陶鼎、斝、深腹罐、小口折肩罐、釜、灶等为基本组合,其中空三足的陶斝是庙底沟二期文化所创造的一类典型遗物②。陶器纹饰流行篮纹和附加堆纹,仅余少量网纹和条线纹等彩陶纹样。最新的测年数据显示庙底沟二期文化的存续年代约为公元前 2900 年至前 2300 年。

这一阶段中原地区的社会分层进一步加剧,来自东部地区的玉器因素大量进入本区。考古工作者在山西南部运城盆地的芮城清凉寺发掘了一处大型墓地,清理墓葬 355 座,可分为四期③。第一期墓葬数量较少,均为小墓,多数墓中未见随葬品,属于庙底沟文化阶段。第二期墓葬 189 座,墓葬之间已具明显的贫富分化,除了继续存在无随葬品的小墓外,另见有面积约 2 平方米且具随葬品的中型墓,这些墓以随葬钺、多孔刀、璧、环等玉、石器为主,所用器类和数量已具明显差别,个别墓葬中还随葬有鳄鱼骨板和猪下颌骨,可归属于庙底沟二期文化。第三期墓葬排列较为规范,核心区域的几座大墓面积近 6 平方米,男性墓居多,普遍存在殉人现象,虽经盗扰,仍存璧、环、联璜、多孔刀、钺等玉石器和鳄鱼骨板等高规格随葬品。第四期墓地开始衰落。第三、四期墓葬的年代已进入龙山时代,大量的殉人和毁墓现象很可能反映出不同地区社群(族群)之间的激烈冲突④。

清凉寺墓地发掘者薛新明先生认为第二至四期墓葬的墓主是与本地池

---

① 对中原地区"龙山时代"文化存续年代的认识,在学界一直存有争议,有学者将庙底沟二期文化视为中原地区龙山文化的先声,也有将之排除在外者,参见严文明:《龙山文化和龙山时代》,《文物》1981 年第 6 期,第 41~48 页;卜工:《庙底沟二期文化的几个问题》,《文物》1990 年第 2 期,第 38~47 页;中国社会科学院考古研究所:《新中国的考古发现和研究》,北京:文物出版社,1984 年,第 68~85 页。本书采用的观点是将庙底沟二期文化从中原地区龙山期诸文化中提取出来,因为就社会发展阶段而言,其与以陶寺文化、王湾三期文化等为代表的中原地区龙山期诸文化尚存一定差距,应将庙底沟二期文化视为中原地区由仰韶时代向龙山时代的重要过渡。

② 卜工:《庙底沟二期文化的几个问题》,《文物》1990 年第 2 期,第 38~47 页。

③ 山西省考古研究所、运城市文物工作站、芮城县旅游文物局:《清凉寺史前墓地》,北京:文物出版社,2016 年。

④ 韩建业:《葬玉、殉葬与毁墓——读〈清凉寺史前墓地〉》,《中国文物报》2017 年 6 月 13 日第 8 版。

盐外销相关的人群,第二期时食盐外销的活动尚未规模化,从第三期开始则可能出现了与管理并控制食盐外销相关的机构①。这种商业活动使得当地社群较早接触到东部地区的薛家岗文化、良渚文化、红山文化和大汶口文化的玉器因素,并开始在当地制作玉器,进而用之随葬以作为表现自身财富、地位或权力的象征。虽然清凉寺墓地第二期墓葬只是庙底沟二期文化在晋南地区的一处缩影,反映的是当地某一社群的社会发展状况,但从中可以看出与庙底沟文化时期不同的是,在这一阶段中原地区开始接受使用高等级的玉器代表身份的观念。本书作者认为,促成这种观念转变的原因,一方面固然是由于中原地区特殊的地理区位本身利于吸纳四方文化,但更为主要的是周边文化社群的精英在本阶段开始主动向中原地区辐辏,即将开启史前时期一轮较为激烈的逐鹿中原的活动。

二、逐鹿中原的龙山时代

中原地区的龙山期诸文化②主要包括嵩山南北伊洛地区的王湾三期文化和煤山文化③、豫西南的下王岗文化、豫东南的王油坊文化(也有学者称之为造律台文化)④、豫北冀南的后岗二期文化、晋南的陶寺文化、晋东南的小神类型⑤、豫西晋南交界的三里桥文化和陕西渭河谷地的客省庄二期文化。上述中原地区的龙山期诸文化之间,虽然在文化面貌上略有差异,但总体来看又同周边地区的海岱龙山文化、长江中游地区的石家河文化以及甘

---

① 薛新明:《山西芮城清凉寺墓地与潞盐的初期外销》,《东方考古》第12集,北京:科学出版社,2016年,第176~184页。
② 本书所讲的"中原地区龙山期诸文化"是相对于海岱地区典型龙山文化而言的一个概念,有关这些文化的发现与命名如未单独注释,则皆可参看中国社会科学院考古研究所:《中国考古学·新石器时代卷》,北京:中国社会科学出版社,2010年,第528~589页。
③ 王立新:《从嵩山南北的文化整合看夏王朝的出现》,《二里头遗址与二里头文化研究》,北京:科学出版社,2006年,第410~426页。
④ 李伯谦:《论造律台类型》,《文物》1983年第4期,第50~59页。
⑤ 山西省考古研究所晋东南工作站:《长治小常乡小神遗址》,《考古学报》1996年第1期,第63~110页;严志斌:《试析小神二里头时期遗存》,《北方文物》1999年第1期,第25~30页。

青地区的齐家文化判然有别,构成了一个相对独立的文化群。这些文化各自的存续年代虽然有一定差别,但基本可以落在公元前 2300 年或略早至前 1800 年之间,部分文化的绝对年代下限已进入夏代纪年。值得注意的是,近年来随着陕西北部河套地区神木石峁遗址和延安芦山峁遗址考古工作卓有成效地开展,使得黄土高原地区龙山期文化的面貌、文明化水平以及与中原地区的关系,也可以加以讨论。

龙山时代中原地区的文明化进程急剧加速,集中表现为史前城址的大量发现。据史宝琳(Pauline Sebillaud)统计,中原地区已发现的本阶段城址有 17 处[①],超过了海岱地区龙山文化的 15 处城址,更是其他地区同期文化所未见之现象(图 4-3)。中原地区所见龙山时代城址的面积规模差别较大,如河南淮阳平粮台城址面积 3.4 万平方米、郾城郝家台城址面积 3.2 万余平方米、安阳后岗城址面积约 10 万平方米、辉县孟庄城址面积 16 万平方米、登封王城岗大城面积 30 万平方米、山西襄汾陶寺大城的复原面积达到 280 万平方米。

需要指出的是,上述规模差别很大的城址之间并不具级别上的隶属关系,它们或分属于不同的文化类型,即便是属于同一文化的城址也显现出其关系很可能是对立而非隶属。史宝琳(Pauline Sebillaud)发现河南博爱西金城城址和温县徐堡城址之间的距离只有 10 多千米,而新密古城寨城址和新郑人和城址之间的距离尚不足 5 千米,她将这种现象解释为同一文化的不同社群之间出于对地域和资源的占用,存在较为激烈的竞争活动,从而导致了带防御性功能的城址集中出现。笔者认为这是很有道理的推断。当然,龙山时代中原地区的部分社群除了对立之外,也存在着联合,并结成了比较复杂的政治组织形式。

晋南地区以陶寺城址为中心的聚落,便是中原地区龙山时代早期国家政体的一处典范,现已得到学者所公认。陶寺遗址是陶寺文化的都邑性中心聚落,不单城址面积巨大,内部功能分区明确,并发现大型建筑的夯土基址和专门的祭祀区(图 4-4)。在陶寺公共墓地中现已清理墓葬一千三百余座,其中大型墓八座、中型墓数十座、小型墓千余座,随葬品和墓葬形制均显

---

① Pauline Sebillaud(史宝琳):《中原地区公元前三千纪下半叶和公元前两千纪的聚落分布研究》,长春:吉林大学博士学位论文,2014 年 6 月。

第四章 东亚陆海边疆发展与变革中的"江南"

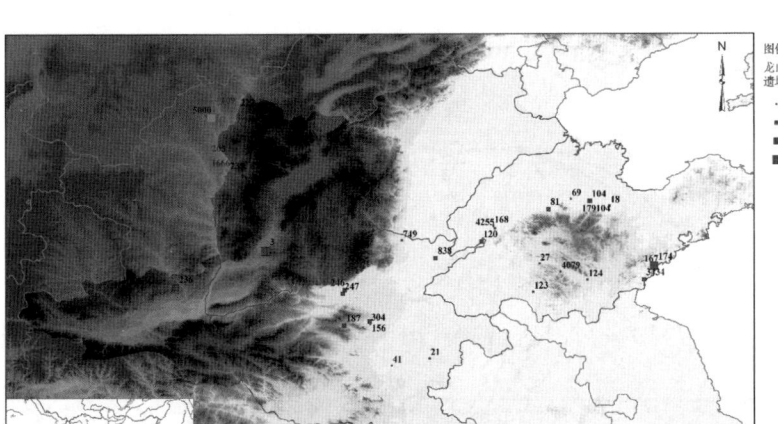

图 4-3　黄河中、下游地区龙山时代城址分布示意图

示出在当时的陶寺社群(或社群联合体)中已存在较为明确的礼制①。大墓随葬品中成套的大型石厨刀、木俎等的存在,似乎继承了庙底沟文化阶段中原地区集体宴饮礼仪的思想内核。用石磬、土鼓、鼍鼓等随葬,则奠定了礼乐器在华夏文明中的特殊地位(图 4-5)。

陶寺遗址还出土有大型窖藏区、高规格宫室建筑、玉钺、铜齿轮形器、铜铃、朱书文字②等与文明起源密切相关的物质文化遗存,坚信其为"尧都平阳"的学者不在少数③。不过,陶寺政体的掌控范围大抵不出晋南地区的临汾盆地,其对外部的影响更是十分微弱,且在陶寺遗址内所发现的包括"王陵"在内的大、中、小型墓葬均集中埋葬于同一公共墓地,显示出陶寺政体并非一个广域王权国家,尚未达到商、周王国"家天下"的政治组织水平,亦未

---

① 高炜:《龙山时代的礼制》,《庆祝苏秉琦考古五十五年论文集》,北京:文物出版社,1989 年,第 235~244 页。
② 中国社会科学院考古研究所、山西省临汾市文物局:《襄汾陶寺:1978—1985 年发掘报告》,北京:文物出版社,2015 年。
③ 其中包括曾长期担任陶寺遗址考古发掘项目的负责人何驽先生,参何驽:《尧都何在?——陶寺城址发现的考古指证》,《史志学刊》2015 年第 2 期,第 1~6 页。

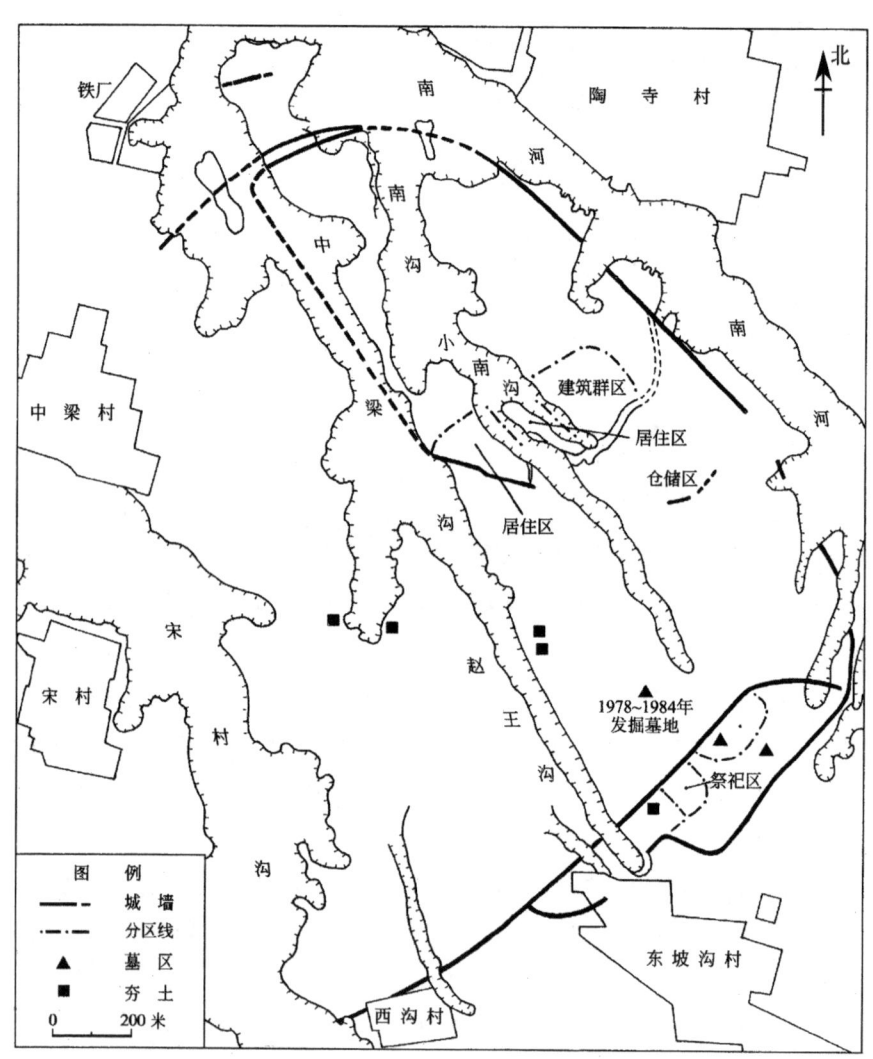

图 4-4 襄汾陶寺城址平面图

资料来源:引自《中国考古学·新石器时代卷》图 6-26

显现出稍后二里头遗址在整个中原及周边地区的中心性地位。许宏先生将陶寺定义为中原地区龙山时代的顶峰和绝响,并昭示着二里头时代新纪元的到来①,是切实的认识。

---

① 许宏:《何以中国:公元前 2000 年的中原图景》,北京:生活·读书·新知三联书店,2014 年,第 32 页。

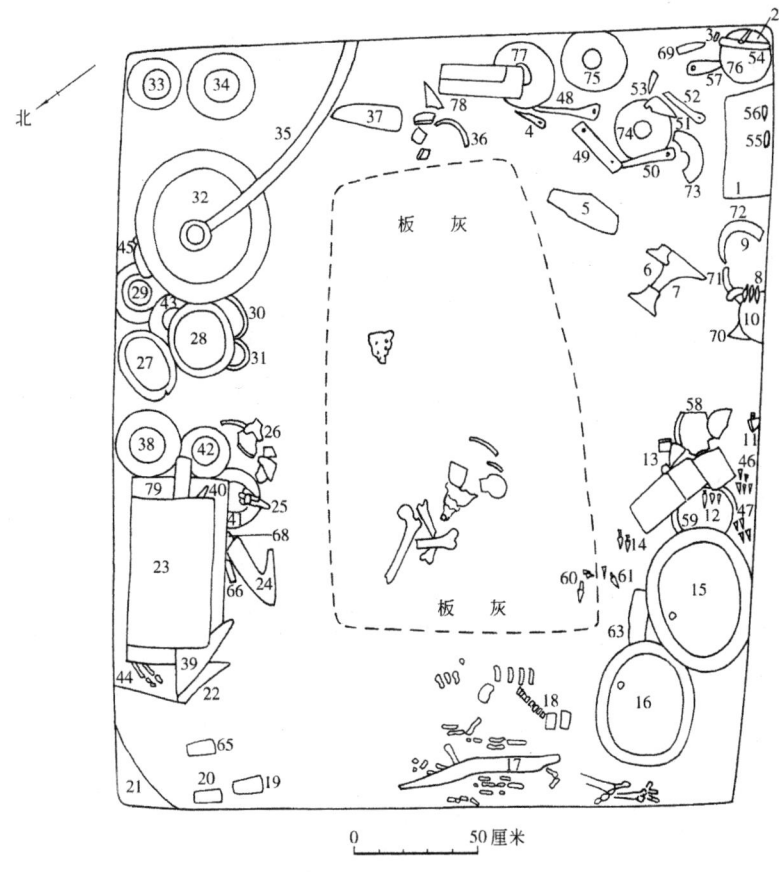

图 4-5 陶寺 M3015 平面图

资料来源：引自《中国考古学·新石器时代卷》图 6-30

陶寺早期国家政体的衰落，很可能与受到河套地区与北方文化关系密切的石峁政体的冲击有关。虽然早年即在陕北出土过大量龙山时代的玉器，但学者对于本地文明化发展程度的认识，很大程度上得益于近年来对于如石峁、芦山峁等遗址开展的专项调查与发掘。芦山峁遗址总面积达 200 万平方米，在遗址核心区顶部通过钻探确认了至少四处大型夯土台基，发掘确认大营盘梁人工台基南北长约 160 米，东西宽约 100 米，上存三座带夯土围墙的大型院落式建筑。在大型建筑、院墙和广场的夯土中多次发现以猪下颌骨和玉器奠基的现象。芦山峁遗址本期遗存的年代大致与陶寺文化的早期相当①。

  石峁遗址处于黄土高原与沙漠相接的过渡地带,是一座总面积约400万平方米的超大型城址,由中心石砌台地"皇城台"、内城和外城构成②。皇城台底大顶小,顶部面积约8万平方米、底部面积约24万平方米,四围筑有护坡石墙,石墙砌护最高处超过70米。已发掘的门址结构复杂,军事防御色彩浓厚③。一些诸如在石墙缝内填置玉器、护墙中存在明显取自他地旧建筑的精美石雕被随意利用,以及使用大量青年女性的人头骨祭奠(或奠基)的行为,指示出这一政体与外部存在十分激烈的竞争行为。联系到陶寺遗址晚期的衰落,和所见捣毁城墙、墓地以及摧残女性等迹象,可能当时区域间族群政体竞争的惨烈程度,会远远超过我们根据考古现象所做出的推断。

  大致在晋南地区陶寺早期国家与河套地区早期国家激烈竞争的同时,中原地区龙山期文化因素向外拓展范围加大,周边区域普遍受到"龙山化"波及。长江中下游地区的屈家岭—石家河文化和良渚文化的早期政体已经崩溃。辽西地区进入聚落发展的低迷阶段。海岱地区龙山文化政体的发展,则在本期晚段明显衰落。《尚书·尧典》中"汤汤洪水方割,荡荡怀山襄陵,浩浩滔天"④的记载,指示出环境变迁和自然灾害可能为族群迁徙与碰撞提供契机。这种几乎波及中国新石器时代所有重要文化区系社会发展的大幅度变迁,或许就是古史传说中炎帝、黄帝与蚩尤集团循环式战争的历史反映。

三、华夏中国与四方万国的差序格局

  二里头文化最初形成于以嵩山为中心的河南省中、西部地区,是嵩山南

---

  ① 陕西省考古研究院、西北大学文化遗产学院、延安市文物研究所:《陕西延安市芦山峁新石器时代遗址》,《考古》2019年第7期,第29~45页。

  ② 陕西省考古研究院、榆林市文物考古勘探工作队、神木县文体局:《陕西神木县石峁遗址》,《考古》2013年第7期,第15~24页。

  ③ 陕西省考古研究院、榆林市文物考古勘探工作队、神木县石峁遗址管理处:《陕西神木县石峁城址皇城台地点》,《考古》2017年第7期,第46~56页。

  ④ (清)阮元校刻:《尚书正义》,《十三经注疏》,北京:中华书局,1980年,第122页。

北地区龙山时代煤山文化和王湾三期文化整合的结果①，所谓的"新砦期"正是这种文化整合的开始。河南中、西部的郑洛地区一直是二里头文化分布的中心区，至二里头文化二、三期之交，其势力范围极大扩张，向东至少已扩展到了豫东的开封、商丘一带，向南突入信阳、南阳等地，向西占据陕西华县以东，向北与晋南地区的东下冯类型及豫北冀南地区的下七垣文化相接。分布区内除中心区的二里头类型外，还有豫东的牛角岗类型、豫东南的杨庄类型、豫西南的下王岗类型和陕西丹江上游的东龙山类型②，晋南地区的东下冯类型与二里头文化之间也具有十分密切之关联。此外，二里头文化对于中原地区以外的影响更是此前及同期其他考古学文化所不能比拟的。

学界主流观点将二里头文化分为四期，对这一分期意见尚未见大的争议。但对于这支异常重要的考古学文化绝对年代的认识，却一直存在变化。夏商周断代工程给出的年代范围是公元前1880年至前1521年③；2007年，测年专家又得出了新的测年结果，即二里头文化一期的年代约为公元前1735年至前1705年，四期的年代约为公元前1565年至前1530年④。可知，二里头文化的存续年代大致为公元前1800年至前1500年之间。

学者基于聚落考古理论方法对二里头文化社会结构问题的研究已经非常广泛而深入，大家普遍承认二里头文化聚落资料显示出的社会形态和政治组织形式已经迈入王国阶段，且二里头遗址即为这一王国的都邑⑤，二里头文化时期整个中原的大部分地区都在其直接或间接的控制之下，其所代

---

① 王立新：《从嵩山南北的文化整合看夏王朝的出现》，《二里头遗址与二里头文化研究》，北京：科学出版社，2006年，第410~426页。
② 井中伟、王立新：《夏商周考古学》，北京：科学出版社，2013年，第33~37页。
③ 夏商周断代工程专家组：《夏商周断代工程1996—2000年阶段成果报告·简本》，北京：世界图书出版公司，2000年，第76、77页。
④ 张雪莲、仇士华、蔡莲珍、薄官成、王金霞、钟建：《新砦—二里头—二里冈文化考古年代序列的建立与完善》，《考古》2007年第8期，第74~89页。
⑤ 《左传·庄公二十八年》载"凡邑，有宗庙先君之主曰都，无曰邑"，二里头遗址中二号宫殿建筑基址的性质被大多数学者推测为宗庙，这也是二里头遗址性质为都邑遗址的一项重要证据，参见王立新：《关于文明探源研究的一点思考》，《中国文物报》2012年8月1日第3版。

表的政体是东亚大陆最早出现的广域王权国家①。对于二里头文化的性质与族属问题,学界有着长期不休的争论②。我们更加倾向于认同二里头文化是夏代夏王国之国族所创造的考古学文化,它的形成晚于夏王朝的建立和夏代纪年的开始,这是由于相对稳定的考古学文化面貌之形成,一般会滞后于王朝建立等政治事件的发生③。

二里头王国政体是龙山时代的早期国家间不断联合与对抗、淘汰与整合的产物,二里头文化的形成昭示着东亚大陆历史上第一个"国上之国"正式出现。而其中心选在中原地区,为此后商周至北宋近3000年的政治格局奠定了十分重要的历史基础。居于天下之中的"华夏中国",长期成为政治正统的象征。《荀子·儒效》云"居楚而楚,居越而越,居夏而夏,是非天性也,积靡使然也"④。从另一个角度看,四方万国若入主中原,便为华夏,商、周王朝莫不如此(图4-6)⑤。故而华夏中国的王权模式,也在不断影响四方万国政体的发展。

大致相当于二里头文化时期,在豫北冀南地区分布着下七垣文化,学者大多将之同"汤革夏命"以前的先商文化相联系。下七垣文化又可分为漳河型、辉卫型和保北型,王立新先生与胡保华先生指出漳河型和辉卫型下七垣文化因素南下,并与西进的岳石文化因素结群而至,是导致中原地区二里头文化四期偏晚阶段遗存性质突变的根本原因⑥。目前,可以反映出下七垣

---

① 许宏:《最早的中国》,北京:科学出版社,2009年。
② 对于这一问题的相关认识及其发展变化脉络,可参井中伟、王立新:《夏商周考古学》,北京:科学出版社,2013年,第59~66页。最近,学界又对此展开新一轮讨论,更多触及考古学理论层面,见许宏:《关于二里头为早商都邑的假说》,《南方文物》2015年第3期,第1~7、22页;孙庆伟:《鼏宅禹迹:夏代信史的考古学重建》,北京:生活·读书·新知三联书店,2018年;陈胜前:《为什么夏是一个问题》,《读书》2019年第2期,第97~104页;陈淳:《科学地探寻夏朝与最早中国》,《中国社会科学报》2019年6月10日第7版;郭伟民:《目标与定位:关于考古学边界问题》,《中国文物报》2019年7月5日第6版。
③ 王立新:《也谈文化形成的滞后性——以早商文化和二里头文化的形成为例》,《考古》2009年第12期,第47~55页。
④ (清)王先谦:《荀子集解》,北京:中华书局,1988年,第144页。
⑤ 许倬云:《说中国》,桂林:广西师范大学出版社,2015年,第37~47页。
⑥ 王立新、胡保华:《试论下七垣文化的南下》,《考古学研究》(八),北京:科学出版社,2011年,第179~193页。

图 4-6　何尊铭文中的"宅兹中国"

文化诸社群政治组织形式的聚落考古资料还很有限,本书作者认为暂不宜对先商文化社群的社会复杂化程度做过高推测。

考古学所讲的商文化主要由二里冈期早商文化和殷墟期晚商文化所构成。二里冈文化已发现郑州商城和偃师商城两座带有王都性质的城址,其分布范围在二里冈上层一期时最为广大,向北有冀中地区的台西类型、向南有鄂东北地区的盘龙城类型、向西有关中中部的北村类型、向东有海岱西部的大辛庄类型。二里冈文化的分布范围已超越二里头文化,遗址等级差异也很明显。王立新先生认为郑州商城、偃师商城和洹北商城的性质应为早商时期的都邑,而垣曲商城、东下冯商城、府城商城和盘龙城商城的性质则为带有很强军事及政治目的的直辖邑①,对于直辖邑的辨识和将来进一步确认,无疑为深入理解商王朝的国家形态提供了十分重要的参考。郜向平先生通过分析郑州商城遗址的功能布局和墓地分布情况,指出这处早商都城在规划过程中可能采用城墙对大量汇聚的人群进行区隔和控制,城内墓葬的分布特点则展现出新的以地缘和职业为基础的社会组织正在兴起②。

殷墟文化是"盘庚迁于殷"之后的晚商文化,安阳殷墟遗址为晚商时期的商王都邑。随着商代王都的多次迁徙和盘龙城商城的废弃,商文化在其晚期的分布重心有所北移,分布范围也较早商时期略有收缩。殷墟遗址历经九十余年考古发掘与研究,学者对于其布局结构已有了较为深入的认识。殷墟遗址总面积达30平方千米,存在两个中心,分别是洹河南部以小屯、花园庄为中心的宫殿宗庙区和洹河北部以侯家庄、武官村为中心的王陵区(又称"西北冈王陵区")③。目前已在宫殿宗庙区内发现百余处夯土建筑基址,性质可分为宫殿、宗庙、祭坛和住宅,其中属于供奉并祭祀商王祖先的宗庙性质的建筑遗存主要有乙七、乙八两组基址,其内见有大量人祭坑、葬兽坑和车马坑,此类性质确凿的宗庙遗迹的出现,正是商王朝"家天下"政治组织形式的直接体现。

在西北冈王陵区现已发掘大墓14座,祭祀坑近1500座,经钻探确认祭祀坑的总数当在2500座以上。有关这些大墓的性质,一般认为带四条墓道的大墓是属于商王武丁及其以后各王之王陵④,带两条墓道和一条墓道的大墓可能是商王的配偶或其他高级贵族的墓葬。这种将王陵区独立于普通族墓地之外,有规划地选建于王都附近显要位置的做法,也是"家天下"性质的重要证据。此外,在殷墟遗址内发现有玉器作坊、铸铜作坊、骨器作坊、制陶作坊以及甲骨窖藏、骨料坑及谷物窖穴等遗迹,殷墟作为晚商王都的性质毋庸置疑,对于殷墟遗址的考古学研究会不断为商代历史的全面复原提供新的史料。

---

① 王立新:《从早商城址看商王朝早期的都与直辖邑》,《新果集——庆祝林沄先生七十华诞纪念文集》,北京:科学出版社,2008年,第176~198页。

② 郜向平:《郑州商城遗址的商墓与商城》,《中原文物》2018年第3期,第46~51页。

③ 井中伟、王立新:《夏商周考古学》,北京:科学出版社,2013年,第148页。

④ 杨锡璋:《安阳殷墟西北冈大墓的分期及有关问题》,《中原文物》1981年第3期,第47~52页。

第四章 东亚陆海边疆发展与变革中的"江南"

值得注意的是,约当二里冈上层时期至殷墟时期,在陕西渭水河谷的西部和西北部地区,发现有郑家坡文化、碾子坡文化和刘家文化等与此后西周文化存在密切源流关系的"非商"文化。目前,学界对于有关先周文化诸多问题的见解尚存较大分歧。不过可以肯定的是,至先周晚期在陕西宝鸡市扶风、岐山一带的周原遗址中已存在较为复杂的社会组织,并显示出较高的文明程度,证明先周政体在商代末期已是很有实力的一个方国。

考古学所讲的西周文化通常是指以周原和丰镐遗址出土西周时期遗存为代表的考古学文化。周太王所建之岐邑很可能位于今周原遗址之内,目前的考古发现可以证明周原遗址是先周晚期至西周时期周人贵族长期经营的一处都邑。在遗址内的岐山凤雏、扶风召陈、云塘和齐镇均见有保存较好的大型夯土建筑遗迹,性质包括宫殿、宗庙和贵族住宅。近年来在周公庙也发现有大型夯土建筑遗迹和贵族墓地,学者推测西周时期周公庙遗址的性质或为周公之采邑[1]。丰镐遗址位于今西安市西南约 12 千米的斗门镇和马王镇一带,总面积约 10 平方千米。史载文王作丰邑,武王即位后迁于镐京,即金文中的"宗周"。目前已在丰镐遗址发现大量西周时期的宫室建筑、铜器窖藏,这里当为西周时期的丰邑与镐京之所在,至西周末年被弃用。

洛邑是西周王国的东都,建于武王时期,位于今洛阳史家沟以东、焦枝铁路以西、北窑村以南、洛阳老城南关以北的瀍河两岸,遗址范围东西约 3 千米、南北约 2 千米[2]。现已在瀍河两岸发现西周时期的大型铸铜遗址、居址、道路、祭祀遗存、贵族墓地、平民墓地和殷遗民墓地,证明此处即为周公所建之洛邑即"成周",考古资料显示两周之际洛邑衰落,在今涧河两岸出现了东周王城。西周王朝的统治者选择在此建立一座都城,应该与其占据"天下之中"以控制四方的统治策略相关。

西周时期各地方封国的考古资料已有大量发现,如属于姬姓封国的天马—曲村晋国遗址、黎城西关黎国墓地、房山琉璃河燕国遗址、邢台南小旺—葛家庄邢国遗址、浚县辛村卫国墓地、平顶山滍阳岭应国墓地、三门峡李家窑—上村岭虢国遗址、韩城梁带村芮国墓地、曲阜鲁国故城遗址,和属

---

[1] 徐天进:《周公庙遗址的考古所获及所思》,《文物》2006 年第 8 期,第 55~62 页。

[2] 叶万松、张剑、李德方:《西周洛邑城址考》,《华夏考古》1991 年第 2 期,第 70~76 页。

于异姓封国的宝鸡강国墓地、泾阳高家堡戈国墓地、洪洞坊堆—永凝堡杨国遗址、绛县横水倗国墓地、翼城大河口霸国墓地、鹿邑太清宫长子口墓等①，近些年湖北随州叶家山曾国墓地和羊子山噩国墓地的发现也展示出西周对于南土的分封布局。以上可见当时西周封国的势力范围已经远超狭义的中原地区，东至海岱、西至甘肃、南至江汉、北达燕山。然而，诚如林沄先生所言，这种以诸侯制为代表的国家联合体，很难走向中央集权的大国②。

春秋时期随着周王室权威衰落，实际控制范围已经很小，终只限于洛阳东周王城一带。诸夏之中晋、郑、齐、燕势力较大，而西北的秦国、长江中游的楚国、江南地区的吴、越均跃跃欲试，要再次逐鹿中原。战国伊始，三家分晋，齐、楚、燕、韩、赵、魏、秦七国并起，展开长期的兼并战争。秦国在公元前350年迁都咸阳，大规模实施商鞅的改革政策，以周人老家为根据地剪灭六国，不单一统中原和长江流域，还继续南平百越，大力推行郡县制，成为我国历史上第一个中央集权的帝国。

不得不承认，在周王朝分封制策略的实施过程中，孕育了很多与周王国类似的政体，如在其分封同姓或关系紧密的异姓中，实际控制北疆的晋国、控制东北方的燕国、控制东部的齐国。虽然对后来实际占据关中周人故土的秦国和占据江汉地区的楚国王族的最初来源，在史学界和考古学界有着本地说和外来说的不休争论，但他们的政体显然也是"周式"的。至于两周之际江南地区吴国的兴起及其王族为西周贵胄的身份，是亟待厘清的历史问题。不过，正是在这一背景下江南地区的越族社群出现了急速的华夏化。换一种说法，分封制虽然削弱了"中国"的集权，却扩散并强化了"华夏"的正统观，四方的早期国家政体在逐鹿中原的过程中，也把"华夏"的范围实际扩展到了"九州"，并且进一步在观念上强化了"华夏中国"与"四方万国"的差序格局，即《禹贡·九州》的精髓所在。

---

① 详参井中伟、王立新：《夏商周考古学》，北京：科学出版社，2013年，第228～261页。

② 林沄：《关于中国早期国家形式的几个问题》，《吉林大学社会科学学报》1986年第6期，第1～12页。

第二节

东部区系早期国家的文化发展与互动

严文明先生提出中国史前文化的统一性与多样性,并进一步总结出"重瓣花朵"式的差序格局对于中国早期文明发生及其特点的深刻作用(图 4-7)。正如严先生所言"中国早期文明不是在一个地区一次发生,而是在许多地区先后发生的,是这一广大地区中许多文化中心相互作用和激发的结果。早期文明的起源地区应包括整个华北和长江中下游"①,今日的考古发现已经显示出在龙山时代之前,中原地区周边的诸多文化区系均存在着自身相对独立的文明化进程,如海岱、辽西、河套、甘青、长江中游和本书主要研究的江南地区,且诸文化区系的文明起源与发展模式并不尽相同。本节主要对中原地区之外,古代东方的海岱地区、两湖地区、辽西地区的文化演进与文明进程以及跨区域互动进行简要梳理。

一、海岱地区与"江南"

考古学所讲的海岱地区主要是指以泰沂山区为中心的黄河下游及淮河下游地区,不同时期的范围有一定差别,在其全盛时期包括今山东全省、苏皖北部、豫东和冀东南,乃至辽东半岛的南部②。海岱地区的考古工作起步较早,现可将本区新石器时代晚期至东周时期的考古学文化序列大致归纳为:大汶口文化、龙山文化、岳石文化、商文化的大辛庄类型与苏埠屯类型以及珍珠门文化、周代齐、鲁等封国文化及同期土著遗存。

大汶口文化是一支新石器时代晚期广布于海岱地区的重要考古学文

---

① 严文明:《中国史前文化的统一性与多样性》,《文物》1987 年第 3 期,第 38～50 页。
② 栾丰实:《海岱地区的史前聚落演变与早期文明》,《聚落演变与早期文明》,北京:文物出版社,2015 年,第 107～203 页。

化,分布以泰沂山区为中心,并不断向外扩张,北邻渤海,南至苏皖北部,东抵黄海之滨,向西可达豫东局部地区。大汶口文化以鼎、鬶、镂孔豆、觚形杯、长颈壶、背壶、大口尊等为基本陶器组合。以往对其绝对年代的认识一般为公元前4100年至前2600年,最新的测年数据显示大汶口文化结束的时间和海岱地区龙山文化兴起的时间约为公元前2300年前后①,这比传统认识晚了约300年。

栾丰实先生将大汶口文化分为三期,并指出大汶口文化早期和中、晚期的社会处于不同的发展阶段②。在大汶口文化早期,虽然墓葬和墓地资料已显示出一定的等级差别,但由于社群拥有财富的整体水平有限,故而差距并不突出。至大汶口文化中、晚期阶段,聚落内部及聚落之间的财富集中与分化已经较为明显,以大汶口、野店、花厅等遗址为代表的聚落愈发成为中心性聚落,并在社群中出现了最早的贵族墓葬。社会分层在大汶口文化中、晚期急速加剧,中心性聚落的社会复杂化水平基本与同期南方的良渚文化相当③。

近年对山东济南市章丘区焦家遗址的发掘,初步揭露了一处面积超过100万平方米的大汶口文化中晚期的中心性聚落。在焦家遗址中部发现有夯土墙和壕沟,壕沟合围面积约12.25万平方米。通过对南北两个发掘区的发掘,区分出早期居住址、墓地和晚期居住址三个阶段的大汶口文化遗存。215座墓葬中见有重椁一棺或一椁一棺的大型墓20余座,分布于北区的5座大型墓均见"毁墓"现象④。从公布资料的大型墓M152来看,墓主为一老年男性,有两椁一棺,出土随葬品39件,除玉石器、骨蚌器和龟甲器外,陶器器形主要为鼎、背壶、豆和高足杯等。

---

① 参见北京大学:《国家科技支撑计划项目"中华文明探源工程(二)"——3500BC—1500BC中国文明形成与早期发展阶段的考古学文化谱系年代研究》,中国考古网,2011年11月24日。参照http://www.kaogu.cn/cn/zhongdaketi/2013/1025/31394.html。

② 栾丰实:《大汶口文化的社会发展进程研究》,《古代文明》第2卷,北京:文物出版社,2003年,第13~52页。

③ 栾丰实:《海岱地区的史前聚落演变与早期文明》,《聚落演变与早期文明》,北京:文物出版社,2015年,第176页。

④ 山东大学考古学与博物馆学系、济南市章丘区城子崖遗址博物馆:《济南市章丘区焦家新石器时代遗址》,《考古》2018年第7期,第28~43页。

第四章 东亚陆海边疆发展与变革中的"江南"

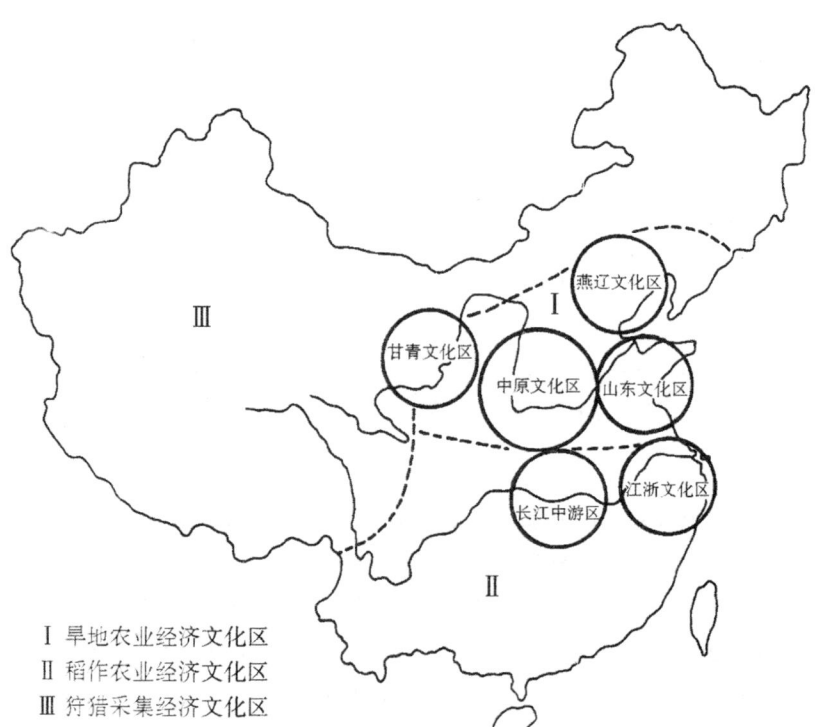

图 4-7 中国新石器时代文化分区

资料来源:引自严文明《中国史前文化的统一性与多样性》图一

在中原地区的庙底沟二期文化阶段,大汶口文化开始西进向中原输出影响。大量而丰富的大汶口文化的陶制生活器类器形出现在中原地区,最远到达伊洛河流域,并在墓葬中见大汶口文化的拔牙和用猪牙随葬的习俗①。这无疑显示出在大汶口文化的中晚期,该文化的部分社群存在西进中原的活动。此外,大汶口文化和红山文化的交流反映在一些环、联璧类的玉器上。其与良渚文化之间交流与碰撞,以往多被学者所讨论,大汶口文化南下扩展的范围主要集中在江淮地区,而对于江南地区的影响从崧泽文化阶段即已开始,并在良渚文化时期保持持续且相对平缓的交流,可体现在良渚文化陶器组合中的鬶类酒器的发展演变上。很可能是出于地理上的原

---

① 许永杰:《距今五千年前后文化迁徙现象初探》,《考古学报》2010 年第 2 期,第 133～170 页。

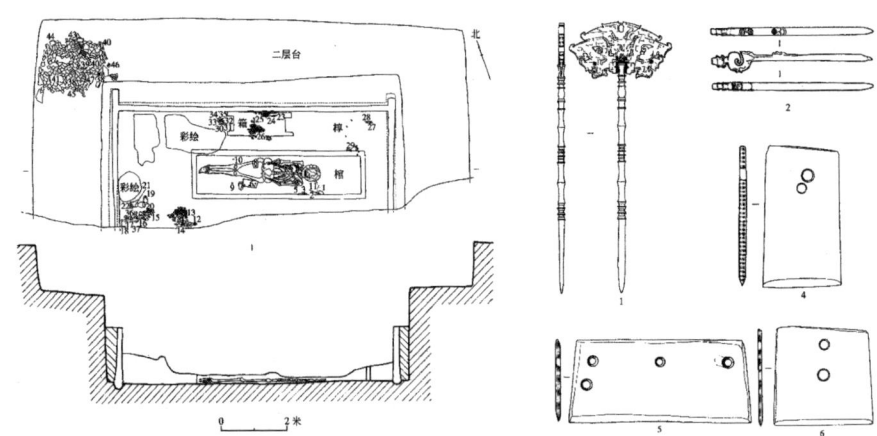

图 4-8　山东临朐西朱封 M202 平剖面图及出土的部分玉器

资料来源：采自《临朐西朱封》图 4-5、4-7

因，良渚文化向北的扩张，也首先指向海岱地区。以目前的线索来看，大汶口文化的绝大多数社群，并不接受以"神人兽面纹"为代表的宗教体系。

海岱地区的龙山文化是自大汶口文化发展演变而来的一支颇为繁盛的土著文化。陶器以罐形鼎、盆形鼎、鬶、甗、大平底豆、杯、盘、盆及罐类器为典型，以灰黑陶和黑陶为主，制陶技术高超，出现了薄如蛋壳的黑陶器和精美的白陶器，应为礼器。最新的年代学研究显示，龙山文化的年代下限可晚至公元前 1800 年前后，即中原地区二里头文化产生之时，其绝对年代范围大致为公元前 2300 年至前 1800 年。海岱地区的龙山文化按分布地域差别，可分为泰山北侧山前丘陵及冲积平原上的城子崖类型；沂山北侧冲积平原上的姚官庄类型；蒙山以东的尧王城类型；胶东半岛的杨家圈类型；泰山以南、蒙山以西的尹家城类型和鲁西黄河冲积平原上的教场铺类型。

相比于大汶口时期的约 500 处遗址，海岱地区龙山文化的遗址数量超过了 1200 处，保守估计当时本区的人口数量已达到 200 万[1]。不过，海岱地区龙山文化的区域一体化程度较低，呈多中心分布。目前区内已发现本阶段的城址 15 处，有些城址之间距离很近，如日照两城镇遗址和五莲丹土遗址。但多数城址之间分布存在一定距离，且以城址为中心存在聚落群分

---

[1] 王建华：《黄河中下游地区史前人口研究》，北京：科学出版社，2011 年。

布。张学海先生推断当时相对独立的聚落群有 30 处左右①。以往考古学工作者曾在山东临朐西朱封遗址清理三座龙山文化大墓②,出土了高规格的玉礼器(图 4-8),很可能是当地某一社群掌权者的墓葬。王青先生推断其或为少昊氏王室成员的墓葬,更为重要的是他的研究通过着力分析大汶口文化和龙山文化阶段海岱地区的分区差异,以之探讨可能属于文献中少昊氏、太昊氏的社群在海岱地区的迁徙与发展③。据栾丰实先生研究,海岱龙山文化的诸聚落群已普遍存在三级结构,在日照沿海一带,以特大型聚落遗址两城镇为中心,已经产生了四级结构的聚落形态④,王青先生认为其是当时少昊氏的中心。总之,海岱地区龙山时代的国家化进程非常迅猛,古国林立的局面基本和中原地区龙山时代的情况相仿。

大致从龙山文化晚期开始,本地聚落发展的速度开始放缓,可能遭遇到了严重挫折。此后新出现的岳石文化虽已跨入青铜时代,但在整体的文化面貌及其反映出的社会发展水平上,相较于此前的龙山文化阶段显得比较落后。岳石文化陶器的陶胎一般较厚,不见龙山文化的蛋壳黑陶,以夹砂褐陶甗和深腹罐作为主要炊器,鼎、浅盘豆、平底盆、尊形器、盂、蘑菇状钮器盖也是常见的陶器,装饰以素面为主,见一些附加堆纹、弦纹和刻画纹,器表流行使用凸棱作为装饰。岳石文化的绝对年代范围大致为公元前 1800 年至前 1450 年⑤,约当中原地区夏代中晚期至商代早期前半。

区域性系统调查资料显示出,海岱地区岳石文化阶段的遗址数量较龙山文化时期锐减,反映出当时本地区的人口数量急剧减少。据学者推测本

---

① 张学海:《山东史前聚落时空关系宏观研究——苏秉琦学术思想在山东考古的再实践》,《苏秉琦与当代中国考古学》,北京:科学出版社,2001 年,第 227~245 页。

② 中国社会科学院考古研究所、山东省文物考古研究院、山东临朐山旺古生物化石博物馆:《临朐西朱封:山东龙山文化墓葬的发掘与研究》,北京:文物出版社,2018 年。

③ 王青:《少昊氏迁徙与发展的考古学探索》,《东岳论丛》2006 年第 3 期,第 46~52 页。

④ 栾丰实:《日照地区大汶口、龙山文化聚落形态之研究》,《中国考古学跨世纪的回顾与前瞻——1999 年西陵国际学术研讨会文集》,北京:科学出版社,2000 年,第 227~244 页。

⑤ 方辉:《岳石文化的分期与年代》,《考古》1998 年第 4 期,第 55~71 页。

区龙山文化的人口密度约为10人/平方千米,而岳石文化的人口密度则降至1人/平方千米①。早年曾在山东章丘城子崖遗址发现一处属于岳石文化时期的城址,面积约17万平方米,城墙使用版筑技术。从聚落遗址的整体分布情况来看,岳石文化时期的海岱地区延续了此前龙山文化时期区域一体化程度很低的状态。岳石文化因素向外部影响的范围很大,与同时期郑洛地区的二里头文化、豫北冀南地区的下七垣文化、辽西地区的夏家店下层文化、江淮地区的周邶墩遗存和江南地区的点将台文化、湖熟文化、马桥文化均存一定联系。目前来看,这一时期气候变冷、水患频发,以及在社会背景与环境背景共同作用下人口的大量外流,可能是本区未能在龙山时代"古国林立"的基础之上,再向前一步率先于中原地区跨入更为复杂的王国阶段的重要原因。但结合古史传说来看,古东夷的精英很可能已经直接参与到了中原夏王国的建立之中。

约从商代早期晚段(二里冈文化上层阶段)至晚商时期,在海岱地区原有岳石文化的分布范围内,相继出现了商文化的地方类型,如大辛庄类型和苏埠屯类型。大辛庄类型的陶器主要由两组文化因素所构成,其中来自二里冈期早商文化的因素占据主流,另存部分本地岳石文化的残余因素居于次要地位。苏埠屯类型陶器的主体面貌则与殷墟期晚商文化类同,另外也存在少量土著因素,现已发现数座苏埠屯类型的晚商大墓。以上表明从商代开始,海岱地区的大部分区域已融入中原,其主体已成为东部地区商文化圈的重要组成部分,而且商文化对于海岱地区的影响是逐步加强的。

在胶东地区的沿海地带及部分岛屿,仍存海岱地区土著文化因素居于主导地位的珍珠门文化,该文化的陶器以夹粗砂红褐陶为主,以大口深腹鬲、细腰甗、宽沿矮圈足簋等陶器器形最具地方特色,部分绳纹陶鬲是来自商文化的因素。学者一般认为珍珠门文化是在继承岳石文化的基础上,接受商文化的一定影响而形成的②,应当是晚商时期被挤压到胶东半岛的土著夷人所创造的一支地方性文化。需要指出的是,以往学者多认为在海岱地区南部还存在属于晚商文化的前掌大类型,通过此前我对滕州前掌大墓

---

① Pauline Sebillaud(史宝琳):《中原地区公元前三千纪下半叶和公元前两千纪的聚落分布研究》,长春:吉林大学博士学位论文,2014年6月。
② 井中伟、王立新:《夏商周考古学》,北京:科学出版社,2013年,第422~423页。

地的断代研究,指出该墓地的主体年代当为西周早期,性质可能与周初被复封的薛国有关①。郑樵《通志·氏族略》第二薛氏下有载:(薛)"任姓,黄帝之孙颛帝少子阳封于任,故以为姓。十二世孙奚仲,为夏车正,禹封为薛侯,奚仲迁于邳。十二世孙仲虺,为汤左相,复居薛……臣扈、祖己皆仲虺之胄也。祖己七世孙曰成,徙国于挚,更号挚国。女太任,生周文王。至武王克商,复封为薛侯"。可见薛在周初是作为王室姻亲而被复封的。

对于如何认识海岱地区商文化诸地方类型的性质问题,我更倾向于认为这些地方类型的分布区并非是当时商王国的直辖范围,鉴于相关资料尚较薄弱,亦不能肯定在这里是否存在过商王国安插的军事重镇。目前将它们推断为服属于商王国的方国势力似比较合适。可以认为,居于黄河下游的海岱地区,由于同黄河中游的中原地区存在更为密切和直接的地缘关系,而率先于辽西地区和江南地区开始华夏化,并在商代已成为广义中原的组成部分,在这里分散着商王国的众多服国和部分时叛时服的土著势力。

相关文字史料显示,齐国和鲁国是西周王国于周初在海岱地区分封的两个最为重要的诸侯国,与它们为邻的还有数十个小国。考古资料显示,在西周前期这些自中原地区移植而来的西周精英文化势力突入海岱地区,穿插于区内商文化势力和夷人文化势力之间。至西周晚期,已在本区占据主体地位的周文化与区内夷人文化传统及原有商文化传统相互融合,形成了各具特色的地方性文化,如齐文化、鲁文化、薛文化等等②。与此同时在胶东半岛的东南一隅还存在着继承自珍珠门文化的,以石板墓为特征的土著东夷文化,即南黄庄文化,有学者推断其年代约当西周晚期至春秋初年③。此外,在早周阶段的海岱南部及江淮东部一带,本为东夷一支的徐戎建国,属于群舒文化系统。《尚书·费誓》书序云:"鲁侯伯禽宅曲阜,徐夷并兴,东郊不开,作费誓"④,可知其实力不俗。

---

① 付琳:《滕州前掌大墓地分期及相关问题研究》,《华夏考古》2014年第1期,第72~84页。

② 详参井中伟、王立新:《夏商周考古学》,北京:科学出版社,2013年,第351~372页。

③ 王迅:《东夷文化与淮夷文化研究》,北京:北京大学出版社,1994年,第99、100页。

④ (清)阮元校刻:《尚书正义》,《十三经注疏》,北京:中华书局,1980年,第254页。

至两周之际,齐国势力壮大,开始兼并周边小国,并于春秋前期成就一时霸业。东周齐文化实际上已脱离了西周文化的母体,开始展现出自身特征。以往,临淄齐故城①及春秋时期齐公大墓②的发现,正是齐国作为东方诸夏之中一大强国的明证。王青先生曾基于对本区周代墓葬的详细研究,对周代华夏文化圈中海岱文化亚圈的发展规律及其变迁过程做出精辟解读③,其论颇可参照。

值得注意的是,有可能较大程度上出于地缘关系,海岱地区与江南地区的文化交流较为密切。大汶口文化和龙山文化均有南下影响,除陶器器类、器形因素外,也有表现精神领域交流的,如大汶口文化与崧泽文化共有的八角星纹饰母题,在江苏溧阳洋渚出土的刻纹玉圭④与日照两城镇出土的龙山文化玉圭关系十分密切。此外,江南地区土著的文化因素或地方势力若欲北向中原扩张,其第一站往往是海岱地区。无论是新石器时代晚期良渚文化因素向大汶口文化分布区的输出,抑或是战国前期越国一度迁都琅琊,均显示出夷、越之间千丝万缕的关联。倘若越王无疆没有舍齐伐楚,致使楚越联盟破裂,战国史或将有不小幅度的改写。

二、两湖地区与"江南"

两湖地区位于长江中游的腹心地带,大致包括长江以北的江汉平原和长江以南的洞庭湖平原。区内水系发达,北部主要为汉水流域,南部为洞庭湖及湘、资、沅、澧四水下游。本区田野考古及研究工作开展较为充分,遗存分布密集,学者对于区内新石器时代中晚期诸文化类型的谱系关系尚存不

---

① 山东省文物管理处:《山东临淄齐故城试掘简报》,《考古》1961年第6期,第289~297页;群力:《临淄齐国故城勘探纪要》,《文物》1972年第5期,第45~54页。

② 山东省文物考古研究所:《齐故城五号东周墓及大型殉马坑的发掘》,《文物》1984年第9期,第14~19页。

③ 王青:《海岱地区周代墓葬研究》,济南:山东大学出版社,2002年,第206~208页。

④ 汪青青:《溧阳出土的良渚文化玉器珍品——神人兽面鸟纹圭》,《东方文明之光——良渚文化发现60周年纪念文集》,海口:海南国际新闻出版中心,1996年,第67、68页。

同意见,可暂将新石器时代晚期至东周时期的文化序列大致归纳为:大溪文化、油子岭文化①、屈家岭—石家河文化、后石家河文化,此后在江汉平原的盘龙城等遗址发现有二里头文化阶段的遗存和早商文化的盘龙城类型,以及荆南寺文化和周梁玉桥文化等土著文化,两周之际楚文化基本形成。洞庭湖平原在商时期则有铜鼓山类型和费家河文化,西周时期为炭河里文化,东周时期逐步并入楚国版图。

大溪文化的分布中心在长江中游的两湖地区。该文化以釜、罐、鼎、碗、圈足盘、曲腹杯为基本陶器组合。玉器不发达,中晚期见玉玦和玉璜。大溪文化绝对年代大约从公元前4300年至公元前3700年(或前3500年)。大溪文化的遗址多为岗地遗址,面积多在万余至十万平方米之间,很多聚落都设有环壕和围墙。张弛先生认为当时的聚落主要有大小两种规模,大型聚落如湖北江陵阴湘城和湖南澧县城头山,面积在5万~10万平方米,大量小型聚落的面积一般为3万~5万平方米②。

城头山遗址被认为是中国目前发现最早的城址之一。城头山城址的城垣外有壕沟,高约2米的土墙应是用挖壕沟的土堆筑,最初修建于大溪文化早期③。城址平面略呈圆形,面积约8万平方米(图4-9),应当是由本地区环壕聚落发展演进而来。城内发现属于大溪文化的祭坛一处。祭坛南部存在一批祭祀坑,形状规整,内多置数层陶器,多倒扣,且底多被敲掉。郭伟民先生通过对祭坛西部墓地的研究,指出墓地可分三个墓区,其安排主要是基于功能方面而非血缘划分,其中B区墓地埋葬的可能是和祭祀活动有关的成员④。若这一结论可信,则两湖地区的社会复杂化程度在大溪文化阶段即已不容小觑。城头山遗址大溪文化中期墓葬M678墓主为一成年男性,

---

① 本书采用郭伟民先生的观点,油子岭文化年代大致相当于大溪文化四期、屈家岭文化一期,原本分布在汉东地区,此时扩展到洞庭湖西部的澧阳平原。详参郭伟民:《新石器时代澧阳平原与汉东地区的文化和社会》,北京:文物出版社,2010年,第57~62、271、272页。

② 张弛:《长江中游的史前聚落演变与早期文明》,《聚落演变与早期文明》,北京:文物出版社,2015年,第204~265页。

③ 湖南省文物考古研究所:《澧县城头山古城址1997—1998年度发掘简报》,《文物》1999年第6期,第4~17页。

④ 郭伟民:《新石器时代澧阳平原与汉东地区的文化和社会》,北京:文物出版社,2010年,第150、151页。

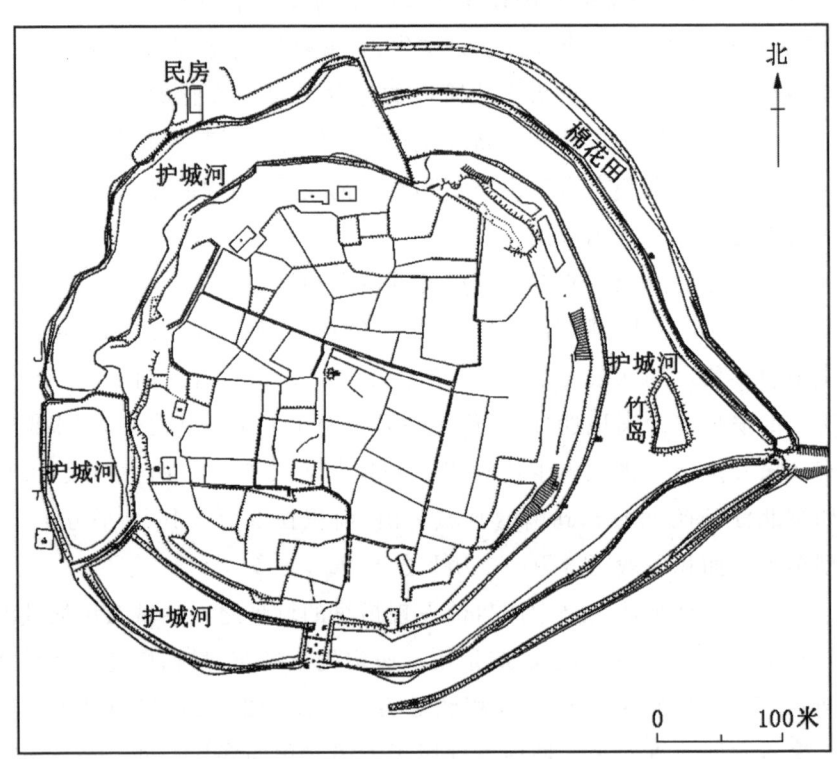

图 4-9　澧县城头山城址平面图

资料来源:采自许宏《先秦城邑考古》图 3-14A

随葬陶豆、圈足盘、器盖等 25 件,另有玉璜 2 件,墓主手中握一小陶鼎的葬俗与屈家岭—石家河文化墓葬相同,墓中还见一小孩头骨,似乎使用程式化陶器①大量随葬以表现身份地位(财富)的传统,在大溪文化阶段已于本区形成。

油子岭文化约于公元前 3700 年率先形成于汉东地区,至公元前 3500 年左右扩展到澧阳平原,到约公元前 3200 年发展为屈家岭文化。油子岭文化至屈家岭文化前期,城头山遗址仍为两湖地区最为重要的聚落中心之一,城垣和护城河均有扩建,城内功能分区更为明确。郭伟民先生认为此时的

---

① 指使用器类基本固定、形制基本相同的几类陶器大量随葬的现象,在屈家岭—石家河文化大墓中较为常见。

城头山社会已是一种金字塔式的等级结构①。

较多学者认为屈家岭文化和石家河文化紧密衔接,社会发展阶段也基本一致,很难分隔②,可称为屈家岭—石家河文化③。屈家岭文化以鼎、双腹豆、双腹盆、高圈足杯、彩陶壶、深腹缸为基本陶器组合。范围较此前大为北扩,其陶器因素的影响波及中原多地并间接与海岱地区的大汶口文化发生关系。据许永杰先生研究,当大汶口文化沿淮河西进豫中的同时,豫西南的屈家岭文化也穿越伏牛山和外方山,经由南襄隘道北上豫中,是为东路;另一支则沿丹江溯水而上出现在陕南的秦岭,并进一步翻越秦岭出现在渭河谷地,是为西路④。

石家河文化在屈家岭文化的基础上,发展出以鼎、鬹、罐、豆、碗、盆、杯、大口缸、瓮为基本陶器组合。屈家岭—石家河文化的玉器并不发达,除玉石钺和石琮外,皆为璜、环、璧、珠等装饰品,且所见极少量石琮亦十分残破⑤。据方向明先生研究,安徽潜山薛家岗M47出土的一对小琮式管、安徽合肥肥东出土的复式节高琮,以及湖北蕲春坳上湾出土的矮方琮等,是良渚文化晚期玉琮沿长江上溯向西扩散仅有的零星证据⑥。这表明良渚文化的宗教系统并不为屈家岭—石家河文化社群所接受。与之相比,最近在湖北沙洋城河屈家岭文化男性大墓见有玉钺⑦,可能受到东部薛家岗文化或良渚文

---

① 郭伟民:《新石器时代澧阳平原与汉东地区的文化和社会》,北京:文物出版社,2010年,第180页。

② 郭伟民:《新石器时代澧阳平原与汉东地区的文化和社会》,北京:文物出版社,2010年,第274页。

③ 张弛:《屈家岭—石家河文化的聚落与社会》,《考古学研究》(十),北京:科学出版社,2012年,第324~351页。

④ 许永杰:《距今五千年前后文化迁徙现象初探》,《考古学报》2010年第2期,第133~170页。

⑤ 仅一件残器,出自湖北随州金鸡岭遗址的石家河文化地层,参详曹芳芳:《石家河系统玉器与用玉特征研究》,《文博学刊》2018年第3期,第20~31页。

⑥ 方向明:《琮·璧:良渚玉文明因子的接力与传承》,《大众考古》2015年第8期,第41~48页。

⑦ 中国社会科学院考古研究所、湖北省文物考古研究所、荆门市博物馆、沙洋县文物管理所:《湖北沙洋县城河新石器时代遗址王家塝墓地》,《考古》2019年第7期,第16~28页。

化的影响。另外,在屈家岭遗址发现有一批属于石家河文化的铜矿石①,联系到在石家河小城西北②、大城外的肖家屋脊③和罗家柏岭④三个地点发现过可能与冶铜活动相关的遗存,说明石家河文化社群中的精英很可能已开始了有规划的铜器制造尝试。

  两湖地区在屈家岭—石家河文化时期以城址为中心的聚落群得到极大发展,分布十分密集⑤。屈家岭文化晚期的天门石家河城址面积120万平方米,环壕围起的面积达180万平方米⑥,是长江中游面积最大的史前城址。在屈家岭文化阶段即已形成了分布范围达6平方千米的聚落群,并在石家河文化阶段进一步扩展到8平方千米。石家河城址内有建筑居住区、墓葬区、祭祀活动区。在城外西部的印信台新发现人工堆筑台基5处,在台基边缘分布大量套缸、扣缸、扣碗和瓮棺,是石家河文化晚期祭祀活动的重要场所⑦。此外,还有澧县鸡叫城和城头山城、江陵阴湘城、石首走马岭城、荆门马家垸城、公安鸡鸣城、应城门板湾城和陶家湖城,面积从7.8万至67万平方米不等⑧,大部分建于屈家岭文化晚期,并在石家河文化中沿用。沙洋城河城址面积约70万平方米,发现城垣、人工水系、大型建筑、祭祀遗存等重要遗迹,其北城垣外侧的王家塝墓地是迄今发现的规模最大、保存最完

---

  ① 湖北省文物考古研究所、荆门市博物馆、屈家岭遗址管理处:《湖北荆门屈家岭遗址2015—2017年发掘简报》,《考古》2019年第3期,第15~32页。

  ② 湖北省文物考古研究所、北京大学考古学系、湖北省荆州博物馆石家河考古队:《邓家湾》,北京:文物出版社,2003年,第243页。

  ③ 湖北省荆州博物馆:《肖家屋脊》,北京:文物出版社,1999年,第236页。

  ④ 湖北省文物考古研究所、中国社会科学院考古研究所:《湖北石家河罗家柏岭新石器时代遗址》,《考古学报》1994年第2期,第191~229页。

  ⑤ 张弛:《屈家岭—石家河文化的聚落与社会》,《考古学研究》(十),北京:科学出版社,2012年,第324~351页。

  ⑥ 许宏:《先秦城邑考古》,北京:金城出版社,2017年,第80页。

  ⑦ 湖北省文物考古研究所、北京大学考古文博学院、天门市博物馆:《湖北天门市石家河遗址2014—2016年的勘探与发掘》,《考古》2017年第7期,第31~45页。

  ⑧ 王红星:《从门板湾城壕聚落看长江中游地区城壕聚落的起源与功用》,《考古》2003年第9期,第61~75页。

整的屈家岭文化墓地,见有屈家岭文化大墓分布①。总体而言,屈家岭—石家河文化社群中精英的大墓(图4-10),是以大量程式化的陶器标明身份并表现财富②,缺乏红山文化、大汶口—龙山文化、崧泽—良渚文化大墓中宗教色彩浓厚的玉礼器和珍贵的非实用器形,但大墓有随葬代表世俗权力的玉、石钺。

以石家河古城的三房湾和肖家屋脊为代表的"后石家河文化",可能已不是本区文化谱系的延续,在这一阶段出现了明显的社会和文化转型③。我们认为"后石家河文化"的年代,至少部分进入了二里头文化阶段。其最典型的内涵是瓮棺葬中随葬的玉器,主要有人头像、虎头像、龙、凤、鹰、柄形饰等。孙庆伟先生认为其中玉神像、人像和玉鸟,可能是在"禹征三苗"过程中,山东龙山文化所代表的少皞部族将士在江汉平原的遗物④。后石家河文化的玉器与山东龙山文化玉器之间密切的关系,特别是交流方向和途径等问题,确实是有待深入探讨的重要历史问题,也在一个侧面展现出两湖地区早期国家的兴衰大势与业已形成的华夏中心密不可分。在这一阶段,此前本区延续数百年的大量城址全部废弃,聚落数量急剧减少⑤。类似现象应当是夏、夷、三苗等族群内部及之间的早期国家,在这一阶段出现了更高级别的联合和更为激烈的碰撞的真实写照。

荆南寺文化年代大致相当于二里头文化晚期至殷墟文化一期以前,以土著的圜底釜形高足鼎、釜和大口缸为主要特色,另有来自二里头文化和商文化的器形。周梁玉桥文化是与荆南寺文化年代相接的土著文化类型。约从二里冈文化下层第一期开始,江汉平原东部出现早商文化的盘龙城类型。在盘龙城类型的文化内涵中早商文化因素已占据主流,一些区别主要显示

---

① 彭小军:《寻找失落五千年的古城》,《光明日报》2019年6月2日第011版。

② 张弛:《屈家岭—石家河文化的聚落与社会》,《考古学研究》(十),北京:科学出版社,2012年,第324~351页。

③ "长江中游文明进程研究"课题组:《长江中游文明进程研究(总纲)》,《江汉考古》2017年第2期,第3~10页。

④ 孙庆伟:《重与句芒:石家河遗址几种玉器的属性及历史内涵》,《江汉考古》2017年第5期,第98~102、95页。

⑤ 张弛:《龙山—二里头——中国史前文化格局的改变与青铜时代全球化的形成》,《文物》2017年第6期,第50~59页。

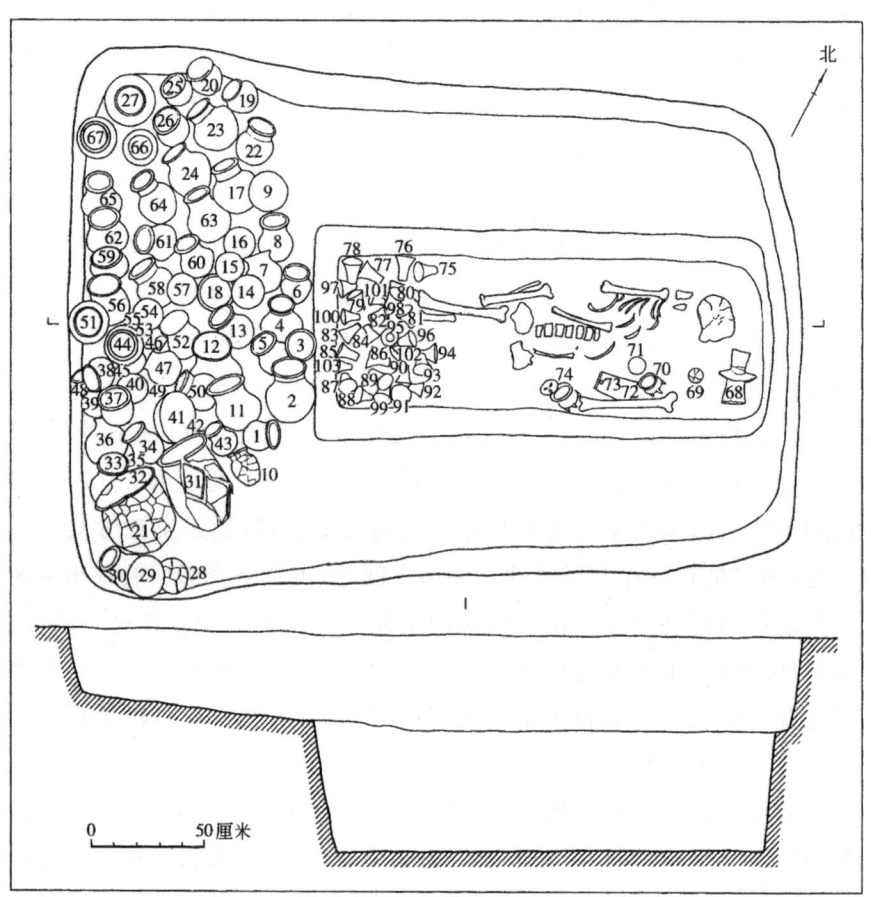

1~20、22~27、29、30、32~40、42、43、45~67.陶高领罐　21.陶大口罐　28、41.陶碗
31.陶中口罐　44.陶钵　68.陶壶形器　69.陶器盖　70~72、74.陶小鼎　73.石钺　75
~103.陶斜腹杯

图 4-10　肖家屋脊 M7 平、剖视图

资料来源:采自《中国考古学·新石器时代卷》图 7-7

出与土著文化的交流融合。盘龙城是目前发现位置最南的一座归属于早商文化的城址,城址平面略呈平行四边形,南北长约 290 米、东西宽约 260 米,面积约 75400 平方米。盘龙城遗址还见有一批出土铜礼器的贵族墓,且具

有较为浓厚的军事特征，可能从事特定的生产与管理活动①。盘龙城的性质很可能是商王朝为控制江南地区铜矿资源而设的一处直辖邑②。盘龙城大致在晚商殷墟文化一期时废弃，而长江中游南岸赣鄱地区的吴城文化在此时却进入最为兴盛的阶段③，反映出盘龙城这处商王朝军事重镇的兴废，对于江南土著方国的影响甚巨。而吴城文化青铜技术的扩散，又在很大程度上影响了此后江南地区越人各支系的青铜技术，并促使他们的社会组织发生深刻变化。

分布在长江以南、洞庭湖以东、幕阜山以西岳阳地区的铜鼓山类型，在文化上较为贴近盘龙城类型，不排除铜鼓山遗址是商人以盘龙城为基地进一步向长江南岸开拓而设的一个带有军事性质的据点④。费家河文化是一支年代相当于中原地区晚商时期分布于洞庭湖平原的土著文化。费家河文化发现有较多窑址、墓葬以及可能和宗教祭祀活动有关的灰坑。该文化烧造的盔形陶器、硬陶瓿见于安阳殷墟遗址，在晚商阶段应该存在与商王朝的贸易交流。铜锡矿料和原始瓷器及硬陶器，成为本区与中原夏商王朝之间建立联系的关键纽带。

炭河里文化主要分布于洞庭湖南部湘江下游支流的沩水流域。在炭河里遗址发现有一座规模较大的西周时期城址⑤，城墙平面呈圆弧形，推算面积约14.5万平方米。城内存在大型宫殿基址。在城址西北不远清理贵族墓7座，出土铜器和玉器。此前在湖南望城高砂脊遗址也发现有西周前期的铜器墓。结合黄材盆地出土的大量商周青铜器，有学者认为炭河里城址

---

① 郇向平：《盘龙城商代墓葬的特点及相关问题探讨》，《盘龙城与长江文明国际学术研讨会论文集》，北京：科学出版社，2016年，第101～104页。

② 王立新：《从早商城址看商王朝早期的都与直辖邑》，原载于《新果集——庆祝林沄先生七十华诞论文集》，后收入《先秦考古探微》，北京：科学出版社，2016年，第233～256页。

③ 如年代大致属于殷墟文化二期的新干大墓的发现，见江西省文物考古研究所、江西省博物馆、新干县博物馆：《新干商代大墓》，北京：文物出版社，1997年。

④ 井中伟、王立新：《夏商周考古学》，北京：科学出版社，2013年，第466页。

⑤ 湖南省文物考古研究所、长沙市考古研究所、宁乡县文物管理所：《湖南宁乡炭河里西周城址与墓葬发掘简报》，《文物》2006年第6期，第4～35页。

可能是独立于周王朝之外某一方国的都邑①。

楚国是周代长江中游地区实力最为强劲的政治实体。《史记·楚世家》记载熊绎于成王时受封子男之田,于丹阳立国。据楚公逆钟等考古出土楚器和铜器铭文显示,楚国至少在西周中期已经实际存在。但春秋早期以前楚文化考古遗存的分布线索还非常薄弱,对于早期楚文化的探索仍是一个重要的课题。近年来,湖北随州叶家山曾国墓地②的考古发现,展现出周在立国之初,便很重视利用同姓封国扼守南土。大致在楚成王前后,楚国在江汉地区强盛起来,周边小国或被兼并或沦为其附庸,以致周惠王赐胙曰:"镇尔南方夷越之乱,无侵中国"③。洞庭湖平原大致在战国时期逐步并入楚国版图。楚国在向四方扩展势力的同时,积极逐鹿中原。罗泰先生认为楚与秦相似,也是一个强大的周文化圈的诸侯国,是周社会模式向南方扩展的重要机器。他的一个重要依据是,楚国仿照周王朝建立一套与之抗衡的联盟体系,将本国铸造的周式青铜礼器赠予与之联盟的地方诸侯,最典型的例子即为蔡侯申墓和曾侯乙墓的发现④。

在楚国逐鹿中原的过程中,江南地区的吴国和越国与之关系颇为微妙。文献记载中吴国与楚国长期相争。《左传·成公七年》载:"吴始伐楚、伐巢、伐徐,子重奔命。马陵之会,吴入州来,子重自郑奔命。子重、子反于是乎一岁七奔命。蛮夷属于楚者,吴尽取之,是以始大,通吴于上国"⑤。楚国曾攻占吴国重镇朱方,吴国更一度攻破过楚之郢都,以致吴楚之间的豫章之地成为"楚尾吴头"。

与此相对,文献记载中越国与楚国之间有姻亲和联盟关系。虽然在物质文化上,很难表现出越国服属于楚的迹象,但也有一些线索显示两国关系在战国中期之前是较为默契的。如在皖南九华山附近的青阳一带,在春秋

---

① 向桃初:《炭河里城址的发现与宁乡铜器群再研究》,《文物》2006年第8期,第35~44页。

② 湖北省博物馆、湖北省文物考古研究所、随州市博物馆:《随州叶家山——西周早期曾国墓地》,北京:文物出版社,2013年。

③ (汉)司马迁:《史记》,中华书局,2013年,第2036页。

④ [美]罗泰著,吴长青、张莉、彭鹏等译:《宗子维城:从考古材料的角度看公元前1000年至前250年的中国社会》,上海:上海古籍出版社,2017年,第290页。

⑤ 杨伯峻编著:《春秋左传注》(修订本),北京:中华书局,2009年,第834、835页。

晚期是吴国的统辖范围。越国灭吴之后，虽然占领了大量的吴国故土，在安徽当涂陶庄便发现有战国早期的越国贵族墓①，但却并未再向西进一步接管青弋江以西的广大区域，而在这里出现了同期的楚墓，显示出有可能越国将这一范围让渡于楚国②。俞伟超先生也曾推断上古时期的长江流域曾存在着楚、越联盟，并指出楚人虽未像夏、商、周那样建成臣服四方的王朝，却是较长时间内长江中、下游乃至更南区域的实际盟主③。《左传·襄公十三年》子囊所言"赫赫楚国，而君临之，抚有蛮夷，奄征南海"④，应有实际依据，并非全然吹嘘溢美。

三、辽西地区的文化演进与交流

虽然辽西地区的古文化与江南地区距离遥远且间隔其他文化区系，但已有学者注意到自新石器时代以来跨越文化区的长距离文化互动确实存在，且同属于东部区系的辽西地区和江南地区的文明化道路也有些相通之处，故在此需对辽西地区的文化演进及相关问题略加梳理。

考古学上的辽西地区通常"指医巫闾山以西，北至西拉木伦河两侧，包括西拉木伦河、老哈河、大凌河、小凌河及它们的支流地区"⑤，区内以东北—西南走向的努鲁儿虎山为界，可分为东、西两个相对独立的地理单元。两个小区在文化面貌上常常显示出一定的差异，在文化演进的速率上也并不完全一致⑥。目前，已建立起来的辽西地区自新石器时代晚期至东周时

---

① 安徽省文物考古研究所、马鞍山市文物局、当涂县文物管理所：《安徽当涂陶庄战国土墩墓发掘简报》，《文物》2013年第10期，第23～35页。

② 付琳：《江南地区周代墓葬的分期分区及相关问题》，《考古学报》2019年第3期，第327～358页。

③ 俞伟超：《早期中国的四大联盟集团》，《古史的考古学探索》，北京：文物出版社，2002年，第124～137页。

④ 杨伯峻编著：《春秋左传注》（修订本），北京：中华书局，2009年，第1002页。

⑤ 张忠培：《辽宁古遗存的分区、编年及其他》，《辽海文物学刊》1991年第1期，第8～12页。

⑥ 王立新：《辽西区夏至战国时期文化格局与经济形态的演进》，《考古学报》2004年第3期，第243～270页。

期的文化序列大致为：红山文化、小河沿文化、夏家店下层文化、晚商至西周前期诸类遗存、夏家店上层文化与凌河文化、春战之际诸类遗存和战国中晚期的燕文化。

红山文化在整个辽西地区均有分布，其陶器以弧壁平底筒形罐最为流行，小口罐、瓮、钵、斜口器和无底筒形器亦较常见，器表盛行戳印"之"字纹和多道平行直线刻画纹，彩陶亦具特色。玉猪龙、勾云形玉器和斜口筒形玉器（箍形器）构成了红山文化玉器的主体和重要特色。红山文化是一支具有较为发达的谷物种植农业的定居文化，按地域可大致划分为牛河梁类型和那斯台类型①。红山文化的存续年代大致为公元前4200年至前3000年。

红山文化与其南部的大汶口文化、凌家滩遗存和良渚文化之间可能存在过直接或间接的交流，相关线索主要呈现在玉器方面。红山文化与大汶口文化共有联璧。李新伟先生指出凌家滩遗存所见负八角星纹的双猪首玉鹰和红山文化的双猪首勾云枭形器是极其相似观念下的产物，凌家滩出土的玉猪龙是红山文化的因素，红山文化的一类勾云形玉器表现的应是龟，对龟的崇拜可能是受到凌家滩遗存的影响②。另有学者推断红山文化的斜口筒形玉器同样表现的是龟的形象，亦与凌家滩遗存有关③。此外，红山文化与凌家滩遗存玉器之间的联系，还体现在玉人（图4-11）、回首凤鸟玉冠饰和弯板状玉臂饰上④。前面章节已经介绍过凌家滩遗存与良渚文化的关系颇为密切，那良渚文化玉器中与红山文化存有联系的因素，是否间接来自凌家滩遗存，还有待今后研究落实。

在辽宁凌源与建平交界的牛河梁遗址群发现属于红山文化晚期的"女

---

① 索秀芬、李少兵：《红山文化研究》，《考古学报》2011年第3期，第301～326页。
② 李新伟：《中国史前玉器反映的宇宙观——兼论中国东部史前复杂社会的上层交流网》，《东南文化》2004年第3期，第66～72页。
③ 黄翠梅、郭大顺：《红山文化斜口筒形玉器龟壳说——凌家滩的启示》，原载于《玉魂国魄——中国古代玉器与传统文化学术讨论会文集（五）》，后收入《郭大顺考古文集》，沈阳：辽宁人民出版社，2017年，第129～143页。
④ 朱乃诚：《红山文化弯板状玉臂饰研究》，《文物》2019年第8期，第49～59页。

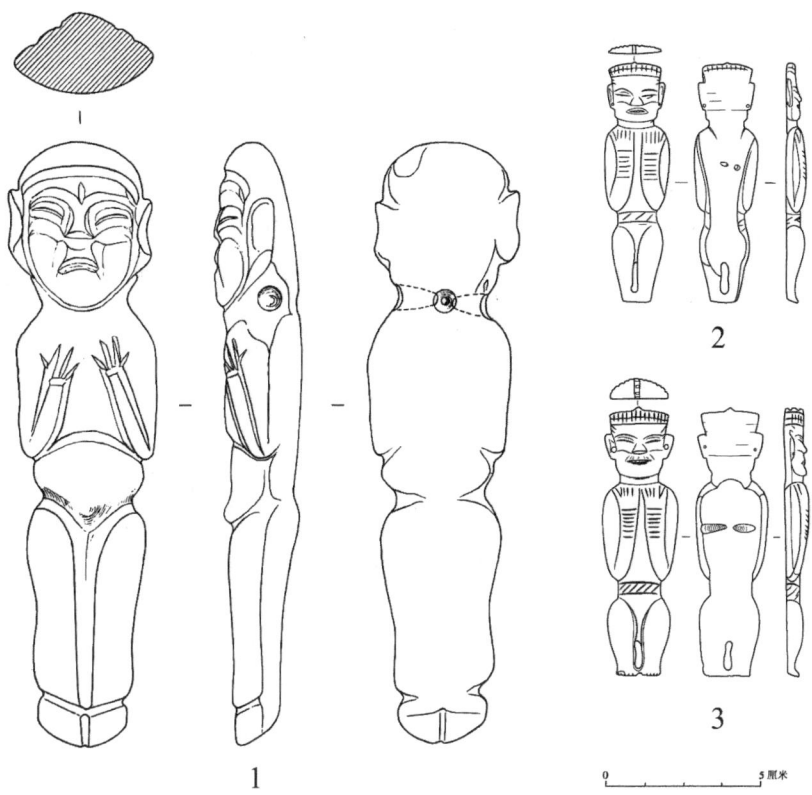

1.牛河梁 N16M4:4　2、3.凌家滩 98M29:15、16

图 4-11　红山文化和凌家滩遗存中的玉人形象

神庙"(图 4-12)、积石冢和祭坛①,在辽宁喀左东山嘴遗址也发现同期大型祭坛遗迹②。苏秉琦先生由此认为红山文化晚期已率先跨入"古国"阶段,并因之将中华文明起源模式中的"原生型"文明上溯至距今 5000 年以前③。正如王立新先生所言,牛河梁遗址群选址之刻意、规划之严密、规模之宏大、内涵之复杂均远非普通墓地可比拟,牛河梁并非某一部落或氏族所独有,至

---

① 辽宁省文物考古研究所:《牛河梁:红山文化遗址发掘报告(1983—2003 年度)》,北京:文物出版社,2014 年。

② 郭大顺、张克举:《辽宁省喀左县东山嘴红山文化建筑群址发掘简报》,《文物》1984 年第 11 期,第 1~11 页。

③ 苏秉琦:《中国文明起源新探》,沈阳:辽宁人民出版社,2009 年,第 118 页。

少应是周围方圆数百平方千米范围之内的人群所共同经营的一处"圣地",但从各积石冢地点乃至各冢本身之间相对的独立性表明,以积石冢中心大墓墓主为代表的红山文化最高阶层应来自于联合体中的不同社群,他们通过"通神"获得社会权力,红山文化流行以女神崇拜为中心的多神崇拜①。这种基于相近宗教信仰的社群联合体,显然与良渚文化的早期国家形态具有一定的相似之处。值得注意的是,不论在"女神庙"、积石冢大墓,还是东山嘴祭坛出土的可能与宗教神祇相关的遗物,均表现出一种多神崇拜的原始萨满教倾向,与良渚文化显现出的宗教形态差异较为明显。

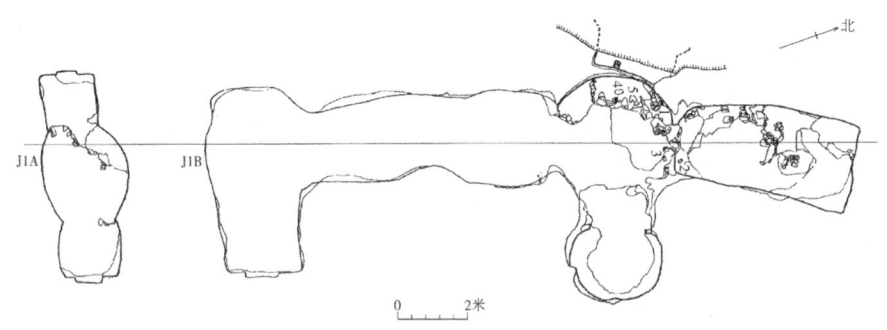

图 4-12 红山文化"女神庙"总平面图

资料来源:引自《牛河梁:红山文化遗址发掘报告(1983—2003 年度)》N1 图二

小河沿文化是辽西地区新石器时代末期的一支文化类型,其主要陶器有绳线纹筒形罐和盂,小口双耳罐、壶、尊、豆、钵亦较流行,彩陶与彩绘陶占有一定比重。已发现小河沿文化的遗址和墓葬主要有辽宁锦西沙锅屯洞穴遗址、内蒙古林西县白音长汗遗址、敖汉旗南台地遗址、石羊石虎山墓葬和翁牛特旗大南沟石棚山墓地等,资料相对薄弱。该文化除继承当地红山文化因素之外,还吸收有庙子沟文化和大汶口文化的成分。有迹象显示,小河沿文化在辽西地区形成以后,曾向南迁移,越过燕山后进入河北省北部、中部和山西省东北部②。参考红山文化的年代下限和夏家店下层文化的年代

---

① 王立新:《辽西区史前社会的复杂化进程》,《吉林大学社会科学学报》2005 年第 2 期,第 101~110 页。

② 索秀芬、李少兵:《小河沿文化类型》,《边疆考古研究》第 6 辑,北京:科学出版社,2007 年,第 88~102 页。

上限,可将小河沿文化的年代估定为约公元前 3000 年至前 2200 年。通过区域性系统调查发现属于小河沿文化的遗址数量较之红山文化骤减,且遗址面积普遍较小,多在数千平方米左右,较大者也很少超过 2 万平方米,缺乏类似红山文化的大规模中心性聚落或祭祀中心,应当是辽西地区以筒形罐为代表的文化系统的衰落阶段,其显示出的社会形态与文明程度较之红山文化出现了停滞甚至于倒退的现象①。

夏家店下层文化是辽西地区青铜时代早期的一支强势文化,年代大致处在公元前 2000 年至前 1400 年之间,约相当于中原地区的夏至早商时期。该文化常见陶器器形有尊形鬲、无腰隔甗、尊、盆、豆等,纹饰以绳纹和弦断绳纹最为流行,另见部分彩绘陶。论者认为来自中原地区后岗二期文化的一组因素在夏家店下层文化的形成过程中起到了至关重要的作用,此组因素的出现使得辽西地区延续数千年的平底筒形罐文化系统终止,而与中原地区相类似的空三足器系统开始流行②。

在夏家店下层文化的分布区内发现较多以石城址为代表的设防聚落,部分学者认为这是夏家店下层文化已经发展为独霸一方的方国或统一的地区性国家的有力证据③。然而,从这些设防聚落的分布来看(图 4-13),很难认定它们是经由国家政体统一协调的、用以防御一方外敌的产物④。本书作者也认为对于夏家店下层文化分布范围内诸社群之间的一体化程度,尚不宜做过高推测,这种城址林立的形式可能是黄河中下游及河套地区龙山时代局势的翻版。不过,夏家店下层文化确实有着较为发达的谷物种植经

---

① 王立新:《辽西区史前社会的复杂化进程》,《吉林大学社会科学学报》2005 年第 2 期,第 101~110 页。

② 王立新、齐晓光、夏保国:《夏家店下层文化渊源刍论》,《北方文物》1993 年第 2 期,第 5~16 页。

③ 苏秉琦:《迎接中国考古学的新世纪》,《华人·龙的传人·中国人——考古寻根记》,沈阳:辽宁大学出版社,1994 年,第 236~251 页;朱延平:《夏家店下层文化的社会发展阶段》,《中国北方古代文化国际学术研讨会论文集》,北京:中国文史出版社,1995 年,第 103~109 页。

④ 徐光冀:《赤峰英金河、阴河流域的石城遗址》,《中国考古学研究——夏鼐先生考古五十年纪念文集》,北京:文物出版社,1986 年,第 91 页;Wang Lixin. The Lower Xiajiadian Culture of the Western Liao River Drainage. *A Companion to Chinese Archaeology*, Chapter 23, London:Wiley Blackwell Press, 2013.

济,诸社群以定居为主,它是辽西地区青铜时代中非常罕见的较为稳定且社会复杂化程度颇高的一支考古学文化,只是在该文化的诸社群之间似乎缺乏强有力的中心或有效的纽带将它们协调统一起来。

图 4-13　赤峰英金河、阴河流域夏家店下层文化石城址分布示意图
资料来源:引自《中国考古学·夏商卷》图 8-44

以往,学界大多认为夏家店下层文化结束以后,晚商时期在辽西地区代之而起的是魏营子文化①。但通过细致分析,我们认为在夏家店下层文化消亡之后,夏家店上层文化和凌河文化出现之前,辽西地区的文化面貌并不单纯,至少可以划分出向阳岭类遗存、柳南墓葬遗存、喜鹊沟类遗存、后坟类遗存和魏营子墓葬遗存等五类归属于不同群体的文化遗存,说明此时有多支来源不同的人群进入辽西地区②。

晚商时期,高台山文化在辽河平原消亡以后,在医巫闾山西麓地带出现了向阳岭类遗存,这类遗存的出现应与高台山文化晚期的西进相关。位于努鲁儿虎山东麓牤牛河流域的柳南墓葬遗存,表现出与高台山文化和庙后山文化均存一定亲缘关系,同时也明显接受了本地夏家店下层文化的影响。位于西拉木伦河及老哈河流域的喜鹊沟类遗存,除了承袭夏家店下层文化的因素外,也显示出一些来自于朱开沟文化等外部文化的因素,可能代表着赤峰地区以西、以北的人群在晚商时期东进、南下,与夏家店下层文化遗民

---

① 郭大顺:《试论魏营子类型》,《考古学文化论集》(一),北京:文物出版社,1987 年,第 79~98 页;董新林:《魏营子文化初步研究》,《考古学报》2000 年第 1 期,第 1~30 页。

② 付琳、王立新:《夏家店下层文化消亡后的辽西》,《考古》2015 年第 8 期,第 89~102 页。

结合,对这里的铜、锡资源进行开发,并向商王国或其他地方势力输出矿料①。

西周代商及燕国的建立,可能间接导致了喜鹊沟类遗存的消亡,努鲁儿虎山以西地区被承袭了部分喜鹊沟类遗存因素的夏家店上层文化所占据,并发展出了以宁城小黑石沟石椁墓②和南山根石椁墓③出土遗存为代表的,具有地方特色的青铜器群。在努鲁儿虎山以东地区,后坟类遗存的兴起可能受到了围坊三期文化、喜鹊沟类遗存和向阳岭类遗存的共同影响,这类遗存所代表的地方势力与燕国之间的关系显得颇为紧张,从部分窖藏出土铜器显示他们可能发起过对燕国的掠夺性战争。到西周中期前后,后坟类遗存消亡。与此同时,魏营子墓葬遗存在本区出现,有可能代表了燕国或其同盟对当地的一次军事打击,不过此时燕国并未对这里实施真正的占领。由于辽东地区双房文化的强势进入,西周晚期在这里形成了继承后坟类遗存并含有大量双房文化因素的凌河文化。

当夏家店上层文化结束以后,在其原有分布区内出现了水泉文化、五道河子遗存、铁匠沟遗存、井沟子遗存等几类新遗存,这些遗存虽然年代相当,但彼此的来源和性质各不相同,应归属于不同人群④。从文化面貌分析,上述几类遗存展现出的社会复杂化程度有限,且很可能抛弃了夏家店上层文化社群本就不甚发达的谷物种植经济,而从事游牧和狩猎,这可能是因区域环境变迁,以及社群经济生业传统差异所导致的。

通过我们对朝阳袁台子周代墓地的分析,显示出燕文化虽然在战国中期以前即开始向辽西地区东部的凌河文化分布区缓慢施加影响,但直到战国中期以后燕国才真正占据朝阳地区,并借秦开北却东胡等一系列军事活

---

① 王立新、付琳:《论克什克腾旗喜鹊沟铜矿遗址及相关问题》,《考古》2015年第4期,第79~87页。

② 内蒙古自治区文物考古研究所、宁城县辽中京博物馆:《小黑石沟:夏家店上层文化遗址发掘报告》,北京:科学出版社,2009年。

③ 辽宁省昭乌达盟文物工作站、中国科学院考古研究所东北工作队:《宁城县南山根的石椁墓》,《考古学报》1973年第2期,第27~39页;中国社会科学院考古研究所东北工作队:《内蒙古宁城县南山根102号石椁墓》,《考古》1981年第4期,第304~308页。

④ 王立新:《辽西区夏至战国时期文化格局与经济形态的演进》,《考古学报》2004年第3期,第243~270页。

动进一步经略辽西①。不过,即便是在战国晚期燕国已将辽西绝大部分地区纳入自身领土范围的情况下,区内仍见有少量的"非燕"文化势力②。就目前的情况来看,辽西地区是我国东部地区中在东周时期华夏化进程最为缓慢且最不彻底的一个文化区系,其原因可能主要是本地相对脆弱的自然环境不利于长期耕作和定居,且经常会受到本区西北部游牧族群势力的冲击,使得中原诸夏尤其是燕国不愿倾力经营之。

第三节

陆海边疆中的"吴越文明"

在初步梳理了东部地区早期国家发展变迁的大势,和"华夏中国"政治格局的基本情况后,最后再来分析处于华夏边缘的江南地区早期国家的形态及其变迁,文明形成、发展与变化的动因,以及其在多元一体的中国古代文明史中的地位和贡献。

一、原生型的良渚文明与次生型的吴越文明

苏秉琦先生对中国早期国家发展模式有"原生型"、"次生型"和"续生型"三模式之论③。本书在这里借用苏公词汇,对江南地区远古及上古时期的良渚早期国家和吴、越国家的形态加以总结,指出良渚文化的政体是一种原生型的文明,吴、越文化的政体则属于次生型文明。

通过本书第三章对良渚文化所做的聚落考古学分析,可以发现在江南

---

① 付琳、王立新:《朝阳袁台子周代墓葬的再分析》,《北方文物》2012年第3期,第23~31页。

② 郑君雷:《战国燕墓的非燕文化因素及其历史背景》,《文物》2005年第3期,第69~75页。

③ 详参苏秉琦:《中国文明起源新探》,沈阳:辽宁人民出版社,2009年,第六章。

地区良渚文化阶段的大部分社群之间都存在联结关系,而这种联结很可能是基于共同的宗教信仰而达成的。良渚文化的社会形态和政治组织形式是以统一且近乎严格的宗教为纽带的社群联盟,在良渚文化内部诸社群的社会权力比较分散且不固定,但神权中心相对稳固,且神权凌驾于其他社会权力之上。在这种情况下,古城社群可能基于资源和技术的优势,在较长阶段内占据良渚文化宗教神权的上游地位,引领良渚文化的其他社群政体。

中村慎一先生认为良渚文化的玉琮,绝大多数是由居住在良渚古城的玉工制作,再由古城的权贵派送、馈赠各方,用这样的形式分派或承认各地贵族的权力,换取后者对"中央"的认同和支持,从而达到对各地方实行某种程度的控制①。秦岭女士通过对刻纹玉器的比较研究,指出至少在良渚文化中期,古城社群存在向环太湖地区其他社群分配高级别玉器的关系网络②。这种联结关系显然与贾雷德·戴蒙德(Jared Diamond)笔下古代复活节岛上11或12个简单酋邦之间通过资源交换达成的联结关系不同③。在良渚文化的诸社群内,神权中心在同一时期可能相对固定,在分配神权的背后,涉及物质资料甚至劳动力由神权中心外的其他社群部分供给。目前对于这种"分配与供给"具体的规模、周期和模式,均难以讨论。

良渚文化神权中心的相对稳固可能是建立在对玉料资源和治玉技术的把控上。要维系神权中心向外分配这种耗时耗力的宗教产品的活动正常运转,需仰赖大量、很可能又是极为分散的外部资源进行供给,这也从根本上导致了在良渚文化的诸社群中,神权具有很大的分散性。王宁远先生曾指出诸如普安桥、新地里、绰墩等遗址零星出土单件玉琮的墓葬级别并非很高,可能只是小家族的首长④。这一认识无疑是正确的,而这种小家族首长即可拥有通神法器的现象(可参附表二),所反映出的既是良渚早期文明中

---

① [日]中村慎一著,刘恒武译:《良渚文化的遗址群》,《古代文明》第2卷,北京:文物出版社,2003年,第53~64页。

② 秦岭:《良渚玉器纹饰的比较研究——从刻纹玉器看良渚社会的关系网络》,《浙江省文物考古研究所学刊》第八辑,北京:科学出版社,2006年,第23~52页。

③ 详参[美]贾雷德·戴蒙德著,江莹、叶臻译:《崩溃——社会如何选择成败兴亡》,上海:上海世纪出版集团,2011年,第二章。

④ 王宁远:《遥远的村居:良渚文化的聚落和居住形态》,杭州:浙江摄影出版社,2007年,第140页。

"家为巫史"的状态,也是其社会权力分散且不甚固定的最好注脚。这一独神信仰、神权至上,由宗教而维系社群联结的早期文明,虽然神权中心在一定时期内相对稳固,但对于神权的分配却比较分散。将以良渚古城为代表的古城社群,视为东亚地区距今5000年以前的原生型文明是合适的。

这种基于族群宗教和神权分配而运转的政治组织形式,是否在良渚早期国家阶段向外拓展?良渚文化特殊的宗教形态以大量玉器作为神权载体,故而良渚文化社群特别重视玉矿资源。已有迹象显示出良渚文化晚期时,以透闪石、阳起石为主体的高品质玉资源已有衰竭迹象,品质较低的蛇纹石比重上升,方向明先生从琮、璧等带有良渚宗教含义的玉器入手,对于良渚文化因素向外部的扩散做了极有意义的讨论①。在此基础上,本书作者也就良渚早期国家向外的拓展做些梳理,谈些不成熟的看法,供读者批评。

考古资料显示出良渚文化向南部山地河谷、沿海平原和近海岛屿,存在着长期而不间断的影响。但这种影响的规模似乎始终有限,所代表的应当不是扩张领土的行为。大致在良渚文化晚期,浙南山地及沿海地区出现了与良渚文化关系颇为密切的好川文化。以往的观点认为好川文化形成于良渚文化衰退之际,现在来看这一认识并不准确,对此我们已有专文讨论②,兹不赘述。最近,我们在闽江上游南浦溪流域也发现了典型的好川文化墓葬,并出土锥形器、珠、管、宽体钺、有段锛等玉、石器,说明浙南山地沿海以及毗邻的闽北山区均有好川文化分布。作为同样尚玉且与良渚社群精神信仰存在一定关联的好川文化,却缺乏较大型的玉礼器和神人兽面纹。一方面指示出区内社群很可能游离于良渚早期国家神权分配体系之外,另一方面也指示出本地缺乏玉矿资源。

近年来,郭素秋女士通过细致梳理台湾岛内新石器时代中期文化内涵里的玉器因素,指出台湾岛内这一阶段突然兴起的精美玉器和玉器加工工艺,可能与受到良渚文化晚期的影响有关③。这无疑会引出一个重要问题:

---

① 方向明:《琮·璧:良渚玉文明因子的接力与传承》,《大众考古》2015年第8期,第41~48页。
② 黄一哲、付琳:《好川墓地年代问题再分析》,《南方文物》待刊。
③ 郭素秋:《四千年前后的台湾与中国东南地区文化样相》,《2014从马祖列岛到亚洲东南沿海:史前文化与体制遗留研究国际学术研讨会论文集》,2014年9月,第138~219页。

良渚文化社群所建立的早期国家文明是否迈向海洋？良渚文化分布的核心区东滨大海,良渚文化的大木作工艺水平和内水航行能力所展现出的造船水平,应该也可以满足近海航行和逐岛梯航的需要。但在良渚文化的面貌和特征中,所反映出海洋性因素的比重甚为薄弱,现在提出良渚文化社群追逐玉矿的触角已跨越海峡,似为时尚早。目前来看,台湾岛内距今约 4500 年前新兴的玉文化因素很可能与好川文化是有关系的[1],至于其传播路线是经由闽江而下跨海,还是沿海直接出发,未来应该可以讨论。

从经济生业角度来看,良渚文化社会高度复杂化的基础,在于较高水平的稻作农业。良渚文化分布的核心区太湖流域,是大陆东南沿海最大的一块以平原为主的地理单元。良渚社群向南的扩张,在跨越钱塘江后大致停留在宁绍平原较为适宜稻作农业大规模开展的区域,以及河谷盆地和近海岛屿富集特殊资源的地点,如奉化盆地的名山后遗址和下王渡遗址、大榭岛的大榭遗址、钱塘江中游的桐庐小青龙遗址,所见良渚文化的面貌已在不同程度上与核心区存在差别。良渚文化社群的到来,至少迫使部分河姆渡文化社群[2]南迁甚或出海,还有部分融合于良渚文化之中。总体来看,良渚文化社群对于其南部山海之间及河谷盆地的小块平原兴趣不大,特别是当类似区域缺乏玉矿资源时。由良渚文化玉琮南传的另一条线路,即经由赣鄱地区翻越南岭进入珠江流域来看,也基本可以印证前面的推测。北江流域的石峡文化社群虽然表现出对良渚文化玉器和宗教信仰的较大兴趣,但良渚文化却似乎无意于此。在闽粤沿海零星发现的良渚式玉琮,更多表现为先进的良渚文化因素向外有限度的扩散。

良渚文化因素沿长江上溯大致止于江淮西部和赣鄱地区,再向西便是两湖地区,那里存在着同样强大的屈家岭—石家河文化社群建立的早期文明。现在对于前述俞伟超先生所提出的楚越联盟是否具有更多史前文化依据,还缺乏线索讨论。朔知先生曾讨论过薛家岗文化与良渚文化的交流,为

---

[1] 付琳:《台湾岛几何形印纹陶的起源及相关问题》,《中国南方先秦考古学术研讨会论文集》,北京:文物出版社,2019 年,第 142～149 页。

[2] 良渚文化之前的崧泽文化已有因素跨越钱塘江进入宁绍地区,但并未完全取代本地固有的河姆渡文化传统。

一种有限度、有选择性的相互吸纳,高峰出现在良渚文化早期[1]。此外,在江西北部靖安老虎墩遗址的上层文化遗存中,可以发现分别受到屈家岭文化和良渚文化影响的因素[2]。老虎墩上层遗存在两大强势文化的中间地带呈现出类似的文化面貌,可能不宜用春秋时期的"楚尾吴头"来解释,至少目前看来当屈家岭文化大举北上中原之时,良渚文化并未乘虚而入。

良渚文化中晚期,其社群成规模向外拓展的主攻方向是北向跨越长江。在长江北岸的江苏海安青墩、兴化与东台交界的蒋庄,以及安徽阜宁陆庄均发现有典型的良渚文化玉器甚至规模不小的良渚文化聚落。再向北便是大汶口文化分布的核心区域。当北进的良渚文化社群遭遇同样强大的大汶口文化社群时,激烈的竞争似乎在所难免。江苏新沂花厅北区墓地中有着很特殊的"文化两合现象",即良渚文化典型遗物与大汶口文化遗物共出一墓[3]。关键的问题在于,这里已是大汶口文化社群经营的重要区域,不远即存在属于大汶口文化社群较为重要的聚落,如大墩子遗址和刘林遗址。

严文明先生曾基于对花厅北区墓葬的分析,推测这是良渚文化一支武装力量北上远征,打败当地大汶口文化居民并实行占领。作战中阵亡的良渚战士不可能运回老家,只能就地安葬。他们不用大汶口文化居民原有墓地(花厅南区),而在其北约600米的北区另设墓地,随葬良渚文化特色的玉器和陶器等物品,同时也随葬一些大汶口文化的战利品,甚至将俘获敌方的妇女儿童连同猪狗一起殉葬[4]。笔者认为严先生基于文化因素分析和情境分析所做的推理很有道理。除此之外,还有花厅的大汶口文化社群在战败

---

[1] 朔知:《初识薛家岗与良渚的文化交流——兼论皖江通道与太湖南道问题》,《浙江省文物考古研究所学刊》第八辑,北京:科学出版社,2006年,第105～122页。

[2] 江西省文物考古研究所、厦门大学历史系考古专业、靖安县博物馆:《江西靖安老虎墩史前遗址发掘简报》,《文物》2011年第10期,第4～21页。

[3] 南京博物院:《花厅:新石器时代墓地发掘报告》,北京:文物出版社,2003年。

[4] 严文明:《碰撞与征服——花厅墓地埋葬情况的思考》,原载于《文物天地》1990年第6期,后收入《花厅:新石器时代墓地发掘报告》,文物出版社,2003年,附录四。

后与良渚文化社群联盟的观点①。众所周知,族群之间的对抗与联合经常转化。这处距离良渚文化分布核心区直线距离三百千米以外的遗址,背后究竟隐藏怎样的历史事件,还值得继续研究讨论。距今5000年前后,大汶口文化的南下和良渚文化的北上,使得两支文化在碰撞与竞争中呈现出深刻的交流互鉴,但族群主体却各自坚守着自身的宗教信仰。

有关江南地区钱山漾类型、广富林类型和马桥文化的社会形态和政治组织形式问题,可供分析的资料尚十分有限,很难做出过多推测。仅就它们已展现出的文化面貌和聚落形态来看,在社群生活中罕见本区原有的精英文化内容,来自区外的文化因素虽然呈现出不断增加的趋势,却长期以与日常生活相关的底层因素的辐射为主。中原地区早期王权国家的建立,对本区土著社群造成的直接影响十分微弱。由于良渚文化阶段原有的宗教纽带已然丧失,社群之间缺乏有效的联结,停滞于相对松散、一体化程度较低的状态,将它们的社会形态归为简单酋邦阶段似较为合理。

晚商阶段,来自更多地区的文化因素进入江南地区,其中对于后来本区土著社群的社会形态发展影响较大的两组因素分别是:以赣鄱地区的吴城文化为中介东进而来的青铜文化因素,和自闽浙赣邻境地区北渐而来的土墩墓因素。与此同时,在东苕溪流域的社群聚落中原始瓷制造业兴起,逐渐成为本区与其他文化区进行交流联系的重要纽带,很可能还促生了一些中小型规模的城址。这一阶段江南地区再次出现了社会复杂化加剧的动向。

西周前期,吴国在宁镇地区的建立,可以认为是华夏王权国家形式进入江南地区的开端。对于吴国的早期历史,传世文献、出土文献和考古资料中均有一些资料可供解读,而如何理解这些线索,在学界却极富争议。

太伯避位出奔的故事,在春秋时期已经流行。如《左传·僖公五年》载:"大伯、虞仲,大王之昭也。大伯不从,是以不嗣"②,《国语·晋语》载:"君得其欲,太子远死,且有令名,为吴太伯,不亦可乎?"③约自吴王寿梦始,中原诸夏对于吴乃"周之贵胄"的身份并不怀疑。如《左传·襄公十二年》载:

---

① 高广仁:《花厅墓地"文化两合现象"的分析》,原载于《东南文化》2000年第9期,后收入《花厅:新石器时代墓地发掘报告》,文物出版社,2003年,附录五。

② 杨伯峻编著:《春秋左传注》(修订本),北京:中华书局,2009年,第307~308页。

③ 徐元诰:《国语集解》(修订本),北京:中华书局,2002年,第263页。

"秋,吴子寿梦卒,临于周庙,礼也";《左传·昭公三十年》载:(楚子西语)"吴,周之胄裔也,而弃在海滨,不与姬通。今而始大,比于诸华"①。

西汉司马迁在《史记·吴太伯世家》中对吴国世系的记载完整且详尽,对于吴国的来历基本上承袭旧说,认为"吴太伯,太伯弟仲雍,皆周太王之子,而王季历之兄也。季历贤,而有圣子昌,太王欲立季历以及昌,于是太伯、仲雍二人乃奔荆蛮,文身断发,示不可用。以避季历。季历果立,是为王季,而昌为文王。太伯之奔荆蛮,自号句吴。荆蛮义之,从而归之千余家,立为吴太伯……周武王克殷,求太伯、仲雍之后,得周章。周章已君吴,因而封之。乃封周章弟虞仲于周之北故夏虚,是为虞仲,列为诸侯"②。

倘若太伯出奔与吴国初立存在直接关联,那其出奔何处,便成为考察吴国早期历史问题的关键。1954 年在江苏丹徒烟墩山一号墓出土的《宜侯夨簋》铭文,因其出土地点和内容的重要性,很快引起学者关注,并有多家对其展开释读③。由于该器出土后被击碎,经修复补缀,可知内底有铭文十二行,存一百一十八字。

现引李学勤先生的释文如下:

惟四月辰在丁未,王省珷王、
成王伐商图,徣(遂)省东或(国)图。
王卜于宜□土南□。王令
虞侯夨曰:□侯于宜。锡鬯
卣一卣、商瓚(瓚)一、□,彤(彤)弓一、彤(彤)矢百,
旅弓十、旅矢千。锡土,厥川
三百……厥……百又……厥宅邑

---

① 杨伯峻编著:《春秋左传注》(修订本),北京:中华书局,2009 年,第 996、1508 页。
② (汉)司马迁:《史记》,北京:中华书局,2013 年,第 1739~1741 页。
③ 陈梦家:《宜侯夨簋和它的意义》,《文物参考资料》1955 年第 5 期,第 63~66 页;陈梦家:《西周铜器断代(一)》,《考古学报》第九册,1955 年,第 165~167、175 页;陈邦福:《夨簋考释》,《文物参考资料》1955 年第 5 期,第 67~69 页;郭沫若:《夨簋铭考释》,《考古学报》1956 年第 1 期,第 7~9 页;唐兰:《宜侯夨簋考释》,《考古学报》1956 年第 2 期,第 79~83 页。

第四章 东亚陆海边疆发展与变革中的"江南"

卅又五,[厥]……百又卅。锡在宜

王人……又七里;锡奠七伯,

厥界……又五十夫;锡宜庶人

六百又……六夫。宜侯夨扬

王休,作虞公父丁尊彝。①

对于宜侯夨簋的年代,学者大多认为约在西周康王时期。唐兰先生指出簋名中的"宜"可能即在丹徒或其附近,宜侯夨簋为吴器,器主为周章,但共出附耳铜盘的年代是春秋早期,这究竟是晚期墓葬保存了旧器,还是考古单位之间的混淆,难以判明②。李学勤先生同样认为这篇铭文与吴国早期历史有莫大关联,他将"锡土,厥川三百"解读为"封赐的土地上有河流三百余条",足见水流纵横,正合苏南地貌③,并指出周章在武王时受封立,其子熊遂略当成王时,熊遂之子柯相略当康王时,作器者应为柯相④。然而,学界对于"宜"之地望的考订,仍存巨大分歧,有河南宜阳、江苏仪征、陕西陇县等说法⑤。

因烟墩山一号墓为一偶然发现,墓葬形制并不十分清楚,年代也存在争议。如肖梦龙先生认为烟墩山一号墓应为一座土墩墓⑥。张敏先生通过调查和分析,指出原简报中的墓葬和两个所谓的附葬坑,应当实为一墓,且该墓确有墓坑⑦。本书作者结合对出土铜器和原始瓷器形制的分析,认为烟墩山一号墓年代属于西周晚期⑧。如此,宜侯夨簋即为一件出自吴国墓葬

---

① 李学勤:《宜侯夨簋与吴国》,《文物》1985年第7期,第13~16、25页。
② 唐兰:《宜侯夨簋考释》,《考古学报》1956年第2期,第79~83页。
③ 李学勤:《宜侯夨簋与吴国》,《文物》1985年第7期,第13~16、25页。
④ 李学勤:《走出疑古时代》,沈阳:辽宁大学出版社,1994年,第261页。
⑤ 详参王明珂:《华夏边缘:历史记忆与族群认同》(增订本),杭州:浙江人民出版社,2013年,第178~182页。
⑥ 肖梦龙:《试谈吴国土墩墓》,《人类学论文选集》,广州:中山大学出版社,1986年,第110~127页。
⑦ 张敏:《宜侯夨簋轶事》,《东南文化》2000年第4期,第88~93页;张敏:《吴王余昧墓的发现及其意义》,《东南文化》1988年第3、4合期,第52~58页。
⑧ 付琳:《江南地区周代墓葬的分期分区及相关问题》,《考古学报》2019年第3期,第327~358页。

中旧器,其对于吴国早期历史的指示意义显然是间接的。王明珂先生甚至怀疑在吴地墓葬中出土的类似器物可能是被刻意收集或仿制的,它并不能毫无疑问地反映拥有者的族群身份①。

至此,如何看待吴国统治者的族属,便只能依靠考古学的分析加以推断了。西周时期吴文化的中心在今宁镇地区,已是学界达成共识的观点。在宁镇地区自西周中期以来的吴国大型墓内,确实存有一组不容忽视的中原型铜器因素。从墓葬考古角度可以推断,至迟在西周中期吴国业已建立,并与西周王朝存在一定联系。不过,这些位于宁镇地区的吴国高级别墓葬,年代最早的也只约为西周中期,上距太伯出奔或周章受封的时间均存在不小的差距。故而,本书作者倾向于认为吴国可能是由受封于昭王或穆王的土著酋豪抑或是接受本地习俗的周人贵族(或为姬姓)所建,从《宜侯夨簋》铭文来看,由后者建立吴国的可能性似乎还要高于前者。

吴国的社会底层具有深厚的土著基础,社会上层也在很大程度上接受"越俗",表现为吴国的大中型墓葬既普遍流行使用青铜礼器、车马器等随葬,也共出本地传统的原始瓷器和印纹硬陶器,除了豆、盂、碗、瓿、罐、坛等日用器形外,亦有部分原始瓷礼器。一些吴国大墓还采用土墩墓的形制。以上可反映出吴国的主体族群很可能是杂糅性的民族。在西周晚期至春秋时期,伴随着吴国实力的不断壮大及其疆域的持续扩张,吴国的主体族群也在不断吸纳、融合各种外来因素,展现出一种兼容、开放的态度。这可能是由杂糅性民族所创造政体的共同特征,与之类似的是汉初赵佗所建立南越国的物质文化,只不过后者的文字史料依据更为充分。

约自春秋中期开始,因淮夷势力渐衰,江南地区与中原相对封闭的政治阻隔已基本消除。中原地区齐、晋先后称霸,地处西陲的秦国也厉兵秣马、跃跃欲试,与本区邻近且兵锋日盛的楚国对吴、越的发展造成了最直接的影响。这些外部的政治环境刺激了江南地区吴、越国家华夏化进程的加速。晋国首先辅助、培植吴国以牵制楚国②。吴国在吴王寿梦的带领下,以"太

---

① 详参王明珂:《华夏边缘:历史记忆与族群认同》(增订本),杭州:浙江人民出版社,2013年,第九章。
② 《左传·成公七年》载:"巫臣请使于吴,晋侯许之……教吴乘车,教之战阵,教之叛楚",见杨伯峻编著:《春秋左传注》(修订本),北京:中华书局,2009年,第834、835页。

第四章 东亚陆海边疆发展与变革中的"江南"

伯之后"自居,开始了其北向争霸的一系列活动。春秋中晚期宁镇地区和太湖地区的吴国贵族墓,大量使用竖穴土坑墓形制,部分可能属于吴国王室成员的墓葬则多采用带墓道的大型竖穴土坑墓。在随葬品方面,吴国贵族墓将此前罕见的青铜编钟纳入随葬器物组合,并在随葬乐器的制度上有所演绎,如前文所讲编钟、编磬等礼乐器与錞于、丁宁、振铎等军乐器的特殊组合形式,很可能是吴王墓葬的专享之制。在这种情况下,中原诸夏乃至楚国均已承认或默认吴为"周之贵胄"。

综上所述,吴国的初建与西周文化因素南下宁镇地区有直接关系,吴国的统治阶层应存在周人,他们在充分吸纳"越族"习俗的同时,将周礼与土著"礼制"相结合并大力推行,通过不断主导扩张与争霸活动来维系自身政体稳固,所构建的政体形式更加贴近于中原诸夏,并且在不断扩张的过程中,逐渐成为强力王权下的专制国家。可以认为,吴国是移植诸夏政体而来的次生型国家。

大致在西周前期,江南地区受到外部政治环境的影响尚较有限,土著的越族各支系在接受青铜文化因素之后,存在着一个在相对平缓的交流与竞争中发展自身社会组织的阶段。《吕氏春秋·恃君览》载:"扬汉之南,百越之际",前贤指出因越族支系甚多,至迟在战国末年已被称为"百越"[①]。目前来看,在商周之际至春秋早期,江南越族中的许多支系已初步成型。而随着吴国逐渐展开的扩张活动,在区内引发了较为激烈的竞争行为。

新安江流域以安徽屯溪弈棋墓地和浙江淳安左口墓地为代表的干越即为一例。新安江上游的弈棋墓地年代约属西周中期至春秋早期、级别较高,新安江下游的左口墓地年代约属西周晚期至春秋早期、级别稍低。《管子·小问》载:"昔者吴、干战,未龀不得入军门。国子摘其齿,遂入,为干国多"[②]。郭沫若先生认为此战可能在春秋以前,至迟也在春秋早期,此役之后干国很可能即被吴国灭掉[③]。据此可知吴、干相邻,二国国力或可匹敌,干为吴所灭。吴国大致在西周晚期已吞并皖南沿江地区,故其与位于皖南

---

① 陈国强、蒋炳钊、吴绵吉、辛土成:《百越民族史》,北京:中国社会科学出版社,1988年,第2页。
② 黎翔凤撰,梁运华整理:《管子校注》,北京:中华书局,2004年,第974页。
③ 郭沫若:《吴王寿梦之戈》,《郭沫若全集·考古编》第六卷,北京:科学出版社,2002年,第58~69页。

腹地新安江流域的国家可谓相邻。弈棋诸墓所表现出来的青铜器和原始瓷器制造水平颇为高超,铜剑制作工艺更处于同期领先地位,已见弈棋 M3 墓主的社会地位明显与同期吴国大型墓的墓主不相上下,显示出区内族群的实力相当强大,或可与吴国略相匹敌。进入春秋早期,干越明显衰落,且有向新安江下游地区迁徙的迹象,至春秋中期时已不见典型的干越墓葬,干国应当已被吴国所灭,干越族群或已融入业已建立的越国之中。

  吴国向环太湖地区的扩张,很可能直接促使了越国国家政体的形成。《吴越春秋·越王无余外传》载:"无余传世十余,末君微劣,不能自立,转从众庶为编户之民,禹祀断绝……自后稍有君臣之义,号曰无壬。壬生无瞫……无瞫卒,或为夫谭。夫谭生元常"①,元常即允常,是句践之父。在比较可靠的文献记载中,无余至句践之间的世系均残缺不全,句践之前至多追溯到无壬。无壬之时大致处于春秋中期,其子无瞫或与吴王寿梦活动的时期相当。可知,文献线索显示出越国在春秋中期应当是确实存在的。文献所载这一阶段的越史,以吴、越之间的战争为主旋律。从鲁襄公二十九年(公元前 544 年)吴国伐越,至鲁哀公二十二年(公元前 473 年)越国灭吴,短短七十二年中两国间可考之战事即有十次②。如《史记·越王句践世家》载:"元年,吴王阖闾闻允常死,乃兴师伐越。越王句践使死士挑战,三行,至吴阵,呼而自刭。吴师观之,越因袭击吴师,吴师败于檇李,射伤吴王阖闾"③,可见战况之惨烈,吴、越积怨很深。

  文献资料同样可以帮助我们理解越国的国家形态。如《越绝书·记地传》载:(句践语)"夫越性脆而愚,水行而山处,以船为车,以楫为马,往若飘风,去则难从,锐兵任死,越之常性也"④,可知越民习惯活动于河谷山间,民风轻死好斗,社会组织比较松散,难于统一约束。同卷另载:"句践徙至山北,引属东海,内、外越别封削焉",表明在句践时期曾尝试联合越国内部不同的部族势力。此外,蒙文通先生推断越国在灭吴之后曾进行过大规模的分封,并指出这种情况与后世蒙古大建汗国的行为略同⑤。另如公元前 333

---

① (汉)赵晔:《吴越春秋》,南京:江苏古籍出版社,1999 年,第 102 页。
② 详参杨伯峻编著:《春秋左传注》(修订本),北京:中华书局,2009 年。
③ (汉)司马迁:《史记》,北京:中华书局,2013 年,第 2087~2088 页。
④ 李步嘉:《越绝书校释》,北京:中华书局,2013 年,第 222 页。
⑤ 蒙文通:《〈史记·越世家〉补正》,《越史丛考》,北京:人民出版社,1983 年,第 121~147 页。

年楚国大败越国、诛杀越王无疆后,"而越以此散,诸族子争立,或为王,或为君"①的记载,也都显示出越国的国家形态,很可能自始至终都保留着部族联盟形式的残余。

本书作者已从墓葬考古角度论说过,吴国向环太湖地区的扩张活动,促使原本相对松散的越族社群重构整合,作为国族的于越族属的正式形成和越国的初建,恐怕不会早于西周晚期②。作为土著社群受到外部军事压力,而建立起来的联盟式国家,越国曾在灭吴前后,主动从制度层面向中原诸夏学习,展开自上而下的华夏化进程。更附会为大禹后裔,参与逐鹿中原。《史记·越王句践世家》载:"句践已平吴,乃以兵北渡淮,与齐、晋诸侯会于徐州,致贡于周。周元王使人赐句践胙,命为伯。句践已去,渡淮南,以淮上地与楚,归吴所侵宋地于宋,与鲁泗东方百里。当是时,越兵横行于江、淮,东诸侯毕贺,号称霸王"③,越国还曾短暂迁都琅琊,但同曾经北上的良渚社群一样,似乎并未长期占据这块土地。

综上所述,越国基于抵抗外侮而初建,自始至终都在一定程度上保存着部族联盟式的政治组织形式。越国曾尝试在制度层面借鉴此前华夏社会用以维系统治秩序的礼制④,并在句践时期特别是灭吴以后成为近乎华夏式的王权国家。但部族联盟制的残余,加之穷兵黩武的国策⑤,一旦强力的王权衰败,统一的国家政体即面临崩溃。可知,越族社群政体有着长期的历史,但越国只是一个短暂存在的"华夏化"国家。为楚所灭之后,先秦时期由江南地区土著族群所建立的国家文明终结,只在汉初浙闽沿海保留下东瓯、闽越之余韵。

---

① (汉)司马迁:《史记》,北京:中华书局,2013年,第2100页。
② 付琳:《江南地区周代墓葬的分期分区及相关问题》,《考古学报》2019年第3期,第327~358页;《也谈土墩石室遗存的性质与归属问题》,《2015萧山·越文化学术研讨会论文集》,杭州:浙江人民出版社,2015年,第121~134页。
③ (汉)司马迁:《史记》,北京:中华书局,2013年,第2095页。
④ 付琳:《百越"乐制"初探》,《百越研究》第四辑,厦门:厦门大学出版社,2015年,第366~375页。
⑤ 《墨子·非攻下》云:"今天下好战之国,齐晋楚越",见吴毓江:《墨子校注》,北京:中华书局,1993年,第219、220页。

二、江南地区早期国家形态变迁的原因

在以考古学材料为基础的社会史研究过程中,文明形态的变迁与考古学文化的变迁之间存在怎样的关系?是非常值得思考的问题。王巍先生将考古学文化变迁的原因归纳为六点,分别是:第一,自然环境与生态系统及其变化;第二,生业系统(经济活动)及其变化;第三,生产技术及其进步;第四,信仰与观念及其变化;第五,社会结构及其变化;第六,不同考古学文化间的交流、碰撞与融合①。这是比较全面的认识,也显示出具有中国特色的考古学文化研究正逐渐成为当代考古学理论中一个与时俱进的开放性的系统。以此为基准的考古学文化研究,实际上已经涵盖了文化史、社会史、经济史和认知史的内容。其中第五点,社会结构及其变化若可以导致考古学文化变迁,自然文明形态变迁在考古学文化上也会有所体现。

在本小节中作者尝试从多个角度去解释江南地区先秦时期文明形态变迁的原因。需要说明的是,具体材料中经常显示出多方面因素交织结合在一起,共同对古代社群及其政体发生作用,甚至有时还存在互为因果的现象,因此这里所做的归纳亦非完全是条分缕析式的。从江南地区先秦时期考古学文化发展变迁的过程中,笔者发现在晚商阶段以前,环境、经济和认知系统的变迁对于本区文化演进与文明变迁的影响最为深刻;晚商时期以后,跨区域考古学文化之间的碰撞与融合,则开始逐渐左右着本区的考古学文化演进、分布格局及其背后的文明变迁大势。

大致在公元前 3300 年至前 3000 年左右,海平面已下降至接近现今的高程,新出现的大片沼泽平原和高地为良渚文化的农业发展和聚落拓展提供了非常有利的条件。大量的森林被辟为农田,聚落遗址数量的增加显示出良渚文化人口总量出现激增,这也促使其稻作农业需在继承本区马家浜文化和崧泽文化的基础上进一步走向精细化,分布在平原区域大量基层墩

---

① 王巍:《考古学文化及其相关问题探讨》,《考古》2014 年第 12 期,第 64~76 页。

台式聚落的居住及生业模式,应已非常定型①,基本呈现出以小家族为单位的、十分稳定的小农经济模式。

环境的利好与农业水平的提升,对于当时良渚文化的社群生活存在着深刻的影响,其一是粮食生产剩余总量增多,如何有组织地分配、消费剩余资源变成了一个问题;其二是农业与手工业持续分化,如何协调社群内部成员之间的关系也成为一个问题。上述两个问题在当时极大加剧了良渚文化的社会复杂化进程,很可能在较短时间内促成并长期保障着良渚文化诸社群以宗教为指引、神权至上的政治组织形式。

在这种社会氛围里,神秘玉器和神秘纹饰成为保障宗教权力合法化和有序化的最佳载体,良渚文化的制玉业异军突起。在"绝地天通"之前的时代,良渚文化诸社群中很多家族的精英都具备沟通天地的权力,不过很多玉琮和神像显示出可能源出一地,指示出沟通天地的方式与手段在良渚文化诸社群中是一致的。法器的来源地,便是良渚文化宗教神权的中心所在。古城社群有可能正是因长期掌控造神秘玉器、纹饰的资源与技术,才在较长阶段内垄断良渚文化内部神权中心的地位,使得古城社群内外的人力、物力资源不断流入其中,以保障其彰显神权地位的一系列大型工程建设的运转和制玉业的持续繁荣。也在这些活动的过程中,不断加强了地缘联系。

在德国人类学家亨利希·舒尔茨(Henry Schultz)看来,人类全部的文化史就是从天然的血缘纽带获得逐步解放和人们为了进一步的文化发展而自由联合的愿望②。在良渚文化诸社群内部,实际上还处在不甚稳固的家族政治阶段,权力时常在社群中的不同家族之间转换。在这种情况下,整个环太湖地区竟然在文化面貌上显示出较大程度的一致性,且极富神秘色彩的玉礼器发展井然有序,似乎只能解释为诸社群及其内部各家族在信仰上的近乎统一,只有这样才能做到在文化上的一致排他,这一宗教使得良渚文化诸社群内部及社群之间的联结具备了超越自然血缘纽带的可能。

方向明先生敏锐地注意到,良渚文化的琮、璧在其全盛时期向其他文化

---

① 可参王宁远先生对于嘉兴地区良渚文化基层聚落的精辟分析,见王宁远:《遥远的村居:良渚文化的聚落和居住形态》,杭州:浙江摄影出版社,2007年,第39~98页。

② [苏]C.A.托卡列夫著,汤正方译:《外国民族学史》,北京:中国社会科学出版社,1983年,第114页。

区的传播和扩散并不顺利,反倒是良渚文化消亡后,玉琮和玉璧才在其他文化区逐渐发展起来①。需要说明的是,彼时之玉琮已然不再具备良渚文化自有宗教的灵魂,内涵全然不同,或可将这一现象总结为"良渚不灭,玉琮不传"。本书作者认为类似于良渚文化宗教这样近乎严格的一神教信仰的传播,很可能需要依靠武力征服。当然前文有谈到,东南沿海山地的部分社群可能自发地为良渚文化宗教的魅力所感染,如在石峡遗址所见的情况。不过,良渚文化社群扩张动力的指向性十分明确,对于山海之间狭小的平原、谷地兴趣不大。良渚文化社群在其兴盛时期或有过逐鹿中原的行动,只不过其依靠武力扩张所达之范围至江淮地区,便与信奉"异教"的大汶口文化中、晚期社群相持不下。

到良渚文化末期,环境变迁致使区内江河的连年泛滥,在人口密集的区域还可能存在伴随洪灾而来的瘟疫,这是导致良渚文化走向衰落的重要外因和催化剂。在良渚早期文明的政治组织中,缺乏有效遏制神权系统的机制。良渚文化的神权精英和权势家族已经习惯于将社会资源浪费在与保障宗教神权秩序相关的玉器等手工业制造、大型工程建设和因对外传教而引发的军事活动上,在面对持续天灾,无力开发新的玉矿以保障神权分配继续有序运转时,良渚文化以神权为纽带的早期国家(社群联盟)政体彻底崩溃。这种崩溃所摧毁的,正是以神秘玉器和神秘纹饰为代表的神权精英文化和良渚文化先民所信奉的宗教。

实际上,有可能在良渚宗教神权体系崩溃的过程中,考古学文化已然显现出了分化的趋势,钱山漾类型的出现并非是在良渚文化完全消亡之后。此外,在"良渚文化晚期后段遗存"、钱山漾类型和广富林类型中,我们所看到的并非是自区外移植而来的"外族文化",而是文化面貌相对落后的土著文化类型,其内来自北方龙山期文化因素的出现,处于正常的文化交流程度范围之内,北人南下或许不是武力征服。本阶段区内文化所受"龙山化"影响波及,应放在龙山时代整个东亚地区动荡的文化格局中去做整体考察。上述考古学文化的变迁,可以指示文明的变迁,即良渚文化神权政体的崩溃。

这一阶段,江南地区土著社群中的稻作农业传统并未完全改变。但较

---

① 方向明:《琮·璧:良渚玉文明因子的接力与传承》,《大众考古》2015年第8期,第41~48页。

为恶劣的气候环境,如公元前2000年前后世界范围内许多地区均出现严重的降温事件,并伴生持续的干旱,使得本区此前精耕细作的稻作农业体系严重受挫,温饱问题再次成为普通民众社群生活中最需解决的大事。良渚文明神权体系崩溃后,江南地区的社会发展显现出停滞状态,可能是区内社群在本阶段归复于相对简单、联结较弱之状态的直接反映。

不利的大环境因素,对于马桥文化的生业模式造成了很大影响。在马桥文化先民的生业活动中渔猎所占的比重大幅提高,基本陶器组合中鸭形壶的流行也显现出相对原始的自然崇拜倾向。此时,来自中原地区二里头文化的因素和来自闽浙赣邻境地区马岭类型的因素成组进入本区。相比而言,中原地区广域王权国家政体的建立并未对本区的土著社群造成较为直接的影响,青铜器和制铜技术的辗转传入亦未给当时的社群带来更高程度的"文明"。反倒是闽浙赣邻境地区的印纹陶文化因素对马桥文化的影响更大,可以认为马桥文化是印纹陶文化传统在环太湖地区的全盛阶段。究其根源有可能是区外西南部人群的传统生业模式,在环太湖地区气候波动较大的时期得到了施展的空间。当然,从文化谱系角度来看,马桥文化的主体人群仍然最有可能是环太湖地区的土著群体,而这种文化系列连续而文化面貌却突然大变的情况,似乎从有关经济文化类型的理论来解释最为有力[1]。

从晚商时期开始,来自宁镇地区、赣鄱地区、闽浙赣邻境地区,乃至中原地区的文化因素大量涌入环太湖地区,使得这里的文化格局开始复杂起来。早、晚商之际中原王朝的迁都,牵一发而动全身,盘龙城的废止,及其后吴城文化的衰落,均对江南地区的社群发展间接或直接造成影响。西周中期吴国在宁镇地区的初建,把中原地区王权国家的模式引入长江下游南岸。随着吴国势力在江南地区的持续扩张,原本相对松散的土著社群在面对强敌在侧的直接威胁时,开始走向重组与联合。

东周时期江南地区的环境气候条件颇佳,这为吴、越两国稻作农业的发展、聚落拓殖以及人口总量的增长,奠定了很好的外在基础。此外,手工业的大发展,则为江南地区精英文化因素的复兴提供了重要的技术支持。吴国因掌控皖南沿江一带的金属矿源,并通过灭干越进一步获取了代表当时

---

[1] 俞伟超:《关于"考古类型学"的问题》,《考古学是什么——俞伟超考古学理论文选》,北京:中国社会科学出版社,1996年,第54~107页。

江南地区最高水平的铜器制造技术,促使其青铜礼乐器及兵器制造业十分发达。越国除了铜剑铸造技术独步天下之外,具有深厚历史积淀的原始瓷制造业和制玉业亦达到中兴。春秋中晚期,吴、越两国在以苏州为中心的环太湖地区交织、碰撞,最终奠定了吴越文明的形成。

值得注意的是,更大程度上接近封国政体的吴国,在春秋晚期本有机会灭掉越国,却并未成功。最根本的原因是吴国把主要精力放在逐鹿中原,故而可以接受越国成为自己的臣属,而不必灭越取地。恰恰正是这一决策失误,导致吴国反为越国所灭。战国伊始,越国虽一度北进海岱,迁都琅琊,却只短暂停留,后又返回江南。最终因对楚用兵不当,为楚所灭。笔者认为吴、越两国在特殊的历史环境下,过分强调军事,忽视立国根本在于经济基础。这从吴国被越国所灭,越国被楚国所灭,吴越故地聚落遗址几近阙如的状态便可见一斑。即便这种现象有可能是受到了考古学文化研究对于遗存族属的判读能力有限所影响,但在聚落发展上如此明显的衰落,还是明白显示出春秋中晚期以来的战乱,对于区内农业文明的摧毁力极强。本地战国晚期青瓷制造业的衰落,直到东汉后期才再次兴起,也可以作为一处脚注。

饶有兴味的是,在江南地区先秦时期土著社群所创造的两次文明高峰中,良渚文化因宗教神权而成原生的早期文明,也因过分依赖宗教神权而崩溃;吴、越文化因军事而成次生的王权政体,也终因穷兵黩武而衰灭。空余玉琮与铜剑,令论者唏嘘!

三、比较视域中的"吴越文明"

大致在公元前 4000 年前后,东亚大陆东部诸文化区系普遍进入新的文化阶段。两湖地区由汤家岗文化发展为大溪文化;辽西地区由赵宝沟文化演进为红山文化;海岱地区由北辛文化发展为大汶口文化;中原地区由半坡文化演进为庙底沟文化;江南地区由马家浜文化演进为崧泽文化。这五个文化区内新兴的考古学文化均表现出较为强劲的活力。在红山文化早中期、大汶口文化早期、庙底沟文化早期、大溪文化和崧泽文化时期,各区的社会组织均已脱离氏族公社阶段。

本阶段各区内部及区域之间社会复杂化程度可能不一,表现出的发展取向也有不同。从物质文化角度可以发现诸文化区内普遍存在着一个艺术的大发展阶段,代表着各自较为成熟的宇宙观业已成型,同时也为社会复杂化增添了重要的途径,为社会权力的合法化提供了难得的物化形式。很可能同长时段内由环境及区位因素差别所导致的文化传统不同有关,辽西、海岱和江南地区的社会组织结构倾向于以小集体为本位,中原和两湖地区则更加倾向于以大集体为本位。这也导致了在文明因素的孕育过程中,东部区系率先出现彰显个人身份的玉礼器,而中原和两湖地区则率先出现反映社群之间竞争的城址。

约至公元前 3300 年左右,两湖地区进入屈家岭文化阶段,崧泽文化发展为良渚文化,红山文化晚期和大汶口文化中、晚期的文化面貌及聚落组织较此前发展迅猛,庙底沟文化的发展则呈现出相对平稳的上升态势。在此时,东部地区三支宗教色彩相对浓厚的考古学文化齐放异彩,屈家岭文化以城址为中心的聚落遍布两湖,中原地区庙底沟文化彩陶因素向区外的辐射和影响亦不容小觑,这五个文化区均开始向文明跨越。

大致在公元前 3000 年左右,红山文化盛极而衰,辽西地区在小河沿文化阶段进入了将近一千年的文化低谷期。中原地区发展为庙底沟二期文化,该文化的诸社群在内部纵向分层加剧的基础上,已显现出对立或激烈竞争的趋势,并开始对中原地区以外的精英文化因素进行有选择性地吸收。大汶口文化、屈家岭文化和良渚文化继续发展,前两者均有成规模向中原涌动的迹象①,或许代表着远古时期第一次较大范围、较长时段的"逐鹿中原"活动。良渚文化社群北上遭遇大汶口文化后,大致止步于江淮地区。

到公元前 2300 年左右,盛极一时的良渚文化消亡,江南地区聚落发展的低潮一直延续到晚商阶段。海岱地区和中原地区则在大汶口文化和庙底沟二期文化的基础上,发展演进为龙山时代的诸文化类型,各支文化类型的社会复杂化程度均已达到早期国家水平,不过龙山时代早期黄河中、下游地区诸文化类型的一体化程度却很低,相互之间表现出较为激烈的竞争活动。两湖地区石家河文化诸社群所代表的早期国家,是可以同黄河中、下游龙山时代早期文明相抗衡的强势力量。本阶段不同势力"逐鹿中原"的激烈程度非常之高,在跨越文化区之间不断对抗与联盟的过程中,可能孕育了诸如陶寺、石峁等最初的王权国家。

约在公元前 2000 年至前 1800 年左右,两湖地区的石家河文化转变为

---

① 孙广清:《河南境内的大汶口文化和屈家岭文化》,《中原文物》2000 年第 2 期,第 22~28 页。

后石家河文化,河套地区与海岱地区早期国家的聚落发展也在激烈的竞争消耗中进入了低潮。由嵩山南北王湾三期文化和煤山文化整合而来的二里头文化,率先跨入了广域王权国家阶段。此后的中原地区在商周时期持续发展,华夏中国的地位由此奠定。

约在夏至早商阶段,辽西地区虽再次兴起了较为繁盛的夏家店下层文化,但如前文所述该文化内部诸社群间的一体化程度比较薄弱。其消亡之后,来自区外尤其是北部的不同文化势力开始穿插其中,本区的文化发展趋势几度起落,在战国中晚期部分进入燕国版图。商周时期,海岱地区逐步融入华夏,土著的夷人势力遭到排挤,从商文化在本区的地方类型到周代的齐、鲁封国文化均与华夏联系紧密。两湖地区因地理区位和战略资源的重要性,始终是商周王朝要控制的重点区域,但直到来历不明的楚国兴起并作为华夏的代言人,才将华夏范围向南有力推进。至迟在商周之际,江南地区的土著社群因受到了青铜文化因素的影响,越族各支系势力开始繁育,并在西周晚期随着吴国的扩张而走向联盟。春秋时期吴越之间的争霸活动,进一步促使越国走上王权国家的道路。

从考古学文化演进和文明"断裂"的时间点来看,上述五个区系的情况各有不同。中原地区呈现出相对平稳但总体持续上升的趋势,这或许就是文明起源的"中原模式"能够在相对复杂的自然环境、动荡的社会氛围中逐渐形成"开放、务实"的文化根基所决定的①。海岱地区在龙山文化结束以后,故有的夷人文化传统逐渐式微,很快便开始融入"大中原"的华夏文化圈之内。究其原因,环境变迁以及因地缘关系长期积极参与跨区域的竞争活动,都可能是导致处于东亚大陆文明前缘地带的东夷率先变为华夏的原因。

辽西地区的文化发展水平频繁波动,文化面貌和经济类型时常大幅变迁,在文明化进程的道路上可谓是几经"断裂"。相对脆弱的环境承载力、粗放式的农业传统以及北方非农业族群的冲击,应当是制约本区文明持续发展的三个最为主要的因素②。两湖地区的早期文明在龙山时代的变化幅度

---

① 赵辉:《中国的史前基础——再论以中原为中心的历史趋势》,《文物》2006年第8期,第50~54页。

② 详参王立新:《辽西区史前社会的复杂化进程》,《吉林大学社会科学学报》2005年第2期,第101~110页;王立新:《辽西区夏至战国时期文化格局与经济形态的演进》,《考古学报》2004年第3期,第243~270页;付琳、王立新:《夏家店下层文化消亡后的辽西》,《考古》2015年第8期,第89~102页。

最为剧烈,原本兴盛的石家河早期文明崩溃的原因还是一个谜题,需要学者拿出像探讨良渚早期文明崩溃的热情一样去探索和追问。从后石家河文化与山东龙山文化玉器的微妙关系来看,推测石家河文化政体可能在这一阶段逐鹿中原的活动中失利于黄河中下游政体的联手,战争导致复杂社会崩溃之后,土著社群回归于相对松散的联结。从二里头文化阶段至商周时期,华夏势力在本区穿插扩展。到东周楚文明兴起,荆州成为华夏。

最后,让我们来看看古扬州土著文明的兴衰大势。江南地区的文明发展态势大势呈现为"两峰夹一谷",在良渚文化与吴、越文化之间,文明"断裂"的时间最为漫长,某种程度上与辽西地区比较相近。这两个区域也正是我国生态系统中最不稳定的两个地理单元,而且红山文化和良渚文化均呈现出神权在社群生活中的重要地位,都是宗教色彩浓厚的早期文明。

前文对于良渚文化社群所建立早期国家的模式已有论说,其与红山文化社群所创造的早期文明尚有些区别。我认为导致两者存在差异的原因大概有三点。第一,是环境与经济生业的差别。据研究红山文化以种植粟、黍类植物的农业经济为主,但较为粗放,未达到精耕细作的程度[①]。这种粗放的农业模式在环境条件相对脆弱的辽西地区,想要长期维持稳定水平具有一定难度。而良渚文化已发展出集约型的、精耕细作的稻作农业,展现出的生产力水平较红山文化高出不少。第二,从所见红山文化精英人群"唯玉为葬"的大墓中并不流行随葬代表军权的玉钺,可以推断当时社群中的精英主要是掌握各种通神权力的巫觋,他们显然除了去祈祝风调雨顺之外(玉猪龙的形象或与之相关),很难在调节社会问题的过程中充分发挥由神权而带来的其他社会权力(特别是行使暴力的权力),这也是红山文化为何在各区原生的文明化道路上最先盛极而衰的重要原因。而从目前大家基本公认的可能属于良渚某一社群领袖的大墓的情况来看,无一例外均与玉琮共出象征军权的玉钺,这些良渚社群权贵家族的精英,显然在控制神权的同时,也控制一定程度的杀伐权力。第三,红山文化晚期牛河梁遗址的"坛、庙、冢"无疑是众多红山文化社群共同经营的一处宗教圣地,从所见红山文化的玉器、石雕、陶塑、泥塑等大量偶像,表现出其宗教形态应当是多神崇拜,特别是对多种动物偶像和女性祖先的崇拜较为流行。相对于良渚文化近乎统一的一

---

① 索秀芬、李少兵:《红山文化研究》,《考古学报》2011年第3期,第301~326页。

神教信仰而言,红山文化的宗教具有一定的原始性,或者说是红山宗教和良渚宗教代表了两种不同的宗教形态发展取向。当然,也要考虑到红山文明的兴起要早于良渚文明,大致与凌家滩遗存年代相当。红山文化的一些文明要素,对于良渚早期文明有间接的给养。

然而即便是持较为先进宗教形态的良渚文明在面临环境变迁、资源枯竭共同作用时,调节社会矛盾及化解问题的能力还很有限。神权联结纽带一旦失效,社群之间的离心力迅速加大,矛盾无法调节,良渚文明崩溃,东部地区文明起源的神权模式彻底落幕。龙山时代是王权国家的时代,玉礼器风格的转变和青铜因素的出现,代表着新的宇宙观和等级制逐渐成为主流。钱山漾类型、广富林类型和马桥文化的社群联结松散,宗教过度消耗的后续影响、天灾和环境恶化,以及生业类型的"退化",导致本阶段江南地区出现长时期的文明"断裂"。

龙山时代相对世俗的权力模式,出于对生存资源和战略资源的争夺,社群不断对抗与联合,最终成就了二里头政体作为东亚大陆第一个广域王权国家之地位,并成为此后华夏文明的主脉。这种王权政体主要掌控军权和"家天下"的祭祀权,神权被集中收束①,附属于王权,早期文献中"国之大事,在祀与戎"讲的即是这种世袭制的王权国家(古史传说中五帝之间的血统关系和夏代家天下的世袭制),是典型的华夏政体。虽然在文化面貌上,吴文化在早期和西周文化差距很大。但如前文所分析,吴国的政体形式近乎西周封国,其在江南地区的扩张迫使土著越族支系达成联盟。越国也模仿华夏王权国家形式,在吴越争霸的过程中,与吴国共同创就了江南地区又一次文明高峰,也在事实上将古扬州纳入了华夏的范围。

东亚陆海边疆中的"吴越文明"对于中华文明的历史贡献,可简要归纳为以下几个方面。

第一,江南地区原创的作为沟通天地的法器和神权物化形式的成组玉礼器如琮、璧、钺等,对华夏礼制的形成可能存在启发与促进作用。自良渚文明消亡以后,其玉礼器的功能发生了深刻转化,逐渐融入华夏礼器系统,成为华夏祭祀礼仪中的重器,其背后代表着本地先民的宇宙观在一定程度上参与并贡献到中华文明在周、汉时期的建构之中。

---

① 张光直:《中国古代王的兴起与城邦的形成》,《中国考古学论文集》,北京:生活·读书·新知三联书店,1999年,第384～400页。

第二,江南地区稻作农业深厚的传统积淀,以及由良渚文化社群逐步摸索并开启的,适应在平原沼泽区域从事定居农业的聚落模式和小农经济形态,在中国漫长的农业社会阶段未有长时间的中断,并在总体上向前推进。良渚文化为保障居住和稻作农业繁荣而发展完善的水利设施,对于后世江南地区的富庶和中华文明的持续发展提供了重要的智力支持与经济给养。

第三,江南地区自商代以来逐渐发展成熟的原始瓷制造业在战国前期达到高峰,虽然随着越国的灭亡一度中断,但仍为东汉以降越窑青瓷的再次兴起奠定了重要的文化基础。自商周之际以来,越族群体发展革新铜剑铸造技术,在春秋中晚期对于中原铜剑的发展影响巨大。此外,在治玉、缫丝、制漆等手工业方面,也对中华文明物质文化的发展具有重要贡献。

更为重要的是,地处东亚陆海边疆的"吴越文明",在与其他区域交流互动的过程中,将先进的文明因素向外部扩散,对东南山区和沿海地带影响甚巨,更有一些因素远播海外,极大拓展了中华文明在形成过程中的影响范围。

结　语

从文化中窥探文明

　　对于文明起源的问题,古史传说中有一些线索。在认识到不同文明发展道路的独特性和文明进程的复杂性之后,应该更理性地看待这些线索所提供的价值。如果理解了东亚大陆从五千年前或更早即已成形的一支支早期文明并非一夜之间出现,也不是从他处移植而来的事实,便可以发挥考古学文化研究的长处,从长时段和宏观区域去考察作为社群结构发展的国家起源及其形态变迁过程。

一、江南地区稻作农业积淀催发早期文明

　　从某种角度而言,苏秉琦先生说中国文明的源头要追溯到旧石器时代,是有道理的。本书作者认为,江南地区起步于万年前后的稻作活动,正是本地早期文明可以原生的经济基础。华南地区万年前后人类的生业模式以广谱性的采集、捕捞、狩猎经济为主,在长江中游以至岭南北部的仙人洞、吊桶环、玉蟾岩、牛栏洞等洞穴遗址中发现了这一阶段野生稻和栽培稻的遗存,但当时的稻作活动尚为最初萌芽,在先民生计中所占的比重微乎其微。这些旧石器向新石器过渡的洞穴遗址在文化上均表现出较强的连续性,磨制工艺、制陶、种植等新兴因素的发展是渐进而缓慢的。

　　年代上限达万年前后,位处钱塘江上游支流的上山文化遗址表现出了诸多不同。现已发现的十余处上山文化遗址,均处于盆地边缘的山前台地或河谷地带。在上山和荷花地两处遗址均发现了成排规整的柱洞,显示出房屋是地面式或干栏式的。陶器普遍被生产和使用,具有特色的夹炭陶主

结语：从文化中窥探文明

要利用稻杆和稻叶作为掺合料，指示出水稻栽培活动已经有了一定程度的开展。虽然不宜对水稻在上山文化先民食谱中所占的比例做乐观推测，但这种栽培活动的规模应已远远超过了同期华南石灰岩洞穴遗址的水平，大致和长江中游地区彭头山文化聚落的稻作水平相当，而其起步可能又略早于彭头山文化。也就是说，江南地区在万年前后，即已率先发育出了定居性的新石器聚落，在东南地区内部显现出一定优势。

江南地区稻作活动的发展在大趋势上应当是持续走高的。距今7000—6000年之间，在钱塘江两岸平原地区的河姆渡文化和马家浜文化遗址中均已发现人工水稻田遗迹和一些配套设施，显示出稻作农业已发展成为本地人群重要的生业来源手段。在马家浜文化遗址中多见成片的大型公共墓地，既显示出当时的氏族聚落规模颇为可观，亦隐约呈现出以水稻种植为生计的先民聚族而居、安土重迁。

相对复杂、精确的稻作农业技术和粮食产量剩余的不断增加，促进了社会分工与分层。距今6000年以来，相继出现了诸如张家港东山村崧泽文化早期大墓和含山凌家滩超大型聚落及高规格墓葬。在反映社群手工业水平和精神层面的玉、石器制作上，长江下游地区以崧泽、北阴阳营、凌家滩遗存等构成的文化圈，已开始崭露头角。很可能如学者所推测的，长江下游地区的社群在本阶段已存在着远距离与红山文化和大汶口文化的社群发生高层次的交流，这种交流极大促进了本地原始宗教的建设与成形。

在良渚文化时期，进一步适应本地区平原沼泽环境的，以小家族为基本单位近乎集约型的水稻种植业，为良渚文化诸社群基于统一宗教信仰的复杂社会联合体的发展，持续提供长达千年的经济基础。在太湖与钱塘江之间拔地而起的良渚古城超大型神权中心，实证了江南地区五千年前的原生文明。

二、从良渚到吴越是"扬州"内化为"华夏"的重要历程

距今6000年前后因由自然环境和地缘关系，东亚大陆不同区系的文化传统似乎已开始左右着他们未来的文明化道路。东部区系倾向以小集体为本位，乐于使用材料稀缺或工艺复杂的器物进行精神交流。中部区系则倾向以大集体为本位，通过更为务实、简约的仪式活动联络社群关系。当红山文化、大汶口文化、良渚文化、屈家岭文化和庙底沟文化先后跨入文明门槛，

跨越区域的文化交流、不同宗教信仰和社会发展取向之间的碰撞与竞争频繁出现。中原由于地理区位的特殊性，不可避免地成为各支强势文化交流、碰撞的要冲所在。

龙山时代至二里头文化阶段，是东亚大陆社群发展剧烈变迁的时期。红山文化、良渚文化消亡，龙山文化、石家河文化直接参与到中原地区激烈的碰撞、竞争之中，和陕北地区出现的文明新星如石峁、芦山峁等，一并在这一轮波澜壮阔的逐鹿中原大潮中，融汇到中原这一文化中心。随着龙山期文化的整合完成，东亚大陆第一个广域王权国家在中原出现。在二里头文化中，汇集着来自于众多早期文明直接或间接的给养，也将这一新兴的华夏王权国家的文化因素和政体模式向四方传递，并得到不同程度的反馈。

商、周王朝进一步吸取并发挥"家天下"的政治组织模式，并通过各自的政治、军事手段保障且不断强化着以"华夏中国"为核心的地缘政治差序格局。在这一差序格局中，牵一发而动全身。至迟在商周之际，江南地区土著社群的发展，因受到青铜文化因素的影响和青铜技术的流入，再次出现较为强烈的复杂化动向。文献中有关"成周之会"的记载，明确显示出江南越族各分支已处在"四方万国"的体系之内。未来还有可能确认晚商时期本地区的方国。

随着吴国在江南地区建立，及其在本区不断开展的扩张活动，直接促使了原本联结相对松散的越族各支系走向联合。大致在西周晚期至春秋早期，太湖—杭州湾地区的越国大型墓发展出土墩石室墓和底部为石构基础、上部为"人"字顶木构建筑的土墩墓等具有明确等级含义的墓葬形制，反映出区内高级别人群对于葬制进行的选择与规定，可能代表着越国的初建及作为其国族的于越族完成了基本的整合。

春秋中晚期，江南地区因吴、越争霸而频繁出现重大的军事和政治活动。吴国不断发展加强华夏王权政体。越国也以"大禹之后"自居，在政体上追求华夏化，加强于越各部之间的联结。随着南部山地、海洋区域的越族支系不断"于越化"，也在客观上实际扩展了扬州之域的地理范围。归根到底，吴、越的华夏化是为了逐鹿中原。吴、越两国得以在东南地区率先崛起的根本原因，亦在于他们在"华夏中国"与"四方万国"的差序格局体系中，相对于百越地区存在着传统的区位优势。

附表一　环太湖地区东周时期遗址概况统计表

序号	遗址名称	面积（平方米）	时代	备注
1	浙江湖州东山	不详	含东周	
2	浙江湖州上塔圩	25000	含东周	
3	浙江湖州岳家坝	100	西周春秋	窑址
4	浙江湖州彭家堰	5000	春秋	
5	浙江湖州分水墩	2000	春秋	
6	浙江湖州新民村	5000	春秋	
7	浙江湖州蒋家堰	不详	东周	
8	浙江湖州下菰城	440000	东周	城址
9	浙江湖州杨家埠	150	战国	窑址
10	浙江湖州戴家桥	2000	东周	
11	浙江湖州进士田	10000	东周	
12	浙江湖州金城	5000	东周	
13	浙江湖州西勾	15000	春秋	
14	浙江湖州蔡家巷	10000	春秋	
15	浙江湖州墙西元	30000	含春秋	
16	浙江湖州汤四圩	30000	含战国	
17	浙江德清火烧山	400	西周春秋	窑址
18	浙江德清平阳岭	45000	东周	
19	浙江德清梅林	18000	东周	
20	浙江德清梅花坞	200	东周	
21	浙江德清朱皇庙	1000	东周	
22	浙江德清红山	600	东周	
23	浙江德清红泥滩	1000	东周	
24	浙江德清漾口	2400	东周	
25	浙江德清龙胜	3500	东周	

续表

序号	遗址名称	面积（平方米）	时代	备注
26	浙江德清赤山	500	东周	
27	浙江德清何家村	200	东周	
28	浙江德清燎原	1000	东周	
29	浙江德清尖山	200	东周	窑址
30	浙江德清塔地山	100	东周	窑址
31	浙江德清南坞里	100	东周	窑址
32	浙江德清封山	80	东周	窑址
33	浙江德清白洋坞	100	东周	窑址
34	浙江德清南山	不详	东周	窑址
35	浙江德清下洋山	100	东周	窑址
36	浙江德清姚坞里	200	东周	窑址
37	浙江德清亭子桥	120	东周	窑址
38	浙江德清冯家山	70	东周	窑址
39	浙江安吉乌石岩	5000	含东周	
40	浙江安吉递铺城	500000	含春秋	城址
41	浙江安吉栗树林	200000	战国	
42	浙江安吉天子岗	150000	战国	
43	浙江长兴乌龟山	20000	含东周	
44	浙江长兴步云桥	3600	东周	
45	浙江长兴新塘	80	东周	
46	浙江长兴方中村	30000	东周	
47	浙江长兴篁墩	7200	东周	
48	浙江长兴毛家漾	5000	东周	
49	浙江长兴西河村	10000	东周	
50	浙江长兴西岗	10000	东周	
51	浙江嘉兴雀幕桥	45000	含东周	
52	浙江嘉兴支家桥	15000	含东周	

附表一 环太湖地区东周时期遗址概况统计表

续表

序号	遗址名称	面积（平方米）	时代	备注
53	浙江嘉兴梅园	500	含东周	
54	浙江嘉兴周家湾	20000	含东周	
55	浙江嘉兴大坟	4200	含东周	
56	浙江嘉兴刘家坟	75000	含东周	
57	浙江嘉兴步云	9000	含东周	
58	浙江嘉兴黄姑庵	不详	含东周	
59	浙江嘉兴石圹头	4000	含东周	
60	浙江嘉兴刘家墩	100000	含东周	
61	浙江嘉兴白坟墩	120000	含东周	
62	浙江嘉兴陆家坟	8000	含战国	
63	浙江嘉兴高地	4000	东周	
64	浙江嘉兴高家汇	40000	含东周	
65	浙江嘉兴金桥	60000	含东周	
66	浙江嘉兴南墓城	不详	东周	
67	浙江海宁姚家篰	3000	含东周	
68	浙江海宁桃园	12000	含东周	
69	浙江海宁朱家兜	50000	含东周	
70	浙江海宁赞山	45000	含东周	
71	浙江海宁中分山	4000	含东周	
72	浙江海宁龙尾山	12000	含东周	
73	浙江海宁小兜里	1200	含东周	
74	浙江海宁菩提寺	1750	含东周	
75	浙江海宁花山	30000	含东周	
76	浙江海宁上林庵	1000	含东周	
77	浙江海宁李园	1800	含东周	
78	浙江海宁三官墩	37000	含东周	
79	浙江海宁高地	12000	含东周	

续表

序号	遗址名称	面积（平方米）	时代	备注
80	浙江海宁基隆墩	1400	含东周	
81	浙江海宁蒋家山	1800	含东周	
82	浙江桐乡小六旺	30000	含东周	
83	浙江桐乡金家浜	60000	含东周	
84	浙江桐乡果园桥	12000	含东周	
85	浙江桐乡杨梅湾	30000	含东周	
86	浙江桐乡何城庙	15000	含东周	
87	浙江桐乡梵山	6000	东周	
88	浙江桐乡岑山	13200	含战国	
89	浙江桐乡路家园	60000	含战国	
90	浙江桐乡五丰	不详	周代	
91	浙江桐乡陆安兜	不详	东周	
92	浙江桐乡南士堡	不详	东周	
93	浙江桐乡留良	不详	战国	
94	浙江桐乡董家桥	不详	战国	
95	浙江桐乡纪目墩	不详	春秋	
96	浙江桐乡司马高桥	不详	东周	
97	浙江平湖大坟塘	80000	含东周	
98	浙江平湖李墩	40000	含东周	
99	浙江平湖陆家坟	30000	东周	
100	浙江平湖吉城	100000	东周	
101	浙江嘉善西徐浜	不详	含东周	
102	浙江嘉善小横港	90000	含春秋	
103	浙江嘉善张安村	200000	含春秋	
104	浙江嘉善钱冯	不详	战国	
105	浙江嘉善陶庄	10000	春秋	
106	浙江嘉善大明港	10000	东周	

附表一　环太湖地区东周时期遗址概况统计表

续表

序号	遗址名称	面积（平方米）	时代	备注
107	浙江嘉善渔雪	10000	东周	
108	浙江嘉善董家浜	15000	东周	
109	浙江海盐烟斗村	5000	战国	
110	浙江海盐谷灵寺	不详	东周	
111	浙江余杭小古城	350000	含东周	
112	江苏苏州木渎城	25000000	春秋	城址
113	江苏苏州越城	180000	含东周	有城址
114	江苏苏州平四路	不详	含东周	
115	江苏苏州平江山	5000	含东周	
116	江苏苏州吴城	不详	春秋	城址
117	江苏苏州梧桐园	3000	含战国	
118	江苏苏州五卅路	1300	含战国	
119	江苏苏州蒋园	40000	含战国	
120	江苏苏州人民路	1300	含战国	
121	江苏苏州平权坊	300	含战国	
122	江苏苏州新庄	4000	东周	
123	江苏吴县笔架山	15000	含春秋	
124	江苏吴县草鞋山	450000	含春秋	
125	江苏吴县后巷	60000	含周代	
126	江苏吴县俞家墩	7200	西周春秋	
127	江苏吴县前戴墟	3500	周代	
128	江苏吴县秉场里	不详	春秋	
129	江苏吴县西塘河	200000	战国	
130	江苏张家港东蔡墩	1000	含春秋	
131	江苏张家港河阳山	6000	含春秋	
132	江苏张家港双龙	1500	含春秋	
133	江苏张家港章卿	800	含春秋	

续表

序号	遗址名称	面积（平方米）	时代	备注
134	江苏张家港高桥	2000	含春秋	
135	江苏张家港镇星山	1900	含春秋	
136	江苏张家港周巷	1000	春秋	
137	江苏昆山绰墩	400000	含东周	
138	江苏昆山东河	10000	含春秋	
139	江苏昆山赵陵山	10000	含春秋	
140	江苏昆山少卿山	40000	含春秋	
141	江苏昆山龙滩湖	560	含春秋	
142	江苏昆山葛墓村	4500	含东周	
143	江苏昆山正北	400	含东周	
144	江苏昆山南石桥	4000	含东周	
145	江苏昆山盛庄	不详	东周	冶铸址
146	江苏昆山武城	400000	春秋	城址
147	江苏吴江龙南	100000	含周代	
148	江苏吴江何家坟	500	含东周	
149	江苏吴江唐家湖	10000	含战国	
150	江苏无锡葛埭桥	5600	含春秋	
151	江苏无锡阖闾城	1040000	春秋	城址
152	江苏江阴赶船墩	7500	春秋	
153	江苏武进淹城	650000	春秋	城址
154	江苏武进前墩	2500	春秋	
155	江苏武进胥城	800	春秋	城址
156	江苏武进夫椒山	146000	春秋	
157	江苏武进留城	11000	春秋	城址
158	上海青浦福泉山	10000	含东周	
159	上海青浦凌家角	不详	含东周	
160	上海青浦寺前	21000	含东周	

附表一　环太湖地区东周时期遗址概况统计表

续表

序号	遗址名称	面积（平方米）	时代	备注
161	上海青浦淀山湖	不详	含东周	
162	上海青浦刘夏	不详	含东周	
163	上海青浦乐泉村	不详	含东周	
164	上海松江汤庙村	64000	含东周	
165	上海松江广富林	10000	含东周	
166	上海松江北干山	不详	含东周	
167	上海松江佘山	不详	含东周	
168	上海金山戚家墩	不详	含东周	
169	上海金山南阳港	不详	含东周	
170	上海闵行马桥	5000	含东周	
171	上海奉贤柘林	不详	含东周	

附表二　良渚文化墓葬出土玉琮情况统计表

墓号	玉琮数量	墓坑规模 m	随葬品数量（玉器比例）	是否与玉石钺共出	是否与玉璜共出	是否与玉璧共出	是否随葬工具	墓葬期别
吴县张陵山西 M4	3?	约 4×1.75	余 41(39%)	是	否	是（环?）	否	早期
吴县张陵山东 M1	1	已破坏	余 23(87%)	?	否	是	是（锛）	中期
吴县草鞋山 M198	3	4.5×2	52(50%)	是	否	是	否	晚期
吴县草鞋山 M199	2	已破坏	余 10 玉器	?	?	是	?	晚期
吴县草鞋山 M200	1	已破坏	余 3 玉器	?	?	是	?	晚期
昆山少卿山 M1	2	已破坏	余 21(90.5%)	是	否	是	否	中期
昆山赵陵山 M77	1	大于 3.3×1～1.15	157(78.3%)	是	否	否	是（锛）	早期
青浦福泉山 M9	1	未见墓坑	119(90.8%)	是	否	是	否	晚期
青浦福泉山 M40	3	未见墓坑	120(82.5%)	是	否	是	否	晚期
青浦福泉山 M53	2	已破坏	余 19(89.5%)	?	?	?	是（铲）	晚期
青浦福泉山 M65	2	4.1×0.8～1.4	128(91.4%)	是	否	是	否	晚期
青浦吴家场 M207	1	残 3.85×2	308(77.9%)	是	否	是	否	晚期
金山亭林 M16	1	3×1	80(31.3%)	是	否	是	是（犁、锛等）	晚期
江阴高城墩 M3	1	3.5×1.4	22(72.7%)	否	否	否	是（刀）	中期
江阴高城墩 M5	2	3.72×1.72～1.81	49(83.7%)	是	否	是	否	中期
江阴高城墩 M8	1	4.12×1.95～2.15	69(87%)	是（石）	否	是	是（锛）	中期
江阴高城墩 M11	2	2.82×1.42～1.6	37(78.4%)	是（石）	否	是	否	中期
江阴高城墩 M13	2	5×4	40(80%)	是	否	是	是（锛）	中期
武进寺墩 M1	2	未见墓坑	10(90%)	否	否	是	否	晚期

附表二 良渚文化墓葬出土玉琮情况统计表

续表

墓号	玉琮数量	墓坑规模 m	随葬品数量（玉器比例）	是否与玉石钺共出	是否与玉璜共出	是否与玉璧共出	是否随葬工具	墓葬期别
武进寺墩 M3	33	未见墓坑	85(78.8%)	是	否	是	是（锛、刀）	晚期
武进寺墩 M4	大于10	已破坏	余约30件玉、石器	是	否？	是	？	晚期
武进寺墩 M5	2	5.2×残2.35	余88(89.8%)	是	否	是	否	晚期
无锡邱承墩 M3	3	3.09×1.16	62(30.6%)	是	否	是	否	晚期
无锡邱承墩 M5	2	3.58×1.05	54(50%)	是	否	是	是（锛）	晚期
桐乡普安桥 M11	1	2.7×1.05~1.27	52(86.5%)	是	否	是（瑗、小玉璧）	否	中期
桐乡新地里 M137	1	2.86×1.38	23(69.6)	否	否	否	是（陶纺轮）	中期
余杭瑶山 M2	2	3.5×1.6	62(90.3%)	否	是	否	否	中期
余杭瑶山 M7	2	3.2×1.6	158(93%)	否	是	否	否	中期
余杭瑶山 M9	1	4×1.95~2.2	82(92.7%)	是	否	否	否	早期
余杭瑶山 M10	3	3.35×1.75	10^5(94.3%)	是	否	否	否	中期
余杭瑶山 M12	8？	已破坏	后征集	是？	否？	否？	否？	中期
余杭反山 M12	6	3.1×1.65	658(98.3%)	是	否	是	否	中期
余杭反山 M14	3	3.5×2.1	388(95.4%)	是	否	是	否	中期
余杭反山 M16	1	3.4×1.7	494(98.8%)	是	是	是	否	中期
余杭反山 M17	2	3.3×2	321(98.4%)	是	否	是	否	中期
余杭反山 M18	1	2.9×1.5	66(92.4%)	是（石）	否	否	否	中期
余杭反山 M20	4	4×1.75~2	538(93.3%)	是	否	是	否	中期
余杭反山 M21	1	残1.6×残0.75	余166(69.3%)	是（石）	否	否？	否？	晚期
余杭反山 M23	3	3.9×1.95	467(98.3%)	否	是	是	否	中期
余杭汇观山 M2	1	残2.4×1.54	余53(88.7%)	是（石）	否	否	否	中期

续表

墓号	玉琮数量	墓坑规模 m	随葬品数量（玉器比例）	是否与玉石钺共出	是否与玉璜共出	是否与玉璧共出	是否随葬工具	墓葬期别
余杭汇观山 M4	2	4.75×2.3~2.6	72(26.4%)	是	否	是	否	晚期？
余杭横山 M1	1	已破坏	余107件玉石器	是	否	是	否	晚期
余杭横山 M2	4	3.8×1.33~1.47	284(53.2%)	是	否	是	否	晚期

参考文献

一、古籍文献

（汉）司马迁：《史记》，北京：中华书局，2013年。
（汉）赵晔：《吴越春秋》，南京：江苏古籍出版社，1999年。
（清）阮元校刻：《十三经注疏》，北京：中华书局，1980年。
（清）王先谦：《荀子集解》，北京：中华书局，1988年。
何建章：《战国策注释》，北京：中华书局，1990年。
李步嘉：《越绝书校释》，北京：中华书局，2013年。
黎翔凤：《管子校注》，北京：中华书局，2004年。
吴毓江：《墨子校注》，北京：中华书局，1993年。
许维遹：《吕氏春秋集释》，北京：中华书局，2009年。
徐元诰：《国语集解》，北京：中华书局，2002年。
杨伯峻：《春秋左传注》，北京：中华书局，2009年。

二、研究著作

Earle T.K.*The Evolution of Chiefdom，Chiefdoms：Power，Economy，and Ideology*. Cambridge：Cambridge University Press，1991.

Elman R. Service.*Origins of the State and Civilization：The Process of Cultural Evolution*. New York：W.W. Norton，1975.

Elman R. Service.*Primitive Social Organization：An Evolutionary Perspective*. New York：Random House，1971.

Johnson，A. and Earle，T.*The Evolution of Human Societies*. Stanford：Stanford University Press，2000.

[美]贾雷德·戴蒙德著,江莹、叶臻译:《崩溃:社会如何选择成败兴亡》,上海:上海世纪出版集团,2011年。

[苏]C.A.托卡列夫著,汤正方译:《外国民族学史》,北京:中国社会科学出版社,1983年。

陈明辉:《良渚时代的中国与世界》,杭州:浙江大学出版社,2019年。

陈雨岚:《台湾的"原住民"》,台北:远足文化事业有限公司,1993年。

方向明:《良渚玉器线绘》,杭州:浙江古籍出版社,2018年。

方向明:《神人兽面的真像》,杭州:杭州出版社,2013年。

方向明:《土筑金字塔:良渚反山王陵》,杭州:浙江大学出版社,2019年。

高蒙河:《长江下游考古地理》,上海:复旦大学出版社,2005年。

郭伟民:《新石器时代澧阳平原与汉东地区的文化和社会》,北京:文物出版社,2010年。

后晓荣:《战国政区地理》,北京:文物出版社,2013年。

井中伟、王立新:《夏商周考古学》,北京:科学出版社,2013年。

李学勤:《走出疑古时代》,沈阳:辽宁大学出版社,1994年。

林华东:《良渚文化研究》,杭州:浙江教育出版社,1998年。

刘斌:《法器与王权:良渚文化玉器》,杭州:浙江大学出版社,2019年。

毛颖、张敏:《长江下游的徐舒与吴越》,武汉:湖北教育出版社,2005年。

苏秉琦:《中国文明起源新探》,沈阳:辽宁人民出版社,2009年。

王建华:《黄河中下游地区史前人口研究》,北京:科学出版社,2011年。

王宁远:《从村居到王城》,杭州:杭州出版社,2013年。

王宁远:《遥远的村居:良渚文化的聚落和居住形态》,杭州:浙江摄影出版社,2007年。

王宁远、董传万、许红根:《良渚古城城墙铺垫石研究报告》,杭州:浙江古籍出版社,2018年。

王青:《海岱地区周代墓葬研究》,济南:山东大学出版社,2002年。

王仁湘:《史前中国的艺术浪潮:庙底沟文化彩陶研究》,北京:文物出版社,2011年。

王迅:《东夷文化与淮夷文化研究》,北京:北京大学出版社,1994年。

吴春明:《中国东南土著民族历史与文化的考古学观察》,厦门:厦门大学出版社,1999年。

夏商周断代工程专家组:《夏商周断代工程1996—2000年阶段成果报告·简本》,北京:世界图书出版公司,2000年。

许宏:《何以中国:公元前2000年的中原图景》,北京:生活·读书·新知三联书店,2014年。

许宏:《最早的中国》,北京:科学出版社,2009年。

余西云:《西阴文化》,北京:科学出版社,2006年。

张弛:《社会权力的起源:中国史前葬仪中的社会与观念》,北京:文物出版社,2015年。

张光直:《考古学:关于其若干基本概念和理论的再思考》,沈阳:辽宁教育出版社,2002年。

赵春青:《郑洛地区新石器时代聚落的演变》,北京:北京大学出版社,2001年。

赵晔:《内敛与华丽:良渚陶器》,杭州:浙江大学出版社,2019年。

郑小炉:《吴越和百越地区周代青铜器研究》,北京:科学出版社,2007年。

中国社会科学院考古研究所:《新中国的考古发现和研究》,北京:文物出版社,1984年。

中国社会科学院考古研究所:《殷周金文集成释文》,香港:香港中文大学出版社,2001年。

中国社会科学院考古研究所:《中国考古学·夏商卷》,北京:中国社会科学出版社,2003年。

中国社会科学院考古研究所:《中国考古学·新石器时代卷》,北京:中国社会科学出版社,2010年。

朱鉴秋、陈佳荣、钱江、谭广濂编著:《中外交通古地图集》,上海:中西书局,2017年。

三、研究论文

Wang Lixin. The Lower Xiajiadian Culture of the Western Liao River Drainage. *A Companion to Chinese Archaeology*, London: Wiley Blackwell Press, 2013.

Whight H. T. Recent Reseacch on the Origin of the State. *Annual Re-*

view of Anthropology. 1977(6).

Zhenwei Qiu, Xue Shang, David Kay Ferguson, Hongen Jiang. Archaeobotanical analysis of diverse plant food resouces and palaevoegetation at the Zhumucun site, a late Neolithic settlement of the Liangzhu Culture in east China. Quaternary International. 2016(426).

[日]林巳奈夫:《关于长江中下游青铜器的若干问题》,《吴越地区青铜器研究论文集》,香港:两木出版社,1997年。

[日]中村慎一:《中国新石器时代的玉琮》,《东京大学文学部考古学研究室研究纪要》1989年第8期。

安徽省文物考古研究所:《安徽考古的世纪回顾与思索》,《考古》2002年第2期。

安志敏:《良渚文化及其文明诸因素的剖析——纪念良渚文化发现六十周年》,《考古》1997年第9期。

卜工:《庙底沟二期文化的几个问题》,《文物》1990年第2期。

蔡保全:《杭州湾两岸新石器时代文化与环境》,《厦门大学学报(哲学社会科学版)》2001年第3期。

曹峻:《马桥文化再认识》,《考古》2010年第11期。

曹峻:《钱山漾文化因素初析》,《东南文化》2015年第5期。

陈国庆:《良渚文化分期及相关问题》,《东南文化》1989年第6期。

陈杰:《广富林文化初论》,《南方文物》2006年第4期。

陈明辉、刘斌:《关于"良渚文化晚期后段"的考古学思考》,《禹会村遗址研究——禹会村遗址与淮河流域文明研讨会论文集》,北京:科学出版社,2014年。

陈桥驿:《于越历史概论》,《浙江学刊》1984年第2期。

陈星灿:《从一元到多元:中国文明起源研究的心路历程》,《中原文物》2002年第2期。

陈元甫:《论浙江地区土墩墓分期》,《纪念浙江省文物考古研究所建所二十周年论文集 1979—1999》,杭州:西泠印社,1999年。

邓淑蘋:《良渚玉器上的神秘符号》,(台北)《故宫文物月刊》1992年第10期。

邓淑蘋:《杨家埠、晋侯墓、芦山峁出土四件玉琮的再思》,《玉润东方:大汶口—龙山·良渚玉器文化展》,北京:文物出版社,2014年。

邓淑蘋：《远古的通神密码——介字形冠》，(台北)《故宫文物月刊》总第286期。

邓淑蘋：《考古出土新石器时代玉石琮研究》，(台北)《故宫学术季刊》1988年第1期。

丁品：《距今4400—4000年环太湖和周边地区古文化及相关问题》，《禹会村遗址研究——禹会村遗址与淮河流域文明研讨会论文集》，北京：科学出版社，2014年。

董楚平：《楚败越过程考略》，《百越民族研究》，南昌：江西教育出版社，1990年。

董新林：《魏营子文化初步研究》，《考古学报》2000年第1期。

方辉：《岳石文化的分期与年代》，《考古》1998年第4期。

方向明：《琮·璧：良渚玉文明因子的接力与传承》，《大众考古》2015年第8期。

方向明：《反山、瑶山墓地：年代学研究》，《东南文化》1999年第6期。

方向明：《反山、瑶山年代问题的再讨论》，《东方博物》第27辑，杭州：浙江大学出版社，2008年。

方向明：《环太湖流域新石器时代晚期区域政体模式的探讨》，《东方博物》第56辑，北京：中国书店，2015年。

方向明：《聚落变迁和统一信仰的形成：从崧泽到良渚》，《东南文化》2015年第1期。

方向明：《良渚文化玉器所反映的原始宗教》，《江西文物》1991年第1期。

方向明：《控制中的高端手工业——良渚文化琢玉工艺》，《权力与信仰——良渚遗址群考古特展》，北京：文物出版社，2015年。

方向明：《维系良渚社会稳定的唯一标示——良渚玉器神像的起源和含义》，《中国文物报》，2017年11月3日。

付琳：《百越"乐制"初探》，《百越研究(四)》，厦门：厦门大学出版社，2015年。

付琳：《江南地区周代墓葬的分期分区及相关问题》，《考古学报》2019年第3期。

付琳：《试析江南周代土墩墓中"一墩多墓"的结构与形式》，《南方文物》2015年第3期。

付琳:《台湾岛几何形印纹陶的起源及相关问题》,《中国南方先秦考古学术研讨会论文集》,北京:文物出版社,2019年。

付琳:《滕州前掌大墓地分期及相关问题研究》,《华夏考古》2014年第1期。

付琳:《土墩墓祭祀遗存考辨》,《东南文化》2015年第3期。

付琳:《瓿形器研究》,《中国国家博物馆馆刊》2014年第3期。

付琳:《也谈土墩石室遗存的性质与归属问题》,《2015萧山·越文化学术研讨会论文集》,杭州:浙江人民出版社,2015年。

付琳、王立新:《朝阳袁台子周代墓葬的再分析》,《北方文物》2012年第3期。

付琳、王立新:《夏家店下层文化消亡后的辽西》,《考古》2015年第8期。

高蒙河:《东南沿海地区的素面陶鬲》,《中国陶鬲谱系研究》,北京:故宫出版社,2014年。

高炜:《龙山时代的礼制》,《庆祝苏秉琦考古五十五年论文集》,北京:文物出版社,1989年。

高至喜:《论中国南方出土的商代青铜器》,《商周青铜器与楚文化研究》,长沙:岳麓书社,1999年。

宫玮、游晓蕾、胡继根、陈雪香:《浙江桐乡董家桥遗址2011年度浮选植物遗存分析》,《浙江省文物考古研究所学刊(十)》,北京:文物出版社,2015年。

郭大顺:《试论魏营子类型》,《考古学文化论集(一)》,北京:文物出版社,1987年。

郭明建:《良渚文化宏观聚落研究》,《考古学报》2014年第1期。

黄宣佩:《良渚文化分布范围的探讨》,《文物》1998年第2期。

黄宣佩:《论良渚文化的分期》,《上海博物馆集刊(6)》,上海:上海古籍出版社,1992年。

黄宣佩、张明华:《上海地区古文化遗址综述》,《上海博物馆集刊(2)》,上海:上海古籍出版社,1983年。

金幸生、杜天明、丁明、吴维棠:《余杭良渚遗址群古环境研究》,《良渚遗址群》,北京:文物出版社,2005年。

井中伟:《我国南方出土商周铜铙的类型学研究》,《文物春秋》2002年第1期。

李伯谦:《论造律台类型》,《文物》1983年第4期。

李伯谦:《中国古代文明演进的两种模式——红山、良渚、仰韶大墓随葬玉器观察随想》,《文物》2009年第3期。

李春海、陈杰、王伟铭:《上海松江广富林遗址的孢粉记录》,《广富林:考古发掘与学术研究论集》,上海:上海古籍出版社,2014年。

李晶、高洁、童欣然、皮白灵、杨明星:《江苏溧阳软玉与良渚文化庄桥坟遗址出土软玉的特征对比研究》,《宝石和宝石学杂志》2010年第3期。

李新伟:《良渚文化的分期研究》,《考古学集刊(12)》,北京:中国大百科全书出版社,1999年。

李新伟:《中国史前玉器反映的宇宙观——兼论中国东部史前复杂社会的上层交流网》,《东南文化》2004年第3期。

李学勤:《关于楚灭越的年代》,《江汉论坛》1985年第7期。

李珍、封卫青、杨振京:《上海马桥遗址孢粉组合及先人活动环境分析》,《同济大学学报(人文·社会科学版)》1996年第2期。

林华东:《再论良渚文化"古城"的性质与年代》,《秦汉以前古杭州》,杭州:杭州出版社,2011年。

林华东:《再论越族的鸟图腾》,《浙江学刊》1984年第1期。

林留根:《试论良渚文化的内部分层与社会结构》,《东方文明之光——良渚文化发现60周年纪念文集》,海口:海南国际新闻出版中心,1996年。

林沄:《关于中国早期国家形式的几个问题》,《吉林大学社会科学学报》1986年第6期。

林沄:《中国考古学中"古国""方国""王国"的理论与方法问题》,《中原文化研究》2016年第2期。

刘斌:《关于良渚玉器分类与定名的几点认识》,《文明的曙光——良渚文化》,杭州:浙江人民出版社,1996年。

刘斌:《良渚文化的冠状饰与耘田器》,《文物》1997年第7期。

刘斌:《良渚文化的祭坛与观象测年》,《浙江省文物考古研究所学刊(八)》,北京:科学出版社,2006年。

刘斌:《良渚文化玉琮初探》,《文物》1990年第2期。

刘斌、王宁远、陈明辉:《良渚古城——新发现与探索》,《权力与信仰——良渚遗址群考古特展》,北京:文物出版社,2015年。

刘斌:《余杭卢村遗址的发掘及其聚落考察》,《浙江省文物考古研究所学刊》,北京:长征出版社,1997年。

刘建国:《论土墩墓分期》,《东南文化》1989年第4、5合期。

刘志岩、孙林、高蒙河:《长江河口海岸考古地理三题》,《浙江省文物考古研究所学刊(八)》,北京:科学出版社,2006年。

陆建方:《初论马桥——肩头弄文化》,《东南文化》1990年第1、2合期。

陆建方:《良渚文化墓葬研究》,《东方文明之光——良渚文化发现60周年纪念文集》,海口:海南国际新闻出版中心,1996年。

栾丰实:《大汶口文化的社会发展进程研究》,《古代文明(2)》,北京:文物出版社,2003年。

栾丰实:《海岱地区的史前聚落演变与早期文明》,《聚落演变与早期文明》,北京:文物出版社,2015年。

栾丰实:《良渚文化的北渐》,《中原文物》1996年第3期。

栾丰实:《良渚文化的分期与分区》,《东方文明之光——良渚文化发现60周年纪念文集》,海口:海南国际新闻出版中心,1996年。

栾丰实:《良渚文化的分期与年代》,《中原文物》1992年第3期。

栾丰实:《论大汶口文化和崧泽、良渚文化的关系》,《中国考古学会第九次年会论文集》,北京:文物出版社,1997年。

栾丰实:《日照地区大汶口、龙山文化聚落形态之研究》,《中国考古学跨世纪的回顾与前瞻——1999年西陵国际学术研讨会文集》,北京:科学出版社,2000年。

马今洪:《试论浙江安吉三官乡土墩墓出土青铜器》,《吴越地区青铜器研究论文集》,香港:两木出版社,1997年。

蒙文通:《〈史记·越世家〉补正》,《越史丛考》,北京:人民出版社,1983年。

牟永抗:《高祭台类型初析》,《浙江省文物考古研究所学刊》,北京:科学出版社,1993年。

牟永抗:《良渚文化玉器上神崇拜的探索》,《庆祝苏秉琦考古五十五年论文集》,北京:文物出版社,1989年。

彭适凡、孙一鸣:《浙江温州市瓯海杨府山土墩墓的年代及相关问题》,《考古》2011年第9期。

乔梁:《关于广富林晚期遗存的思考》,《文物》2014年第1期。

秦岭:《长江下游的史前聚落演变与早期文明》,《聚落演变与早期文明》,北京:文物出版社,2015年。

秦岭:《良渚遗址(古城)的形成——年代学初步研究》,《良渚古城综合研究报告》,北京:文物出版社,2019年。

秦岭:《良渚玉器纹饰的比较研究——从刻纹玉器看良渚社会的关系网络》,《浙江省文物考古研究所学刊(八)》,北京:科学出版社,2006年。

秦岭:《权力与信仰——解读良渚玉器与社会》,《权力与信仰:良渚遗址群考古特展》,北京:文物出版社,2015年。

芮国耀:《良渚文化时空论》,《文明的曙光——良渚文化》,杭州:浙江人民出版社,1996年。

申洪源、朱诚、贾玉连:《太湖流域地貌与环境变迁对新石器文化传承的影响》,《地理科学》2004年第5期。

慎微之:《湖州钱山漾石器之发现与中国文化之起源》,《吴越文化论丛》,镇江:江苏研究社,1937年。

朔知:《良渚文化的初步分析》,《考古学报》2000年第4期。

宋建:《论良渚文明的兴衰过程》,《良渚文化研究——纪念良渚文化发现六十周年国际学术讨论会文集》,北京:科学出版社,1999年。

宋建:《马桥文化的编年研究》,《长江流域青铜文化研究》,北京:科学出版社,2002年。

宋建:《马桥文化的去向》,《中国考古学会第九次年会论文集(1993)》,北京:文物出版社,1997年。

孙广清:《河南境内的大汶口文化和屈家岭文化》,《中原文物》2000年第2期。

索秀芬、李少兵:《红山文化研究》,《考古学报》2011年第3期。

索秀芬、李少兵:《小河沿文化类型》,《边疆考古研究(6)》,北京:科学出版社,2007年。

苏秉琦:《迎接中国考古学的新世纪》,《华人·龙的传人·中国人——考古寻根记》,沈阳:辽宁大学出版社,1994年。

唐锦琼:《苏州木渎古城水环境蠡测》,《三代考古(五)》,北京:科学出版社,2013年。

王华、游晓蕾、田正标、胡继根:《浙江桐乡董家桥遗址动物遗存初步分析》,《浙江省文物考古研究所学刊(十)》,北京:文物出版社,2015年。

王立新：《从嵩山南北的文化整合看夏王朝的出现》，《二里头遗址与二里头文化研究》，北京：科学出版社，2006年。

王立新：《从早商城址看商王朝早期的都与直辖邑》，《新果集——庆祝林沄先生七十华诞纪念文集》，北京：科学出版社，2008年。

王立新：《关于文明探源研究的一点思考》，《中国文物报》，2012年8月1日。

王立新：《辽西区史前社会的复杂化进程》，《吉林大学社会科学学报》2005年第2期。

王立新：《辽西区夏至战国时期文化格局与经济形态的演进》，《考古学报》2004年第3期。

王立新：《也谈文化形成的滞后性——以早商文化和二里头文化的形成为例》，《考古》2009年第12期。

王立新、付琳：《论克什克腾旗喜鹊沟铜矿遗址及相关问题》，《考古》2015年第4期。

王立新、胡保华：《试论下七垣文化的南下》，《考古学研究（八）》，北京：科学出版社，2011年。

王立新、齐晓光、夏保国：《夏家店下层文化渊源刍论》，《北方文物》1993年第2期。

王青：《距今4000年前后的环境变迁与社会发展》，《东方文明之光——良渚文化发现60周年纪念文集》，海口：海南国际新闻出版中心，1996年。

王巍：《考古学文化及其相关问题探讨》，《考古》2014年第12期。

魏峻：《中原地区的史前聚落演变与早期文明》，《聚落演变与早期文明》，北京：文物出版社，2015年。

闻广：《苏南新石器时代玉器的考古地质学研究》，《文物》1986年第10期。

吴春明：《林惠祥教授的考古学术遗产》，《南方文物》2018年第4期。

肖梦龙：《吴国王陵区初探》，《东南文化》1990年第4期。

徐光冀：《赤峰英金河、阴河流域的石城遗址》，《中国考古学研究——夏鼐先生考古五十年纪念文集》，北京：文物出版社，1986年。

许宏：《关于二里头为早商都邑的假说》，《南方文物》2015年第3期。

许靖华：《太阳、气候、饥荒与民族大迁移》，《中国科学》1998年第28卷第4期。

许鹏飞:《试论良渚文化的去向——从良渚文化末期遗存的面貌谈起》,《东南文化》2015年第5期。

徐天进:《周公庙遗址的考古所获及所思》,《文物》2006年第8期。

许雪珉、William Y.B Chang、刘金陵:《11000年以来太湖地区的植被与气候变化》,《古生物学报》1996年第2期。

严文明:《黄河流域文明的发祥与发展》,《华夏考古》1997年第1期。

严文明:《龙山文化和龙山时代》,《文物》1981年第6期。

严文明:《涧沟的头盖杯和剥头皮风俗》,《史前考古论集》,北京:科学出版社,1998年。

严文明:《中国史前文化的统一性与多样性》,《文物》1987年第3期。

严志斌:《试析小神二里头时期遗存》,《北方文物》1999年第1期。

杨伯达:《反山12号墓墓主生前身份考》,《巫玉之光·续集》,北京:紫禁城出版社,2011年。

杨晶:《良渚文化玉质梳背饰及其相关问题研究》,《文物》2002年第11期。

杨晶:《论良渚文化分期》,《东南文化》1991年第6期。

杨楠:《商周时期江南地区土墩遗存的分区研究》,《考古学报》1999年第1期。

杨锡璋:《安阳殷墟西北冈大墓的分期及有关问题》,《中原文物》1981年第3期。

叶万松、张剑、李德方:《西周洛邑城址考》,《华夏考古》1991年第2期。

俞珊瑛:《浙江出土青铜器研究》,《东方博物》第36辑,杭州:浙江大学出版社,2010年。

俞伟超:《关于"考古类型学"的问题》,《考古学是什么——俞伟超考古学理论文选》,北京:中国社会科学出版社,1996年。

袁靖:《论中国新石器时代居民获取肉食资源的方式》,《考古学报》1999年第1期。

翟杨:《广富林遗址广富林文化的分期和年代》,《南方文物》2006年第4期。

翟杨:《瑶山墓地编年及相关问题》,《上海博物馆集刊(十)》,上海:上海书画出版社,2005年。

张弛:《长江中游的史前聚落演变与早期文明》,《聚落演变与早期文明》,北京:文物出版社,2015年。

张弛:《大汶口文化对良渚文化及屈家岭—石家河文化的影响》,《浙江省文物考古研究所学刊(八)》,北京:科学出版社,2006年。

张弛:《考古年代学四题》,《文物》2015年第9期。

张弛:《良渚文化大墓试析》,《考古学研究(三)》,北京:科学出版社,1997年。

张弛:《良渚文化玉器"立鸟"刻符比较研究一例》,《文物季刊》1998年第4期。

张弛:《龙山—二里头——中国史前文化格局的改变与青铜时代全球化的形成》,《文物》2017年第6期。

张弛:《屈家岭—石家河文化的聚落与社会》,《考古学研究(十)》,北京:科学出版社,2012年。

张光直:《濮阳三蹻与中国古代美术上的人兽母题》,《文物》1988年第11期。

张敏:《陶冶吴越——简论两周时期吴越的生业形态》,《东南文化》2019年第3期。

张敏:《吴国都城初探》,《南方文物》2009年第2期。

张敏:《吴越贵族墓葬的甄别研究》,《文物》2010年第1期。

张全超、汪洋、翟杨:《上海松江区广富林遗址良渚时期人骨微量元素的初步研究》,《东南文化》2010年第1期。

张学海:《山东史前聚落时空关系宏观研究——苏秉琦学术思想在山东考古的再实践》,《苏秉琦与当代中国考古学》,北京:科学出版社,2001年。

张雪莲、仇士华、蔡莲珍、薄官成、王金霞、钟建:《新砦—二里头—二里冈文化考古年代序列的建立与完善》,《考古》2007年第8期。

张忠培:《解惑与求真——在"环太湖地区新石器时代末期文化暨广富林遗存学术研讨会"的讲话》,《南方文物》2006年第4期。

张忠培:《良渚文化墓地与其表述的文明社会》,《考古学报》2012年第4期。

张忠培:《辽宁古遗存的分区、编年及其他》,《辽海文物学刊》1991年第1期。

张忠培:《仰韶时代——史前社会的繁荣与向文明时代的转变》,《故宫博物院院刊》1996年第1期。

赵辉:《从"崧泽风格"到"良渚模式"》,《权力与信仰:良渚遗址群考古特展》,北京:文物出版社,2015年。

赵辉:《良渚的国家形态》,《中国文化遗产》2017年第3期。

赵辉:《以中原为中心的历史趋势的形成》,《文物》2000年第1期。

赵辉:《中国的史前基础——再论以中原为中心的历史趋势》,《文物》2006年第8期。

郑君雷:《战国燕墓的非燕文化因素及其历史背景》,《文物》2005年第3期。

朱诚、郑朝贵、马春梅等:《对长江三角洲和宁绍平原一万年来高海面问题的新认识》,《科学通报》2003年第23期。

朱延平:《夏家店下层文化的社会发展阶段》,《中国北方古代文化国际学术研讨会论文集》,北京:中国文史出版社,1995年。

邹厚本:《江苏南部土墩墓》,《文物资料丛刊(6)》,北京:文物出版社,1982年。

四、学位论文

Pauline Sebillaud(史宝琳):《中原地区公元前三千纪下半叶和公元前两千纪的聚落分布研究》,长春:吉林大学博士学位论文,2014年。

陈小三:《河西走廊及其邻近地区早期青铜时代遗存研究——以齐家、四坝文化为中心》,长春:吉林大学博士学位论文,2012年。

付琳:《江南地区两周时期墓葬研究》,长春:吉林大学博士学位论文,2014年。

郎剑锋:《吴越地区出土商周青铜器研究》,济南:山东大学博士学位论文,2012年。

五、论文集

北京大学中国考古学研究中心编:《聚落演变与早期文明》,北京:文物出版社,2015年。

陈杰主编:《马桥文化探微:发现与研究文集》,上海:上海书店出版社,2018年。

方辉主编:《聚落与环境考古学理论与实践》,济南:山东大学出版社,2007年。

上海博物馆编:《广富林:考古发掘与学术研究论集》,上海:上海古籍出版社,2014年。

浙江省文物考古研究所编:《浙江考古新纪元》,北京:科学出版社,2009年。

六、考古报告

安徽大学、安徽省文物考古研究所:《皖南商周青铜器》,北京:文物出版社,2006年。

国家文物局主编:《中国文物地图集(江苏分册)》,北京:中国地图出版社,2008年。

国家文物局主编:《中国文物地图集(浙江分册)》,北京:文物出版社,2009年。

杭州市文物考古研究所、萧山博物馆:《萧山柴岭山土墩墓》,北京:文物出版社,2013年。

湖北省荆州博物馆:《肖家屋脊》,北京:文物出版社,1999年。

湖北省荆州博物馆:《枣林岗与堆金台——荆江大堤荆州马山段考古发掘报告》,北京:科学出版社,1999年。

湖北省文物考古研究所、北京大学考古学系、湖北省荆州博物馆石家河考古队:《邓家湾》,北京:文物出版社,2003年。

湖北省文物考古研究所、随州市博物馆:《随州金鸡岭》,北京:科学出版社,2011年。

辽宁省文物考古研究所:《牛河梁:红山文化遗址发掘报告(1983—2003年度)》,北京:文物出版社,2014年。

良渚博物院:《良渚文化刻画符号》,上海:上海人民出版社,2015年。

南京博物院:《花厅:新石器时代墓地发掘报告》,北京:文物出版社,2003年。

南京博物院、江苏省考古研究所、无锡市锡山区文物管理委员会:《鸿山越墓发掘报告》,北京:文物出版社,2007年。

南京博物院、江苏省考古研究所、无锡市锡山区文物管理委员会:《邱承墩:太湖西北部新石器时代遗址发掘报告》,北京:科学出版社,2010年。

南京博物院、江阴博物馆:《高城墩》,北京:文物出版社,2009年。

南京博物院:《赵陵山:1990—1995年度发掘报告》,北京:文物出版社,

2012年。

内蒙古自治区文物考古研究所、宁城县辽中京博物馆:《小黑石沟:夏家店上层文化遗址发掘报告》,北京:科学出版社,2009年。

钱公麟、朱伟峰、陈瑞近编著:《真山东周墓地:吴楚贵族墓地的发掘与研究》,北京:文物出版社,1999年。

陕西省考古研究院、渭南市文物旅游局、华县文物旅游局:《华县泉护村:1997年考古发掘报告》,北京:文物出版社,2014年。

上海市文物管理委员会:《福泉山:新石器时代遗址发掘报告》,北京:文物出版社,2000年。

上海市文物管理委员会:《马桥:1993—1997年发掘报告》,上海:上海书画出版社,2002年。

苏州市考古研究所:《昆山绰墩遗址》,北京:文物出版社,2011年。

杨琮、陈浩主编:《越魂闽魄》,福州:福建教育出版社,2008年。

浙江省文物局:《发现历史——浙江新世纪考古成果展》,北京:中国摄影出版社,2011年。

浙江省文物考古研究所:《卞家山》,北京:文物出版社,2014年。

浙江省文物考古研究所:《反山》,北京:文物出版社,2005年。

浙江省文物考古研究所:《良渚古城综合研究报告》,北京:文物出版社,2019年。

浙江省文物考古研究所:《良渚王国》,北京:文物出版社,2019年。

浙江省文物考古研究所:《良渚遗址群》,北京:文物出版社,2005年。

浙江省文物考古研究所:《庙前》,北京:文物出版社,2005年。

浙江省文物考古研究所:《南河浜:崧泽文化遗址发掘报告》,北京:文物出版社,2005年。

浙江省文物考古研究所:《文家山》,北京:文物出版社,2011年。

浙江省文物考古研究所:《瑶山》,北京:文物出版社,2003年。

浙江省文物考古研究所:《浙江越墓》,北京:科学出版社,2009年。

浙江省文物考古研究所、德清县博物馆:《独仓山与南王山:土墩墓发掘报告》,北京:科学出版社,2007年。

浙江省文物考古研究所、湖州市博物馆:《毘山》,北京:文物出版社,2006年。

浙江省文物考古研究所、湖州市博物馆:《钱山漾:第三、四次发掘报告》,北京:文物出版社,2014年。

浙江省文物考古研究所、绍兴县文物保护管理局:《印山越王陵》,北京:文物出版社,2002年。

浙江省文物考古研究所、桐乡市文物管理委员会:《新地里》,北京:文物出版社,2006年。

中国社会科学院考古研究所、河南省文物考古研究所:《灵宝西坡墓地》,北京:文物出版社,2010年。

中国社会科学院考古研究所、山东省文物考古研究院、山东临朐山旺古生物化石博物馆:《临朐西朱封:山东龙山文化墓葬的发掘与研究》,北京:文物出版社,2018年。

中国社会科学院考古研究所、山西省临汾市文物局:《襄汾陶寺:1978—1985年发掘报告》,北京:文物出版社,2015年。

七、考古简报

北京大学考古学系、浙江省文物考古研究所、日本上智大学联合考古队:《浙江桐乡普安桥遗址发掘简报》,《文物》1998年第4期。

常州市博物馆:《江苏省武进县潘家乡腰沿山土墩石室墓》,《东南文化》1989年第4、5合期。

丹徒考古队:《丹徒青龙山春秋大墓及附葬墓发掘报告》,《东方文明之韵——吴文化国际学术研讨会论文集》,广州:岭南美术出版社,2000年。

丹徒考古队:《江苏丹徒北山顶春秋墓发掘报告》,《东南文化》1988年第3、4合期。

丁品、郑云飞、陈旭高、仲召兵、王宁远:《浙江余杭临平茅山遗址》,《中国文物报》,2010年3月12日。

杜正贤:《杭州石塘战国一号墓发掘简报》,《杭州考古》1994年第1、2合期。

福建博物院、福建闽越王城博物馆:《福建浦城县管九村土墩墓群》,《考古》2007年第7期。

广富林考古队:《2010年广富林遗址发掘再获丰硕成果》,《中国文物报》,2011年5月6日。

广富林考古队:《2012年上海广富林遗址考古获重要成果》,《中国文物报》,2013年6月21日。

郭大顺、张克举:《辽宁省喀左县东山嘴红山文化建筑群址发掘简报》,《文物》1984年第11期。

国家文物局考古领队培训班:《郑州西山仰韶时代城址的发掘》,《文物》1999年第7期。

湖州市文物保护管理所:《浙江湖州堂子山土墩墓发掘报告》,《东方博物》第11辑,杭州:浙江大学出版社,2004年。

黄昊德:《浙江绍兴越国王陵及贵族墓葬调查与勘探成果丰硕》,《中国文物报》,2015年12月18日。

黄宣佩:《上海市嘉定县外冈古墓清理》,《考古》1959年第12期。

江苏花山遗址联合考古队:《江阴花山夏商文化遗址》,《东南文化》2001年第9期。

江苏佘城遗址联合考古队:《江阴佘城遗址试掘简报》,《东南文化》2001年第9期。

江苏省寺墩考古队:《江苏武进寺墩遗址第四、五次发掘》,《东方文明之光——良渚文化发现60周年纪念文集》,海口:海南国际新闻出版中心,1996年。

江苏省文物管理委员会:《江苏丹徒县烟墩山出土的古代青铜器》,《文物参考资料》1955年第5期。

江苏省文物管理委员会:《江苏丹徒烟墩山西周墓及附葬坑出土的小器物补充材料》,《文物参考资料》1956年第1期。

蒋卫东、李林:《海盐周家浜遗址抢救发掘获硕果》,《中国文物报》,1999年11月17日。

江西省文物工作队、九江市博物馆:《江西九江神墩遗址发掘简报》,《江汉考古》1987年第4期。

金翔:《浙江安吉县陇坝村发现一座战国楚墓》,《考古》2001年第7期。

李零、刘雨:《楚𨟻陵君三器》,《文物》1980年第8期。

梁宝华:《杭州半山鸟儿山古墓葬群清理简报》,《杭州考古》1997年总第12期。

辽宁省昭乌达盟文物工作站、中国科学院考古研究所东北工作队:《宁城县南山根的石椁墓》,《考古学报》1973年第2期。

林留根、甘恢元、闫龙:《兴化、东台蒋庄遗址考古发掘》,《南京博物院考古研究所年报》,2015年。

刘建国:《江苏宜兴石室墓试掘简报》,《考古与文物》1983年第4期。

牟永抗、毛兆廷:《江山县南区古遗址、墓葬调查试掘》,《浙江省文物考古所学刊》,北京:文物出版社,1981年。

南京博物院:《1982年江苏常州武进寺墩遗址的发掘》,《考古》1984年第2期。

南京博物院:《江苏武进寺墩遗址的试掘》,《考古》1981年第3期。

南京博物院:《江苏吴县张陵山遗址发掘简报》,《文物资料丛刊(6)》,北京:文物出版社,1982年。

南京博物院:《苏州草鞋山良渚文化墓葬》,《东方文明之光——良渚文化发现60周年纪念文集》,海口:海南国际新闻出版中心,1996年。

南京博物院考古研究所:《江苏句容丁沙地遗址第二次发掘简报》,《文物》2001年第5期。

南京博物院、丹阳市文化局:《江苏丹阳神河头遗址发掘简报》,《东南文化》2010年第5期。

南京博物院、甪直保圣寺文物保管所:《江苏吴县张陵山东山遗址》,《文物》1986年第10期。

南京博物院、无锡市博物馆、锡山区文物管理委员会:《江苏无锡锡山彭祖墩遗址发掘报告》,《考古学报》2006年第4期。

南京博物院、吴县文管会:《江苏吴县澄湖古井群的发掘》,《文物资料丛刊(9)》,北京:文物出版社,1985年。

南京博物院、宜兴市文物管理委员会:《江苏宜兴骆驼墩遗址发掘报告》,《东南文化》2009年第5期。

南京博物院、镇江博物馆、丹阳市文化局:《江苏丹阳葛城遗址考古勘探与发掘简报》,《东南文化》2010年第5期。

南京大学历史系考古专业、常熟博物馆:《江苏常熟钱底巷遗址发掘报告》,《考古学报》1996年第4期。

群力:《临淄齐国故城勘探纪要》,《文物》1972年第5期。

山东省文物管理处:《山东临淄齐故城试掘简报》,《考古》1961年第6期。

山东省文物考古研究所:《齐故城五号东周墓及大型殉马坑的发掘》,《文物》1984年第9期。

山西省考古研究所晋东南工作站:《长治小常乡小神遗址》,《考古学报》

1996年第1期。

山西省考古研究所、山西运城市文物局、芮城县文物旅游局:《山西芮城清凉寺史前墓地》,《考古学报》2011年第4期。

上海博物馆:《上海福泉山遗址吴家场墓地2010年发掘简报》,《考古》2015年第10期。

上海博物馆考古研究部:《上海金山区亭林遗址1988、1990年良渚文化墓葬的发掘》,《考古》2002年第10期。

上海市文物保管委员会:《上海青浦县重固战国墓》,《考古》1988年第8期。

苏州博物馆:《苏州市长桥新塘战国墓地的发掘》,《考古》1994年第6期。

苏州博物馆:《苏州真山四号墩发掘报告》,《东南文化》2001年第7期。

苏州博物馆考古部:《江苏苏州上方山六号墩的发掘》,《考古》1987年第6期。

苏州博物馆考古组:《苏州虎丘东周墓》,《文物》1981年第11期。

苏州博物馆、常熟博物馆:《江苏常熟市虞山西岭石室土墩的发掘》,《考古》2001年第9期。

苏州博物馆、昆山市文化局、千灯镇人民政府:《江苏昆山市少卿山遗址的发掘》,《考古》2000年第4期。

苏州博物馆、昆山县文管会:《江苏省昆山县少卿山遗址》,《文物》1988年第1期。

苏州市考古研究所:《苏州阳山俞墩土墩墓发掘简报》,《东南文化》2012年第4期。

孙维昌:《上海发现一座战国——汉初时代墓葬》,《文物》1959年第12期。

孙维昌:《上海市金山县查山和亭林遗址试掘》,《南方文物》1997年第3期。

王明达、方向明、徐新民、方忠华:《塘山遗址发现良渚文化制玉作坊》,《中国文物报》,2002年9月20日。

王宁远:《5000年前的大型水利工程:浙江余杭良渚古城外围大型水利工程的调查与发掘获重大收获》,《中国文物报》,2016年3月11日。

吴县文物管理委员会:《江苏吴县何山东周墓》,《文物》1984年第5期。

夏星男:《浙江长兴出土五件商周铜器》,《文物》1979年第11期。

夏星南:《浙江长兴县发现上海马桥四层文化型陶器》,《考古与文物》1989年第2期。

谢春祝:《无锡施墩第五号墓》,《文物参考资料》1956年第6期。

姚勤德:《江苏吴县南部地区古遗址调查简报》,《考古》1990年第10期。

浙江安吉县博物馆:《浙江安吉出土商代铜器》,《文物》1986年第2期。

浙江省文物管理委员会:《浙江长兴县出土的两件铜器》,《文物》1960年第7期。

浙江省文物考古研究所:《杭州市良渚古城外郭的探查与美人地和扁担山的发掘》,《考古》2015年第1期。

浙江省文物考古研究所:《杭州市良渚古城外围水利系统的考古调查》,《考古》2015年第1期。

浙江省文物考古研究所:《杭州市余杭区良渚古城遗址2006—2007年的发掘》,《考古》2008年第7期。

浙江省文物考古研究所:《良渚文化汇观山遗址第二次发掘简报》,《文物》2001年第12期。

浙江省文物考古研究所:《宁波慈城小东门遗址发掘简报》,《东南文化》2002年第9期。

浙江省文物考古研究所:《浙江长兴县便山土墩墓发掘报告》,《浙江省文物考古研究所学刊(1980—1990)》,北京:科学出版社,1993年。

浙江省文物考古研究所:《浙江长兴县石狮土墩墓发掘简报》,《浙江省文物考古研究所学刊(1980—1990)》,北京:科学出版社,1993年。

浙江省文物考古研究所反山考古队:《浙江余杭反山良渚墓地发掘简报》,《文物》1988年第1期。

浙江省文物考古研究所、安吉县博物馆:《浙江安吉笔架山春秋战国墓葬发掘简报》,《东南文化》2009年第1期。

浙江省文物考古研究所、安吉县博物馆:《浙江安吉五福楚墓》,《文物》2007年第7期。

浙江省文物考古研究所、海宁市博物馆:《浙江省海宁市大坟墩遗址的发掘》,《浙江省文物考古研究所学刊(七)》,杭州:杭州出版社,2005年。

浙江省文物考古研究所、杭州余杭区中国江南水乡博物馆:《浙江余杭三亩里遗址发掘简报》,《浙江省文物考古研究所学刊(十)》,北京:文物出版社,2015年。

浙江省文物考古研究所、湖州市博物馆:《浙江湖州南山商代原始瓷窑址发掘简报》,《文物》2012年第11期。

浙江省文物考古研究所、湖州市博物馆:《浙江省湖州市杨家埠古墓发掘报告》,《浙江省文物考古研究所学刊(七)》,杭州:杭州出版社,2005年。

浙江省文物考古研究所、嘉兴博物馆:《嘉兴姚家村遗址发掘简报》,《浙江省文物考古研究所学刊(十)》,北京:文物出版社,2015年。

浙江省文物考古研究所、温州市文物保护考古所、瓯海区文博馆:《浙江瓯海杨府山西周土墩墓发掘简报》,《文物》2007年第11期。

浙江省文物考古研究所、余杭市文管会:《浙江余杭汇观山良渚文化祭坛与墓地发掘报告》,《浙江省文物考古研究所学刊》,北京:长征出版社,1997年。

浙江省文物考古研究所、余杭市文物管理委员会:《浙江余杭汇观山良渚文化祭坛与墓地发掘简报》,《文物》1997年第7期。

浙江省余杭县文管会:《浙江余杭横山良渚文化墓葬清理简报》,《东方文明之光——良渚文化发现60周年纪念文集》,海口:海南国际新闻出版中心,1996年。

镇江博物馆:《江苏武进孟河战国墓》,《考古》1984年第2期。

镇江博物馆、丹徒县文管会:《江苏丹徒大港母子墩西周铜器墓发掘简报》,《文物》1984年第5期。

郑建明:《德清县小紫山商周土墩墓群》,《中国考古学年鉴(2011)》,北京:文物出版社,2012年。

中国社会科学院考古研究所、苏州市考古研究所苏州古城联合考古队:《江苏苏州市木渎春秋城址》,《考古》2011年第7期。

中国社会科学院考古研究所、苏州市考古研究所苏州古城联合考古队:《苏州木渎古城2011—2014年考古报告》,《考古学报》2016年第2期。

中国社会科学院考古研究所东北工作队:《内蒙古宁城县南山根102号石椁墓》,《考古》1981年第4期。

中国社会科学院考古研究所河南一队、河南省文物考古研究所、三门峡市文物考古研究所、灵宝市文物保护管理所、荆山黄帝陵管理所:《河南灵宝市西坡遗址2006年发现的仰韶文化中期大型墓葬》,《考古》2007年第

2 期。

  中国社会科学院考古研究所河南一队、河南省文物考古研究所、三门峡市文物考古研究所、灵宝市文物保护管理所、荆山黄帝陵管理所:《河南灵宝市西坡遗址墓地 2005 年发掘简报》,《考古》2008 年第 1 期。

  周丽娟:《上海青浦福泉山发现一座战国墓》,《考古》2003 年第 11 期。

后　　记

　　本书底稿是我于2016年在厦门大学考古学博士后流动站完成的出站工作报告。在研究生阶段，我的学术训练和科研兴趣主要集中在中国边疆地区青铜时代的考古学文化研究。故而，当2014年博士后合作导师蔡保全教授建议我将研究领域进一步拓展到新石器时代时，我内心颇为忐忑。随着博士后阶段科研与教学工作的开展，我才逐渐感觉到在边疆地区建立"跨时段"考察的研究视野，是正确且必要的。

　　在出站报告完成后的近三年时间里，虽自觉书稿中对于太湖流域新石器时代晚期至商代遗存的分析，尚有些不同于前贤的认识，却并不自信，也未曾想过要将此书稿修改出版。直到2019年春节过后，在厦门大学历史系主任张侃教授和我的博士导师吉林大学边疆考古研究中心主任王立新教授的鼓励下，我才下定决心重新审视并修改这部书稿。

　　也就在这三年间，江南地区新石器时代晚期至周代的重要考古发现层出不穷。虽然我在教学与科研过程中未曾间断对相关考古资料和研究成果的搜集与梳理，但必须承认理解与消化均不到位。此番修改书稿的过程十分痛苦。在这段日子里，我曾多次向吴春明先生求教，并就相关问题进行讨论，令我的思维和视野有大幅拓展。

　　倘若这部小书还有些许可取之处，我认为主要在于对同一区域约3000年的文化发展历程以及跨区域文化的互动格局做了点尝试性的探索。不足之处则在于自身学力有限，未能对华夏东南与南岛之间的关系继续做出探讨，也便不能对作为华夏与南岛之间的古扬州的早期历史做出全面阐释。这一缺憾只能留待未来补正。

这部书稿得以最终完成，要感谢东南地区考古的诸位前辈学人，在我实地调研或求教过程中给予我的便利和帮助。还要感谢厦门大学人文学院、历史系、考古教研室的老师和同事们，吉林大学考古学院、边疆考古研究中心的老师和朋友们对我长期以来的支持与鼓励。厦门大学人文学院副院长王日根教授、南海研究院吴春明教授、我的硕士导师井中伟教授、友人史宝琳（Pauline Sebillaud）博士、赵永磊博士、魏凯博士均对书稿的修改提出过宝贵意见和中肯建议，史宝琳还在百忙之中为我制作了两幅合用的插图（图1-3、图4-3），在此谨致谢忱！

感谢复旦大学高蒙河教授拨冗为小书作序。感谢厦门大学出版社薛鹏志先生对于书名的修改建议和所做的编辑工作。感谢我的研究生官民伙、王欢欢同学协助一些技术工作。感恩家人和爱人为我修改书稿争取到的宝贵时间。三年之间，我的儿子已开始尝试通过书籍阅读世界，希望有天他翻到这部小书时，能对我此刻的感受有所体会。

2019年8月7日
于夏威夷岛欧申维尤